Pier Paolo Muià

Sara Brazzini

La legge sul consenso informato e le DAT: diritti del paziente e doveri del medico

Primiceri Editore

2018 Tutti i diritti riservati.
Finito di stampare nel mese di aprile 2018
presso Printbee.it – Noventa Padovana (PD)
per conto di Primiceri Editore Srls
Via Savonarola 217, 35137 Padova
Prima Edizione
ISBN 978-88-3300-061-9
www.primicerieditore.it

LE RAGIONI E LE FINALITÀ DELLA NUOVA LEGGE 219/2017.

Con la Legge n. 219 del 14 dicembre 2017, entrata in vigore il successivo 31 gennaio 2018, il Legislatore ha affrontato un tema particolarmente importante e strettamente connesso a profili sociali, etici e religiosi, che ha richiesto un lungo percorso di riflessione e di maturazione politica e sociale. Infatti, se solo pensiamo a quali sono stati gli eventi dolorosi e tragici, da un punto di vista umano, che hanno preceduto prima la discussione e poi l'approvazione della Legge e se ricordiamo quanto è stato tormentato l'iter parlamentare che ha consentito la sua approvazione, ci si rende conto della delicatezza del tema e soprattutto della difficoltà che ha avuto il Legislatore nel raggiungere un'intesa su un testo che tenesse in adeguata considerazione e mediasse le contrapposte esigenze delle varie componenti della società.

La necessità e le ragioni che hanno condotto all'intervento normativo oggetto di questo studio sono state molteplici, ma sicuramente ha avuto un ruolo preponderante il forte coinvolgimento dei diritti umani fondamentali (come il diritto alla salute, il diritto alla vita e il diritto all'autodeterminazione) che possono essere lesi dalle problematiche affrontate dalla Legge stessa.

L'esigenza di una normativa del genere, che tocca anche aspetti sul fine vita, ma non solo, si è avvertita nella società civile in considerazione dell'evoluzione tecnologica odierna che, in primo luogo, ha determinato una riformulazione del concetto stesso di morte. Questa, prima, era un processo unitario, che durava poco, perché alla morte cerebrale seguiva una morte organica. Con gli ausili salvavita tecnologici che sono stati realizzati dalla scienza negli ultimi tempi, può sussistere oggi una vera e propria autonomia dei due momenti: a fronte di una morte celebrale, la nutrizione, l'idratazione e la respirazione artificiale consentono a quell'organismo di continuare comunque una sua vita da un punto di vista organico. In altri termini, la tecnologia oggi di fatto permette a un corpo di continuare a restare vitale anche se la persona si trova in uno stato vegetativo e priva di ogni cognizione.

In secondo luogo, l'evoluzione tecnologica ha comportato una sempre maggiore invasività dei trattamenti sanitari, circostanza che certamente porta dei vantaggi dal punto di vista della cura delle malattie, ma che - come rovescio della medaglia - può comportare delle maggiori sofferenze, l'aumento dei rischi connessi alla propria salute, l'annientamento della propria dignità personale. Tutti aspetti, questi, che impongono che il trattamento sanitario venga adottato soltanto con la piena e consapevole volontà del paziente che poi ne subirà gli effetti correlati.

Da qui l'esigenza – sorta anche sulla base delle spinte emozionali provenienti dalla società civile, a seguito dei casi Englaro e Welby che avevano scosso l'opinione pubblica – di regolare da un punto di vista giuridico queste possibili situazioni.

Non che prima di questo intervento normativo non ci fossero stati dei tentativi di regolamentazione, ma si trattava di elaborazioni di carattere giurisprudenziale che, proprio per questo motivo, non erano uniformi e venivano lasciati totalmente alla sensibilità del magistrato. Come spesso avviene in questi casi, infatti, prima arriva il diritto dei tribunali e poi interviene il Legislatore.

Ciò è proprio quello che è successo per la materia in esame. Prima c'è stata la supplenza dei giudici e adesso è arrivata questa nuova Legge, la quale è proprio il recepimento di quelle elaborazioni giurisprudenziali, che, fino ad oggi, avevano applicato gli stessi principi costituzionali e internazionali sui quali si fonda la Legge 219/2017.

Gli obiettivi e le finalità cui mira la Legge in esame sono molteplici.

In primo luogo, possono essere rinvenuti nella garanzia e nella tutela della salute del paziente, intesa non soltanto come benessere fisico della persona e quindi guarigione dalla malattia, ma anche come miglior benessere psichico possibile in considerazione della situazione patologica in cui lo stesso versa.

In secondo luogo, il Legislatore mira a porre il principio di autodeterminazione del paziente come stella polare per tutti i protagonisti coinvolti nella relazione di cura con il quest'ultimo e in generale in tutto il percorso sanitario del paziente nonché, successivamente, per gli interpreti che dovessero essere chiamati a esaminare e valutare le modalità di svolgimento di tale percorso sanitario. La volontà del paziente, quindi, come elemento centrale del rapporto con il medico, l'intera équipe sanitaria e la stessa struttura sanitaria. Con il conseguente rifiuto (e abbandono, qualora fosse stata ancora presente nel nostro ordinamento) di ogni visione paternalistica del rapporto medico-paziente, in cui quest'ultimo riveste un ruolo totalmente passivo limitandosi ad accettare la terapia imposta dal medico perché ritenuta la migliore possibile per la sua guarigione clinica.

In terzo luogo, il riconoscimento del ruolo fondamentale della dignità del paziente e quindi del suo rispetto, anche nella scelta delle cure sanitarie.

Un altro obiettivo fondamentale, poi, è quello di attribuire al medico un ruolo determinante nella relazione di cura ed in tutto il percorso sanitario del paziente. Al medico, infatti, la Legge attribuisce l'oneroso compito di rendere il paziente pienamente ed effettivamente edotto della propria situazione, degli esiti e delle prospettive della sua patologia, del ventaglio di scelte terapeutiche possibili all'interno di quelle appropriate in base alle linee guida medico-scientifiche, delle possibili cure palliative. Un ruolo, quindi, non tanto di mero esecutore delle volontà del paziente, ma di colui il quale deve guidare quest'ultimo nella scelta terapeutica più adatta a lui all'interno di una relazione di cura basata sulla fiducia tra le parti nonché sulla professionalità del medico.

Un ulteriore intento che il Legislatore mira a perseguire con la Legge in esame è, inoltre, quello di evitare che l'incapacità del paziente, anche se sopravvenuta, possa incidere negativamente sui diritti e i principi sopra visti, impedendogli di esercitare una scelta consapevole e veramente aderente alla propria persona.

I corollari di tutti questi obiettivi sono altrettanto molteplici.

La previsione, conseguente alla nuova centralità del paziente all'interno della relazione di cura, di un obbligo del medico di rispettare la volontà del primo e quindi eventualmente il suo rifiuto delle cure, anche qualora queste fossero già state iniziate in quanto precedentemente consentite dallo stesso paziente, con conseguente loro interruzione anche qualora ciò determinasse con certezza la sua morte.

La tendenza a raggiungere una cura proporzionata e calibrata sul paziente in base alle sue idee, le sue prospettive, gli intendimenti e stili di vita.

L'esclusione che la centralità del paziente e della sua volontà nelle scelte sanitarie possa arrivare fino al punto da riconoscergli il diritto di richiedere ed ottenere dal medico qualunque trattamento sanitario.

L'eliminazione di situazioni di accanimento terapeutico, allorquando gli strumenti dei medici non servono più a nulla da un punto di vista clinico (in quanto il paziente sarà destinato comunque alla morte) ma la persona viene comunque tenuta in vita senza che la stessa abbia alcuna coscienza.

Il rifiuto dell'abbandono terapeutico del malato.

La tendenza a valorizzare la volontà e la dignità del paziente anche in situazioni di urgenza, pur cercando di garantire la prestazione di cure appropriate.

La valorizzazione, nella massima misura possibile, della volontà dei minori e degli incapaci nelle decisioni relative ai trattamenti sanitari che li riguardino.

L'incentivazione, nei casi di più drammatici di malattie croniche e con esiti infausti, alla formazione di piani terapeutici che siano condivisi tra medico e paziente nonché frutto di un rapporto di fiducia tra detti soggetti.

La limitazione del ruolo e dei poteri dei familiari del paziente e la previsione di un loro coinvolgimento soltanto a fronte di una volontà espressa dal paziente stesso; correlati alla possibilità per quest'ultimo di individuare una persona di propria fiducia, anche se al di fuori dell'ambito familiare, che venga coinvolta nella relazione di cura ed eventualmente possa addirittura sostituire lo stesso paziente nelle scelte terapeutiche.

Con questi ambiziosi obiettivi, quindi, la Legge 219 del 2017, strutturata in 8 articoli, si inserisce in un quadro normativo, nazionale e sovranazionale, nonché giurisprudenziale, fatto di principi generali e pronunce dei giudici ordinari e costituzionali, prevedendo fondamentalmente tre istituti che occupano la quasi totalità del testo legislativo:

(i)   il consenso informato (con cui si riconosce un rilievo determinante alla volontà attuale del paziente);

(ii)   le disposizioni anticipate di trattamento (c.d. DAT) (in cui la volontà del paziente è prestata ora per allora, cioè produce effetti per il futuro);

(iii)   la pianificazione condivisa delle cure (in cui il consenso del paziente già malato riguarda l'intero programma delle cure connesse alla sua malattia).

La prima parte del presente lavoro, quindi, si occuperà di illustrare e riepilogare quei principi costituzionali e sovrannazionali su cui si fonda la Legge in esame nonché le più importanti decisioni giurisprudenziali che hanno guidato il Legislatore nella costruzione dell'odierno impianto normativo. La seconda parte, invece, sarà dedicata all'analisi e alla spiegazione dei suddetti tre istituti disciplinati dalla Legge nonché specificatamente di tutti gli articoli di cui la stessa si compone, cercando di chiarirne gli aspetti problematici e mettendo in luce le difficoltà interpretative che emergono.

PARTE PRIMA
IL PANORAMA NORMATIVO E GIURISPRUDENZIALE ANTECEDENTE ALLA LEGGE 219/2017

CAPITOLO 1
IL FONDAMENTO E L'EVOLUZIONE DEL CONSENSO INFORMATO.

1.1. ALLE ORIGINI DEL CONSENSO INFORMATO: IL MUTAMENTO CULTURALE E SCIENTIFICO.

Il rapporto tra medico e paziente è stato oggetto di una lenta trasformazione, che ha portato pian piano all'idea che i trattamenti sanitari debbano trovare il proprio fondamento e la propria giustificazione nel consenso informato debitamente prestato dal paziente.

Secondo l'impostazione tradizionale, infatti, fondata sul c.d. paternalismo medico e giustificata dalla disparità di conoscenza della scienza medica tra le parti, sul medico gravava il dovere di curare e veniva pertanto al medesimo riconosciuto un potere decisionale pressoché esclusivo in merito ai tempi e modi delle terapie cui sottoporre il paziente, il quale, dal momento in cui decideva di affidarsi al medico, rinunciava sostanzialmente ad ogni potere decisorio, mettendosi integralmente "nelle mani" del professionista.

La relazione tra medico e paziente era dunque profondamente asimmetrica: da una parte, il medico era interprete esclusivo del bene del paziente; dall'altra parte, il paziente era un soggetto meramente passivo, spogliato di fatto della propria autonomia decisionale[1].

Tale modello di relazione medico-paziente ha iniziato ad essere abbandonato a partire dagli anni novanta del secolo scorso,

---

[1] Il termine paziente, dal latino *"patiens"* allude non soltanto al soggetto che sopporta la sofferenza, bensì anche a colui che tollera e subisce il potere altrui.

allorquando si è iniziato a porre al centro dell'attenzione non più la malattia, ma il malato, le sue esperienze e la sua volontà.

Si supera così l'idea che soltanto il medico possa in effetti, con le sue conoscenze, perseguire il bene del paziente e la sua salute. Il paziente potrebbe, per esempio, preferire non sottoporsi ad una terapia piuttosto che subirne le dolorose conseguenze, accettando anche il rischio di morire in tempi più brevi.

Tale mutamento è andato di pari passo: da un lato, con il progresso tecnologico e scientifico; dall'altro lato, con il cambiamento del concetto di salute.

Con riferimento al primo aspetto, è evidente che la medicina è divenuta molto più incisiva sui processi vitali ed è oggi in grado di esercitare un vero e proprio controllo sull'evento morte, posticipando gli esiti delle malattie degenerative o mantenendo in vita anche per molto tempo un soggetto nonostante un grave trauma.

I trattamenti di sostegno vitale (tra i quali: la respirazione meccanica, l'alimentazione e l'idratazione artificiali) oggi esistenti portano molto spesso a scenari di fine vita ben lontani dall'evento morte inteso in senso naturalistico.

Tutto questo può tuttavia evidentemente scontrarsi con quelle che sono le aspettative e le concezioni di vita di ciascuno individuo.

Con riferimento al secondo aspetto, merita evidenziare che la salute ormai da tempo non è più soltanto vista in termini di benessere fisico, ovvero come mera assenza di malattia, bensì anche come benessere psicologico e sociale.

Il concetto di salute non è più rigidamente oggettivo ed ha sempre in misura maggiore acquisito connotati squisitamente soggettivi, ben potendo essere intesa e percepita in senso diverso da ciascun individuo.

Il medico non può dunque più essere portatore e depositario esclusivo del bene del paziente, in quanto il bene e la salute del paziente non possono che appartenere soltanto a quest'ultimo.

Il paziente deve essere posto nelle condizioni di potere e sapere scegliere a quali terapie sottoporsi, quali ne sono gli effetti, i rischi, le alternative. Soltanto dopo essere stato debitamente informato dal medico, il paziente potrà, se vorrà, prestare il proprio consenso al trattamento, alla terapia o all'esame proposto dal medico, e, soltanto a quel punto, il medico potrà, anzi dovrà, intervenire.

Tale principio deve trovare applicazione per tutti i trattamenti sanitari, e non più soltanto nei casi di interventi che possono mettere in pericolo la vita o l'incolumità del paziente.

1.2. LA DISCIPLINA DI RIFERIMENTO ED IL FONDAMENTO COSTITUZIONALE.

Le trasformazioni sociali e scientifiche hanno dunque imposto la necessità di un adeguamento anche del mondo giuridico.

A livello sovranazionale, le esigenze di tutela della volontà del malato hanno trovato una prima risposta nella Convenzione di Oviedo, approvata dal Consiglio d'Europa il 4 aprile 1997, con la quale, all'art. 5, si è espressamente prevista la necessità del consenso libero ed informato del paziente per ogni intervento medico, a fronte di un'informazione adeguata sullo scopo e la natura dell'intervento, nonché sulle conseguenze ed i rischi. Si è inoltre espressamente dichiarato che il paziente può in ogni momento ritirare liberamente il proprio consenso.

Tale Convenzione, ancora non ratificata dall'Italia, pur essendone stata autorizzata la ratifica già con la Legge 28 marzo 2001, n. 145, riveste tuttavia un'importante funzione ausiliaria sul piano dell'interpretazione delle norme interne, al fine di dare a quest'ultime una portata il più conforme possibile, ferma restando la prevalenza delle norme interne contrarie[2].

---

[2] Cass. Civ., Sez. I, (ud. 04.10.2007) 16.10.2007, n. 21748, in *Banca Dati Pluris*.

Nel 2000, la Carta dei diritti fondamentali dell'Unione Europea, sottoscritta a Nizza, ha imposto il rispetto del consenso libero ed informato della persona interessata secondo le modalità stabilite dalla legge, nei campi della medicina e della biologia[3].

A livello nazionale, una prima spinta verso il riconoscimento del valore fondamentale del consenso informato del paziente è arrivata dal Comitato Nazionale per la Bioetica (CNB) con il noto parere su *"Informazione e consenso all'atto medico"* reso il 20 giugno 1992, con il quale il CNB constatava come le frequenti carenze nell'acquisizione del consenso informato del paziente, sia relativamente alle procedure diagnostiche che a quelle terapeutiche, dessero luogo a sempre più numerose controversie, alimentando il conflitto, anche giudiziale, tra il paziente ed il sanitario.

In considerazione di tali osservazioni, il CNB dichiarava tramontata la stagione del "paternalismo medico" ed affermava che il consenso costituisce legittimazione e fondamento dell'atto medico, con la conseguenza che debbano considerarsi illegittimi i trattamenti sanitari privi del consenso del paziente, in quanto non sussiste un dovere di curarsi, se non nei limiti di cui all'art. 32, comma 2, della Costituzione.

Il CNB precisava inoltre già all'epoca che l'informazione resa dal medico non deve essere fredda e distaccata, bensì essere improntata alla valorizzazione del rapporto fiduciario tra medico e paziente.

Nel contempo, la Federazione degli Ordini dei Medici Chirurghi si adoperava per la redazione del nuovo Codice di Deontologia medica.

---

[3] L'art. 2, comma 2, prevede testualmente: *"Nell'ambito della medicina e della biologia, devono essere in particolare rispettati: il consenso libero e informato della persona interessata, secondo le modalità definite dalla legge."*

A partire dalla versione del 1995[4], infatti, si esprime anche nel Codice deontologico una nuova concezione del rapporto medico-paziente, fondato sull'autodeterminazione di quest'ultimo e si conferisce all'informazione da fornire al paziente un'accezione più ampia[5].

Il testo attuale del Codice, adottato il 18 maggio 2014, all'art. 35 prevede: *"L'acquisizione del consenso o del dissenso è un atto di specifica ed esclusiva competenza del medico, non delegabile. Il medico non intraprende né prosegue[6] in procedure diagnostiche e/o interventi terapeutici senza la preliminare acquisizione del consenso informato o in presenza di dissenso informato"*.

Nella legislazione interna, il principio del consenso informato ha trovato esplicito riferimento fino ad oggi soltanto nelle leggi speciali: dalla legge istitutiva del servizio sanitario nazionale[7], alla legge sull'interruzione della gravidanza[8], a quella sull'AIDS[9], a

---

[4] L'art. 31 rubricato *"Consenso informato"* disponeva: *"Il medico non deve intraprendere attività diagnostica o terapeutica senza il consenso del paziente validamente informato(…) In ogni caso, in presenza di esplicito rifiuto del paziente capace di intendere e volere, il medico deve desistere da qualsiasi atto diagnostico e curativo, non essendo consentito alcun trattamento medico contro la volontà del paziente, ove non ricorrano le condizioni di cui al successivo articolo 33* (relativo ai trattamenti sanitari obbligatori)". Nel Codice deontologico del 03.10.1998, tali principi vengono espressi dall'art. 32, la cui rubrica *"Acquisizione del consenso"* intendeva porre l'attenzione sulla necessità dell'effettiva acquisizione del consenso del paziente da parte del medico.

[5] Nel Codice Deontologico del 1978 e, poi, in quello, del 1989, si relegava infatti la necessità di rendere informato e consapevole il paziente, che doveva prestare conseguentemente il proprio consenso, ai soli casi in cui l'atto medico potesse comportare un rischio per il paziente.

[6] Il riferimento al divieto di prosecuzione del trattamento è stato introdotto per la prima volta nel Codice Deontologico del 2014. Il Codice previgente, del 16.12.2006, infatti, all'art. 35 prevedeva: *"Il medico non deve intraprendere attività diagnostica e/o terapeutica senza l'acquisizione del consenso esplicito e informato del paziente"*.

[7] L. 23 dicembre 1978, n. 833. L'art. 33 prevede al comma 1: *"Gli accertamenti ed i trattamenti sanitari sono di norma volontari"*.

[8] Legge 22 maggio 1978, n. 194.

quelle più recenti in tema di sperimentazione clinica[10], procreazione medicalmente assistita[11], attività trasfusionali e produzione nazionale di emoderivati[12], cure palliative[13].

In mancanza di una disciplina generale a livello di legislazione ordinaria e nel contesto sopra evidenziato, il fondamento del diritto del paziente ad essere informato è stato dunque ricavato principalmente dai principi espressi dalla Carta Costituzionale.

Sul punto, la Corte Costituzionale con la nota Sentenza n. 438 del 2008 ha, infatti, ribadito, attraverso una lucida operazione interpretativa, che il consenso informato, espressione dell'adesione consapevole al trattamento sanitario proposto dal medico, costituisce un vero e proprio diritto della persona.

Tale diritto trova fondamento nei principi espressi dall'art. 2 della Costituzione, che garantisce e promuove i diritti fondamentali,

---

[9] Legge 5 giugno 1990, n.135. L'art. 5, comma 3, prevede: *"Nessuno può essere sottoposto, senza il suo consenso, ad analisi tendenti ad accertare l'infezione da HIV se non per motivi di necessità clinica nel suo interesse. Sono consentite analisi di accertamento di infezione da HIV, nell'ambito di programmi epidemiologici, soltanto quando i campioni da analizzare siano stati resi anonimi con assoluta impossibilità di pervenire alla identificazione delle persone interessate"*.

[10] D.Lgs. n. 211 del 24.06.2003. L'art. 3 dispone che la sperimentazione clinica può essere intrapresa soltanto se il soggetto che partecipa alla sperimentazione abbia dato il proprio consenso dopo essere stato informato in ordine alla natura, all'importanza, alla portata e ai rischi della sperimentazione clinica.

[11] Legge 19 febbraio 2004, n. 40. L'art. 6 impone al medico di informare dettagliatamente, prima ed in ogni fase di applicazione delle tecniche di procreazione medicalmente assistita, i soggetti coinvolti in ordine ai metodi, ai problemi bioetici, agli effetti collaterali sanitari e psicologici, alle probabilità di successo, ai rischi, oltre che alle conseguenze giuridiche per la donna, l'uomo ed il nascituro. Tali informazioni devono essere rese in modo tale da *"garantire il formarsi di una volontà consapevole e consapevolmente espressa"*.

[12] L. 21 ottobre 2005, n. 219. L'art. 3 prevede che la donazione di sangue o di emocomponenti, nonché il prelievo di cellule staminali emopoietiche periferiche, a scopo di infusione per allotrapianto e per autotrapianto, e di cellule staminali emopoietiche da cordone ombelicale, possono essere effettuati in persone di almeno diciotto anni di età, previa espressione del consenso informato e verifica della loro idoneità fisica.

[13] Legge 15 marzo 2010, n. 38.

dall'art. 13, che tutela l'inviolabilità della libertà personale, nel cui ambito si ritiene compresa anche la libertà di salvaguardare la propria salute e la propria integrità fisica, escludendone ogni restrizione, se non per atto motivato dell'autorità giudiziaria e nei soli casi e modi previsti dalla legge, nonché dall'art. 32, in virtù del quale nessuno può essere obbligato ad un determinato trattamento sanitario, se non per disposizione di legge.

In considerazione di ciò, la Corte Costituzionale ha evidenziato che il consenso informato rappresenta la sintesi tra due diritti fondamentali: quello alla salute e quello all'autodeterminazione. Da una parte, infatti, ogni individuo ha diritto di essere curato e ricevere le informazioni sulla natura e gli esiti possibili del percorso terapeutico, nonché sulla sussistenza di cure alternative; dall'altra parte, tali informazioni devono essere tali da mettere il paziente in condizione di poter consapevolmente e liberamente decidere se e a quale terapia sottoporsi, proprio a tutela della sua libertà personale.

Vale la pena evidenziare che non è peraltro rinvenibile una definizione di autodeterminazione in senso tecnico, e soprattutto, che tale diritto non è espressamente enunciato nel testo costituzionale.

Tuttavia, il diritto all'autodeterminazione, ovvero a decidere su di sé, trova fondamento proprio nella Costituzione, così come riconosciuto anche dalla giurisprudenza appena citata.

Pur essendo radicato nella Costituzione, il principio del consenso informato ha iniziato ad influenzare le modalità di erogazione dei trattamenti sanitari soltanto a partire dagli anni Novanta e la mancanza di una disciplina a livello di legislazione ordinaria ha reso necessaria un'intensa opera interpretativa della giurisprudenza, che ha pian piano elaborato un vero e proprio statuto del consenso informato.

La prima pronuncia della Suprema Corte in cui si è affrontata la questione è stata quella sul noto caso Massimo[14], con la quale si è riconosciuta la responsabilità penale del medico per aver sottoposto il paziente ad un intervento più invasivo di quello che il medesimo aveva acconsentito.

Tale decisione ha rappresentato un passaggio fondamentale nel riconoscimento del consenso quale presupposto indefettibile ed elemento centrale della relazione di cura tra medico e paziente.

1.3. I CARATTERI DEL CONSENSO INFORMATO ED IL CONTENUTO DELL'OBBLIGO INFORMATIVO NELL'ELABORAZIONE GIURISPRUDENZIALE.

La lunga elaborazione giurisprudenziale degli ultimi anni in materia di consenso informato, ha permesso l'individuazione di una serie di caratteristiche che i giudici hanno ritenuto necessarie affinché il consenso possa ritenersi effettivamente "informato" e conseguentemente escludersi la responsabilità del sanitario che ha praticato il relativo intervento terapeutico. Come vedremo, si tratta di aspetti che sono stati ripresi integralmente dal Legislatore all'interno della nuova Legge 219/2017 nella costruzione del nuovo istituto generale.

Dalla giurisprudenza delle nostre corti di merito e di legittimità si ricava, in primo luogo, che il consenso per poter essere "informato" deve essere pienamente consapevole, ovvero basarsi su informazioni dettagliate fornite dal sanitario.

---

[14] Cass. Pen., Sez. IV, 13.05.1992, n. 5639, in *Corriere del Merito*, 2009, 3, 304. Con tale decisione la Suprema Corte ha infatti affermato: *"Il chirurgo che, in assenza di necessità ed urgenza terapeutiche, sottopone il paziente ad un intervento operatorio di più grave entità rispetto a quello meno cruento e comunque di più lieve entità del quale lo abbia informato preventivamente e che solo sia stato da quegli consentito, commette il reato di lesioni volontarie, irrilevante essendo sotto il profilo psichico la finalità pur sempre curativa della sua condotta, sicché egli risponde del reato di omicidio preterintenzionale se da quelle lesioni derivi la morte"*.

Ciò implica pertanto la piena conoscenza della natura dell'intervento medico, della sua portata ed estensione, dei rischi, dei risultati ottenibili e delle possibili conseguenze negative[15].

In secondo luogo, le informazioni devono provenire dal sanitario che eseguirà l'intervento o la terapia[16].

Sul punto, è esemplare la pronuncia della Suprema Corte n. 5444 del 14 marzo 2006, con la quale gli ermellini hanno espressamente chiarito che l'obbligo di acquisizione del consenso informato grava sul sanitario che è richiesto dal paziente dell'esecuzione di un determinato trattamento e decide in autonomia di accogliere tale richiesta, senza che tale obbligo informativo possa essere escluso per il fatto che il paziente abbia formulato la richiesta sulla base della precedente prescrizione di un altro sanitario.

Quanto alle modalità e ai caratteri del consenso, esso deve essere personale, ovvero prestato dal paziente, deve essere attuale, reale ed effettivo, specifico ed esplicito[17].

In particolare, il consenso libero ed informato non può mai essere presunto o tacito, ma deve essere fornito in maniera espressa, dopo aver ricevuto un'informazione adeguata, anch'essa esplicita[18].

È necessario, infatti, distinguere il consenso presunto dalla prova del consenso stesso, che può invece essere presuntiva, ma di un consenso effettivamente ed esplicitamente prestato.

Un altro aspetto importante riconosciuto dalle corti italiane riguarda l'attualità del consenso, la quale comporta che esso deve riguardare tutte le fasi dell'intervento o della terapia e deve perdurare per tutta la durata della prestazione sanitaria, compresa la fase preparatoria e quella successiva di controllo.

---

[15] Cass. Civ., Sez. III, 23.05.2001, n. 7027, in *Banca Dati Pluris*.

[16] Cass. Civ., Sez. III, 15.01.1997, n. 364, cit.; Cass. Civ., Sez. III, 23.05.2001, n. 7027, cit.

[17] Cass. Civ., Sez. III, 23.05.2001, n. 7027, cit.

[18] Cass. Civ. Sez. III, 29.09.2015, n. 19212, in *Banca Dati Pluris*. Conformi *ex multis* Cass. Sez. III, 27.11.2012, n. 20984, in *Banca Dati Pluris*; Cass., Civ., Sez. III, 29.09.2009, n. 20806, in *Banca Dati Pluris*.

Nei casi di interventi particolarmente complessi, soprattutto nel lavoro di équipe, possono sussistere, nelle varie fasi, rischi specifici e diversi. La giurisprudenza ha chiarito che se tali fasi sono caratterizzate da un'autonomia gestionale, dando luogo a plurime e distinte scelte operative, con propri specifici rischi, l'obbligo informativo si estende a ciascuna fase ed ai rispettivi rischi[19].

Il caso tipico è quello del trattamento anestesiologico. Infatti, se normalmente il consenso all'intervento chirurgico lascia presumere che il paziente acconsenta anche all'anestesia, nelle ipotesi in cui vi siano più metodi di esecuzione di tale trattamento, con rischi più o meno gravi, il sanitario deve fornire al paziente tutte quelle informazioni che possano renderlo edotto e consapevole dei diversi trattamenti anestesiologici esistenti con correlati vantaggi e svantaggi. È necessario, in tal caso, un consenso specifico all'anestesia che viene poi praticata.

D'altro canto, l'informazione deve riguardare anche la possibilità di terapie o interventi alternativi, in quanto il medico, non deve sostituirsi nella decisione del paziente, e deve illustrare e rendere comprensibile al medesimo il ventaglio di possibilità, con le relative conseguenze[20].

La responsabilità del medico non concerne soltanto l'attività propria e dell'eventuale équipe, ma comprende anche lo stato di efficienza e le dotazioni della struttura sanitaria in cui il paziente è ricoverato.

In considerazione di ciò, la giurisprudenza ha altresì esteso l'obbligo di informazione del medico anche all'eventuale carente

---

[19] Cass. Civ., Sez. III, 15.01.1997, n. 364, in *Banca Dati Pluris*. La Suprema Corte ha censurato la sentenza impugnata ritenendo che avrebbe dovuto: i) accertare se i vari metodi anestesiologici comportassero rischi di diversa intensità e se all'anestesia epidurale praticata, fossero connessi rischi maggiori; ii) in caso positivo, accertare se vi era stata un'informazione adeguata ed un consenso specifico all'anestesia praticata. Conforme Cass. Civ., Sez. III, 30.07.2004, n. 14638, in *Banca Dati Pluris*.

organizzazione della struttura ospedaliera, con riferimento alle attrezzature, al loro funzionamento, affinché il paziente possa essere messo effettivamente nella condizione non soltanto di scegliere se sottoporsi o meno all'intervento, ma anche se farlo in una determinata struttura piuttosto che in un'altra[21].

Un aspetto ancora molto dibattuto e di non facile soluzione è quello dell'informazione relativa alle conseguenze negative che possono derivare dall'intervento o dalla terapia.

Si pone, infatti, il problema di individuare quali siano le conseguenze che devono essere prospettate al paziente, ovvero se tutte quelle possibili, anche se rarissime statisticamente, oppure se almeno queste possano e debbano restare escluse dall'obbligo informativo.

In proposito, secondo un primo orientamento, il medico deve fornire al paziente tutte le informazioni scientificamente possibili inerenti i trattamenti o l'intervento che intende eseguire, comprese le conseguenze infrequenti e ad esclusione dei soli rischi imprevedibili, ovvero degli esiti anomali. Tali esiti, se si verificano, non assumono

---

[20] Cass. Civ., Sez. III, 30.07.2004, n. 14638, cit.; Cass. Civ., Sez. III, 15.01.1997, n. 364, cit.

[21] Così per esempio Cass. civ. Sez. III, 16.05.2000, n. 6318, in *Danno e Resp.*, 2001, 2, 154: *"La responsabilità e i doveri del medico non riguardano solo l'attività propria e dell'eventuale "equipe" che a lui risponda, ma si estende allo stato di efficienza e al livello di dotazioni della struttura sanitaria in cui presta la sua attività, e si traduce in un ulteriore dovere di informazione del paziente. Il consenso informato - personale del paziente o di un proprio familiare - in vista di un intervento chirurgico o di altra terapia specialistica o accertamento diagnostico invasivi, non riguardano soltanto i rischi oggettivi e tecnici in relazione alla situazione soggettiva e allo stato dell'arte della disciplina, ma riguardano anche la concreta, magari momentaneamente carente situazione ospedaliera, in rapporto alle dotazioni e alle attrezzature, e al loro regolare funzionamento, in modo che il paziente possa non soltanto decidere se sottoporsi o meno all'intervento, ma anche se farlo in quella struttura ovvero chiedere di trasferirsi in un'altra. L'omessa informazione sul punto può configurare una negligenza grave, della quale il medico risponderà in concorso con l'ospedale sul piano della responsabilità civile, quindi del risarcimento del danno, ed eventualmente anche sul piano professionale, deontologico – disciplinare".* Conforme Cass. Sez. III, 30.07.2004, n. 14638, in *Guida al diritto*, 2004, 36, 51.

rilievo in quanto interrompono il nesso causale tra l'intervento e l'evento lesivo[22].

Secondo un orientamento più rigoroso, invece, tendenzialmente anche gli esiti anomali o poco probabili, purché noti ovviamente alla scienza medica e non del tutto abnormi, devono essere riferiti al paziente, in modo che possa decidere in maniera pienamente consapevole se correre i rischi derivanti dalla cura o sopportare la malattia, soprattutto quanto non si tratta di intervento necessario e indispensabile alla sopravvivenza[23].

In questa direzione si è affermato che non spetta, infatti, al sanitario valutare, in base ad un calcolo statistico se informare il paziente di un determinato rischio, per quanto ridotto, che possa incidere sulla sua integrità fisica o, addirittura, sulla sua vita.

Deve essere riservata esclusivamente al paziente, ogni valutazione e bilanciamento tra rischi e vantaggi, specialmente nei casi in cui la patologia non sia grave, l'intervento non sia urgente, ed i rischi connessi siano presenti, anche se statisticamente eccezionali e di scarso rilievo.

Recentemente, infatti, la Suprema Corte ha affermato che *"il consenso informato va d'altro canto acquisito anche qualora la probabilità di verificazione dell'evento sia così scarsa da essere prossima al fortuito o al contrario, sia così alta da renderne certo l'accadimento, in quanto solo al paziente spetta la valutazione dei rischi cui intende esporsi, sicché il professionista o la struttura sanitaria non possono omettere di fornirgli tutte le dovute informazioni"*[24].

---

22 Cass. Civ., III Sez., 20.05.2016, n. 10414, in *Guida al Diritto*, 2016. Conforme Cass. Civ., Sez. III, 11.12.2013, n. 27751, in *Guida al Diritto*, 2014, 6, 97.
23 Cass. Civ., Sez. III, 09.12.2010, n. 24853, in *Banca Dati Pluris*.
24 Cass. Civ., Sez. III, 29.09.2015, n. 19212, in *Banca Dati Pluris*; conforme Cass. Civ., Sez. III, 19.09.2014, n. 19731, in *CED Cassazione*, 2014.

Si è tuttavia osservato che la prospettazione dei rischi anomali potrebbe indurre ad una sostanziale paralisi decisionale[25], in quanto il paziente potrebbe non essere in grado di distinguere il rischio normale da quello remoto, ai limiti del caso fortuito.

In proposito, anche la giurisprudenza ha talvolta posto l'attenzione proprio sul fatto che spetti comunque al sanitario contemperare l'esigenza di informazione con la necessità di evitare che il paziente rifiuti di sottoporsi ad un intervento anche banale, a causa di una possibilità remotissima che si verifichi una determinata conseguenza pregiudizievole[26].

Ai fini del consenso informato, del tutto irrilevante è invece la qualità del paziente, che non può in alcun modo attenuare o escludere l'obbligo informativo a carico del medico[27].

La qualità del paziente può soltanto rilevare ai fini delle modalità dell'informazione, ovvero del linguaggio adottato, che potrà e dovrà essere parametrato alle competenze scientifiche del paziente stesso in materia.

Da ciò deriva, secondo la Suprema Corte, che anche se il paziente riveste la qualifica di medico, ciò non è di per sé affatto sufficiente a escludere la necessità dell'acquisizione del consenso informato[28].

---

[25] V. Montani, *L'inadempimento medico per la (sola) violazione del consenso informato*, in *Danno e Resp.*, 2012, 6, 627.

[26] Cass. Civ., Sez. III, 15.01.1997, n. 364, in *Banca Dati Pluris*; conforme Cass. Civ., Sez. III, 30.07.2004, n. 14638, in *Banca Dati Pluris*.

[27] Cass. Civ., Sez. III, 20.08.2013, n. 19220, in *Giur. It.*, 2014, 275, con nota di F. Salerno, *Consenso informato in medicina e qualità soggettive del paziente*. La Suprema Corte ha ritenuto insufficiente la motivazione adottata dal giudice del merito, in ordine alla prova del consenso informato, che aveva presunto dal fatto che il paziente fosse un avvocato, che il medesimo prima di sottoscrivere il modulo avesse vagliato tutte le conseguenze, essendo a conoscenza dell'importanza della sottoscrizione del modulo.

[28] Cass. Civ., III Sez., 27.11.2012, n. 20984, in *Giur. It.*, 2014, 276, con nota di F. Salerno, *Consenso informato in medicina e qualità soggettive del paziente*, cit. La Suprema Corte ha evidenziato con tale pronuncia che il consenso deve concretizzarsi in una manifestazione di volontà effettiva e reale, non può essere

Tale considerazione risulta ampiamente condivisibile, in quanto: da un lato, i campi di specializzazione delle medicina sono numerosi e pertanto non è possibile richiedere al medico una conoscenza approfondita di settori che potrebbero non essere di sua specializzazione; dall'altro lato, il medico, coinvolto in prima persona quale paziente, probabilmente non ha neppure la stessa obiettività e lucidità, sia nella valutazione della propria situazione clinica che delle eventuali conseguenze dell'intervento o delle possibili alternative.

Da ultimo, è importante notare che in alcuni casi l'obbligo informativo del medico assume connotati particolari, in ragione della tipologia di prestazione che è chiamato a svolgere.

Un primo caso è quello del chirurgo estetico.

Negli interventi estetici, infatti, in quanto non finalizzati a recuperare la salute intesa in senso stretto, il contenuto dell'obbligo di informazione gravante sul medico è stato ampliato dalla giurisprudenza, che ritiene, in tali ipotesi, necessaria un'informazione particolarmente precisa e dettagliata non soltanto sui rischi dell'intervento, ma anche sulle concrete possibilità di ottenere il risultato desiderato[29].

L'obbligo informativo assume carattere altrettanto peculiare ed esteso nel caso del ginecologo.

---

presunto; è la prova del consenso che, in mancanza di prova documentale, può essere fornita con altri mezzi, ovvero anche tramite presunzioni.

[29] Cass. Civ., Sez. III, 23.05.2001, n. 7027, in *Foro it.*, 2001, I, 2504; conforme anche Cass. Civ., Sez. II, 08.08.1985, n. 4394, in *Giur. it.*, 1986, I, 121. Con tale pronuncia la Suprema Corte ha affermato: *"Il dovere d'informazione, gravante sul chirurgo estetico, ha contenuto più ampio rispetto al corrispondente dovere a carico del terapeuta, in quanto dev'essere esteso alla possibilità di conseguire un miglioramento effettivo dell'aspetto fisico, che si ripercuota favorevolmente nella vita professionale e in quella di relazione"*. Nel caso di specie, la Suprema Corte ha ritenuto che il dovere di informazione del medico nei confronti della paziente danzatrice professionale spogliarellista, sottopostasi ad un intervento di chirurgia plastica al seno, non fosse stato assolto, quanto alle residue cicatrici, mediante la previa esibizione di alcune fotografie relative ad interventi di analoga natura.

In tal caso, infatti, il diritto all'autodeterminazione della donna riguarda non solo e non tanto la scelta relativa agli esami diagnostici o interventi cui sottoporsi, ma soprattutto la scelta di proseguire o interrompere la gravidanza.

Il consenso informato volto alla soddisfazione del diritto all'autodeterminazione riguarda non solo le scelte terapeutiche, ma anche le scelte procreative.

In tali fattispecie, pertanto, al rischio di lesione del diritto all'autodeterminazione in tema di scelte diagnostiche si accompagna il rischio di violazione del diritto di autodeterminarsi in merito alla scelta di procedere o meno all'interruzione della gravidanza.

Nel contesto del presente lavoro riteniamo opportuni alcuni cenni agli ultimi orientamenti giurisprudenziali in materia, senza pretesa di completezza, in quanto la tematica, oggetto di intensi dibattiti dottrinari e giurisprudenziali, richiederebbe una trattazione separata viste le numerose peculiarità che la caratterizzano.

Recentissimamente, la Suprema Corte ha evidenziato che se il ginecologo riscontra attraverso un esame specialistico, un'anomalia del feto, non può limitarsi a comunicare tale informazione alla gestante, indirizzandola al laboratorio di analisi per sottoporsi ad ulteriori accertamenti, in quanto il medesimo ha l'obbligo di fornire alla donna tutte le informazioni utili a consentire alla stessa di prendere una decisione informata e consapevole, nel senso di interrompere la gravidanza o proseguirla, con tutte le problematiche connesse.

Altrettanto, il laboratorio di analisi ed il genetista non possono semplicemente verificare l'esistenza dell'anomalia del feto e indirizzare nuovamente la gestante al ginecologo di fiducia, dovendo piuttosto, a richiesta della donna, informare la stessa sulle conseguenze più probabili delle anomalie accertate[30].

---

[30] Cass. Civ., Sez. III, 28.02.2017, n. 5004, in *CED Cassazione*, 2017.

Ancora, si è statuito che il sanitario che effettua una diagnosi morfologica del feto sulla base di esami strumentali che non ne hanno permesso la visualizzazione integrale, ma senza colpa, ha l'obbligo di informare la paziente della possibilità di rivolgersi ad un centro maggiormente specializzato, affinché possa esercitare il proprio diritto di interrompere la gravidanza, qualora ne ricorrano i presupposti[31].

In particolare, anche quando il ginecologo non ha l'obbligo di procedere all'effettuazione dell'amniocentesi, per mancanza di un rischio specifico, ha comunque l'obbligo di informare la gestante della possibilità di sottoporsi a tale esame, in quanto, spetta sì al sanitario individuare gli esami diagnostici e i trattamenti da praticare, ma questi non può comunque esimersi dall'indicare le possibilità note alla scienza di esami o terapie, anche se comportanti rischi e costi maggiori, spettando unicamente alla paziente la valutazione di tali costi e rischi, previa informazione adeguata sugli stessi da parte del medico[32].

La più ampia estensione dell'obbligo informativo a carico del medico risulta in tali casi, tuttavia, bilanciata da un più gravoso onere probatorio a carico della gestante ai fini risarcitori.

Si è, infatti, osservato che il danno subito dalla donna per omessa o errata informazione del medico in ordine allo stato di salute del feto è subordinato alla prova: i) della rilevante anomalia del nascituro; ii) dell'omessa informazione da parte del sanitario; iii) del grave pericolo per la salute psicofisica della gestante; iv) della decisione di interrompere la gravidanza se adeguatamente informata; v) del danno derivato dal mancato esercizio della facoltà di interrompere la gravidanza.

Fermo restando che, la prova dell'esercizio della facoltà di interruzione della gravidanza da parte della gestante, ove

---

[31] Cass. Civ. Sez. III, 13.07.2011, n. 15386, in *Nuova Giur. Civ.*, 2011, 12, 1, 1252.
[32] Cass. Civ., Sez. III, (ud. 08.10.2015) 27.11.2015, n. 24220, in *Banca Dati Pluris*.

esattamente informata, alla luce della natura psicologica del fatto da provare, può essere fornita mediante presunzioni semplici[33].

1.4. IL CONSENSO INFORMATO DEL PAZIENTE MINORE.

La capacità del minore di partecipare alle decisioni in materia di trattamenti sanitari è un tema strettamente legato al superamento del tradizionale concetto di potestà (rectius responsabilità) genitoriale e del principio di incapacità assoluta dei minori di età. Anche sul punto gli assetti maturati all'interno delle corti di merito e di legittimità italiane hanno guidato il Legislatore nella scrittura dell'art. 3 della nuova Legge.

Nel caso in cui il paziente sia un minore, il titolare del diritto al consenso informato resta il paziente. Il soggetto minore è, infatti, pacificamente titolare dei diritti costituzionali, al pari tutti gli altri individui.

Sul punto, si ricorda a titolo esemplificativo quanto ribadito dalla Suprema Corte: *"a fronte di un ordinamento precostituzionale ricco di riferimenti alla peculiarità, alla specificità della questione minorile (si pensi in particolare alle leggi assistenziali e all'incredibile numero di enti ... a tutela dei minori, suddivisi in categorie e sottocategorie, talora apportatrici di ulteriore emarginazione, oggi fortunatamente per gran parte soppressi o in via di soppressione) è scelta ben condivisibile quella della Costituzione repubblicana di porre il minore sul medesimo piano di ogni altro cittadino. Tale prospettiva è rettamente evidenziata dall'analisi degli artt. 2 e 3 Cost., che costituiscono veramente il fondamento di tutto l'edificio costituzionale. Da un lato, è il riconoscimento e la garanzia dei diritti inviolabili dell'uomo, come singolo e nelle formazioni sociali in cui si svolge la sua personalità, dall'altro l'impegno pubblico a rimuovere gli ostacoli che - limitando di fatto la libertà e l'eguaglianza dei cittadini -*

---

[33] Cass. Civ., S.U., 22.12.2015, n. 25767, in *Nuova Giur. Civ.*, 2016, 3, 443.

impediscono il pieno sviluppo della persona umana. Significativamente, nell'una e nell'altra norma è presente il riferimento alla personalità e al suo sviluppo; un'indicazione siffatta, se appare diretta a tutti i cittadini o, ancor di più, a tutti gli individui, pure, come si è detto, si attaglia particolarmente al fanciullo, per il quale lo sviluppo della personalità costituisce un dato fisiologico"[34].

Tuttavia, il titolare del diritto non coincide in tal caso con il soggetto che può esercitarlo, in quanto ai sensi dell'art. 2 c.c. il minore è "incapace" di compiere tutti gli atti per i quali non sia espressamente autorizzato dal Legislatore.

Nel tempo, però, da un lato è mutato il concetto di potestà genitoriale, dall'altro lato, il concetto di incapacità assoluta del minore si è notevolmente attenuato, in quanto è maturata la tendenza a privilegiare il concetto di effettiva capacità di discernimento del minore stesso, a prescindere dal dato anagrafico.

Con riferimento al primo aspetto, merita rilevare che la potestà genitoriale non si configura più come diritto dei genitori di decidere "in luogo" del figlio minore, bensì come diritto-dovere di perseguire l'interesse del minore[35].

Nel caso di mancato perseguimento dell'interesse del minore, ai sensi degli artt. 330, 333 e 336 c.c., spetta, infatti, al giudice sostituirsi ai genitori onde assicurare l'effettiva tutela dei diritti del minore.

---

[34] Cass. Civ., Sez. I, 16.10.2009, n. 22080, in *Banca Dati Pluris*.

[35] Corte Cost., 27.03.1992, n. 132, in *Banca Dati Pluris*: "*La potestà dei genitori nei confronti del minore non è riconosciuta dall'art. 30, comma primo e secondo, Cost., come libertà personale (cui si riferiscono le garanzie dell'art. 13 Cost.) ma come diritto-dovere, che trova nell'interesse del figlio la sua funzione e il suo limite, donde il potere del giudice minorile di adottare, ex artt. 333 e 336 c.c., provvedimenti idonei a tutelare tale interesse in sostituzione o anche contro la volontà dei genitori, quando – come nel caso di inadempimento all'obbligo di sottoporre il bambino alla vaccinazione antipoliomelitica – il loro comportamento pregiudichi i beni fondamentali del minore*".

Con riguardo al secondo aspetto, si può osservare come in numerose disposizioni dell'ordinamento nazionale, il principio di incapacità assoluta del minore risulti notevolmente attenuato, emergendo, piuttosto, un concetto di capacità graduato del minore, anche con riferimento agli aspetti non patrimoniali.

Già, dall'analisi dell'art. 147 c.c., che delinea la potestà genitoriale in senso funzionalistico laddove impone ai genitori il rispetto delle capacità, delle inclinazioni ed aspirazioni dei figli, si è ritenuto che la rappresentanza dei genitori debba cedere il passo all'accrescersi della capacità di discernimento del minore. Il potere discrezionale dei genitori sui figli si riduce dunque progressivamente in rapporto allo sviluppo dell'autonomia e della volontà del minore.

A norma dell'art. 315 bis, comma 3, c.c. il figlio minore che abbia compiuto gli anni dodici e anche di età inferiore, se capace di discernimento, deve essere ascoltato in tutte le questioni che lo riguardano[36].

Ancora, il minore che ha compiuto quattordici anni deve prestare il proprio assenso al riconoscimento tardivo da parte dei genitori (art. 250, comma 2, c.c.), può chiedere al giudice la nomina di un curatore speciale per promuovere l'azione di disconoscimento della paternità o di impugnazione del riconoscimento falso (artt. 244, comma 6, e 264, c.c.). Il minore che ha compiuto sedici anni può altresì riconoscere il figlio naturale (art. 250, comma 5, c.c.), può contrarre matrimonio, previa autorizzazione del Tribunale che ne accerta la sua maturità psicofisica (art. 84 c.c.).

---

[36] Anche l'art. 336 bis c.c., rubricato *"Ascolto del minore"* dispone che il minore che abbia compiuto dodici anni, o di età inferiore se capace di discernimento, sia ascoltato dal giudice nell'ambito dei procedimenti nei quali devono essere adottati provvedimenti che lo interessano, salvo il caso in cui l'ascolto sia in contrasto con il suo interesse o manifestamente superfluo. Ancora, l'art. 337 octies, c.c. conferma che, prima dell'emanazione, anche in via provvisoria, dei provvedimenti di cui all'articolo 337-ter, il giudice dispone l'ascolto del figlio minore che abbia compiuto gli anni dodici e anche di età inferiore ove capace di discernimento.

Per quanto riguarda i trattamenti sanitari, Il legislatore nazionale non si era fino ad oggi occupato di regolamentare in generale la materia del consenso del minore, prevedendo anzi discipline differenziate nelle varie leggi speciali.

In alcuni casi, il legislatore, ha ritenuto sempre necessaria l'autorizzazione del legale rappresentante del minore per poter dar luogo al trattamento. Ciò è avvenuto per esempio in tema di donazioni di sangue, emocomponenti e cellule staminali emopoietiche[37]; di sperimentazione clinica sui minori[38]; di trapianti d'organi[39] (in tal caso, peraltro, in caso di disaccordo tra i genitori, entrambi esercenti la potestà genitoriale, si è esclusa la possibilità di ricorrere all'intervento dell'autorità giudiziaria a norma dell'art. 316, commi 2 e 3, c.c. e conseguentemente, viene vietata la possibilità di esprimere il consenso alla donazione); di accertamenti radiologici[40].

Al contrario, nell'ambito della disciplina degli stupefacenti e delle sostanze psicotrope, l'art. 120 del D.P.R. n. 309 del 9 ottobre 1990 prevede che una persona minore di età (o incapace di intendere e volere) che fa uso personale di sostanze stupefacenti o psicotrope

---

[37] L'art. 3, comma 2, della Legge 21 ottobre 2005, n. 219 prevede infatti che per le persone di età inferiore a diciotto anni il consenso è espresso dagli esercenti la potestà genitoriale, o dal tutore o dal giudice tutelare.

[38] L'art. 4 del D.Lgs. 24 giugno 2003, n. 211 testualmente dispone: *"In aggiunta a tutte le altre prescrizioni previste dal presente decreto, la sperimentazione clinica sui minori può essere intrapresa soltanto se esistono le seguenti condizioni: a) sia stato ottenuto il consenso informato dei genitori o dell'altro genitore in mancanza di uno di essi o del rappresentante legale nel rispetto delle disposizioni normative vigenti in materia; il consenso deve comunque rispecchiare la volontà del minore e deve poter essere ritirato in qualsiasi momento senza che ciò comprometta il proseguimento dell'assistenza necessaria; b) il minore abbia ricevuto, da personale esperto nel trattare con minori, informazioni commisurate alla sua capacità di comprensione sulla sperimentazione, i rischi e i benefici; c) lo sperimentatore o lo sperimentatore principale tenga in considerazione la volontà esplicita del minore di rifiutare la partecipazione alla sperimentazione o di ritirarsene in qualsiasi momento, se il minore stesso è capace di formarsi un'opinione propria e di valutare le informazioni di cui alla leggera b)..."*.

[39] Art. 4, comma 3, Legge 1 aprile 1999, n. 91.

[40] Art. 108, comma 3, D.Lgs. 17 marzo 1995, n. 230.

possa chiedere in via autonoma e diretta al servizio pubblico per le tossicodipendenze di essere sottoposto ad accertamenti diagnostici e definire un programma terapeutico e socioriabilitativo. Nel caso in cui vi sia contrasto tra la volontà del minore e quella dell'esercente la potestà genitoriale, si ritiene peraltro che il trattamento possa essere eseguito soltanto se il minore lo richiede, anche se i genitori si oppongono.

Una fattispecie peculiare è rappresentata dal consenso agli accertamenti per AIDS o infezione da HIV. In proposito, infatti, l'art. 5 della Legge 135/1990 stabilisce che *"Nessuno può essere sottoposto senza il suo consenso ad analisi tendenti ad accertare l'infezione da HIV se non per motivi di necessità clinica nel suo interesse. Sono consentite analisi di accertamento da infezioni da HIV, nell'ambito di programmi epidemiologici, soltanto quando i campioni da analizzare siano stati resi anonimi con assoluta impossibilità di pervenire alla identificazione delle persone interessate".*

La norma non dice niente con riferimento al caso del minore, ma secondo l'opinione prevalente il minore capace di discernimento deve prestare in via autonoma il proprio consenso agli accertamenti in questione.

Il quadro così tracciato pone in evidenza la tendenza a promuovere la partecipazione ed il coinvolgimento del minore nelle decisioni che lo vedono coinvolto, finanche in tema di trattamenti sanitari.

Tale propensione si rinviene in modo ancora più chiaro e deciso nel Codice di Deontologia Medica.

Il Codice, attualmente in vigore, all'art. 33, prevede infatti l'obbligo del medico di fornire al minore quelle informazioni utili affinché comprenda la sua condizione di salute e gli interventi diagnostici o terapeutici programmati, in modo da coinvolgerlo nel processo decisionale.

All'art. 35, il Codice impone altresì al medico di tenere adeguatamente in considerazione le opinioni espresse dal minore nei processi decisionali che lo riguardano.

Infine, l'art. 37 del Codice prevede, in caso di paziente minore, che il medico acquisisca il consenso o il dissenso al trattamento dal legale rappresentante e segnali all'Autorità competente il rifiuto ad un trattamento necessario espresso da parte del minore informato e consapevole, o da parte di chi esercita la potestà genitoriale, fermo restando che in base alle condizioni cliniche del minore, il medico deve procedere in ogni caso tempestivamente alle cure indispensabili e non differibili.

Anche il Codice deontologico evidenzia pertanto la necessità che il minore esprima la propria volontà in merito al trattamento sanitario e che essa debba essere tenuta in considerazione dal medico.

A livello sovranazionale, la Convenzione di Oviedo assume estrema rilevanza sull'argomento, laddove all'art. 6 prevede che *"Quando secondo la legge un minore non ha la capacità di dare consenso a un intervento, questo non può essere effettuato senza l'autorizzazione del suo rappresentante, di un'autorità o di una persona o di un organo designato dalla legge. Il parere di un minore è preso in considerazione come un fattore sempre più determinante, in funzione della sua età e del suo grado di maturità"*.

In tale contesto, in mancanza di una disciplina generale in materia di consenso informato nel caso di paziente minore, pur nella sempre maggior valorizzazione della volontà espressa dal minore, il problema principale era sostanzialmente rappresentato dall'individuazione dell'interesse del minore e dei casi in cui lo stesso può dirsi in contrasto con le scelte compiute dai genitori.

La casistica giurisprudenziale sull'argomento è molto complessa, in quanto vede contrapposte tre distinte posizioni: quella del minore, diretto interessato, quella del genitore e quella del medico.

Il rapporto medico-paziente si configura, infatti, in tali casi, come plurilaterale ed il medico è chiamato a svolgere un ruolo molto più incisivo, talvolta anche di mediatore tra soggetti in conflitto, quali il minore ed il legale rappresentante del medesimo.

In linea di principio, si può affermare che:

- nel caso in cui la volontà del minore coincida con quella del legale rappresentante, non si pongono in teoria particolari problematiche: il trattamento sanitario acconsentito da entrambi è quasi sicuramente lecito, salvo ovviamente il difetto di adeguata informazione;

- nel caso di trattamento sanitario rifiutato dal legale rappresentante, ma acconsentito dal minore, si ritiene che il sanitario non possa intervenire, salva la facoltà di ricorrere all'autorità giudiziaria a norma dell'art. 333 c.c., quando il rifiuto possa arrecare un grave pregiudizio al minore[41];

- analogamente, nel caso di disaccordo tra i genitori, il medico non può eseguire l'intervento ma deve necessariamente rivolgersi all'Autorità giudiziaria;

- nell'ipotesi in cui, invece, sussista il rifiuto del minore al trattamento sanitario, pur in presenza dell'autorizzazione del legale rappresentante, il medico non potrebbe comunque eseguire alcun trattamento sanitario, salva, ancora una volta, la possibilità di ricorrere all'Autorità giudiziaria nel caso in cui ritenga il trattamento necessario al perseguimento dell'interesse del minore.

Tra le fattispecie che hanno maggiormente interessato la giurisprudenza con riguardo alle ipotesi di prestazione del consenso ai trattamenti sanitari da parte dei genitori nell'interesse del minore,

---

[41] L'art. 333 c.c. prevede infatti che: *"Quando la condotta di uno o di entrambi i genitori non è tale da dare luogo alla pronuncia di decadenza prevista dall'articolo 330, ma appare comunque pregiudizievole al figlio, il giudice, secondo le circostanze, può adottare i provvedimenti convenienti e può anche disporre l'allontanamento di lui dalla residenza familiare ovvero l'allontanamento del genitore o convivente che maltratta o abusa del minore. Tali provvedimenti sono revocabili in qualsiasi momento"*.

vi sono state quelle inerenti alle trasfusioni di sangue, rifiutate dai genitori, Testimoni di Geova, per convinzioni religiose.

In proposito, si è talvolta affermata la responsabilità a titolo di cooperazione nell'omicidio colposo, come conseguenza non voluta del delitto di violazione degli obblighi di assistenza familiare, dei genitori di una minore affetta da talassemia che, per motivi religiosi, avevano omesso di far sottoporre la figlia alle trasfusioni periodiche di sangue, necessarie ad assicurarne la sopravvivenza[42], in quanto il rispetto per la fede religiosa non può pregiudicare la salute e la vita del minore.

Un'altra ipotesi estremamente delicata è costituita dalla scelta da parte dei genitori di sottoporre il figlio minore a cure alternative o sperimentali rispetto a quelle previste dai protocolli della medicina ufficiale.

Al riguardo si è talvolta affermato, infatti, che non può essere consentita ai genitori la decisione di ricorrere, per il proprio figlio minore, nonostante la conforme volontà di quest'ultimo, ad un trattamento medico di pura e semplice sperimentazione, trascurando l'alta probabilità di far guarire il minore a mezzo di una terapia tradizionale di efficacia comprovata.

Le fattispecie, risalenti per lo più alla fine degli anni Novanta, riguardavano minori affetti da patologie tumorali, trattate con chemioterapia secondo i protocolli della medicina ufficiale, ma rispetto alle quali i genitori chiedevano sempre più di far ricorso al trattamento sperimentale Multiterapia Di Bella.

Un primo caso è stato quello di Brescia, che riguardava una bambina di dieci anni, affetta da leucemia, i cui genitori avevano appunto deciso di interrompere i trattamenti chemioterapici, per intraprendere la terapia Di Bella. Su iniziativa del PM, che aveva ricevuto apposita segnalazione dalla Divisione di Pediatria dell'Ospedale di Brescia, i Giudici bresciani obbligarono, in un

---

[42] Corte Assise Appello Roma, 13.06.1986, in *Foro it.*, 1986, II, 606.

primo momento, i genitori a proseguire le cure chemioterapiche, in quanto le percentuali di guarigione risultavano statisticamente elevate, mentre per quanto riguardava la terapia Di Bella si trattava di una cura meramente sperimentale, rispetto alla quale non vi era alcun dato statistico[43]. Successivamente, tuttavia, pervenne al Tribunale per i minorenni una relazione con la quale il Servizio Sociale dell'A.S.L. di Brescia comunicava all'Autorità giudiziaria che i genitori della bambina non ottemperavano alle prescrizioni impartite dalla Corte d'Appello. In considerazione di ciò, il Tribunale per i Minorenni di Brescia dispose una consulenza medico-legale psicologica sulla minore al fine di: i) stabilire la possibilità nonché, eventualmente, le modalità di una pratica coattiva della terapia medica ufficiale; ii) in caso di impossibilità, valutare se sussistevano le condizioni per ricostruire un rapporto di fiducia tra il medico, la bambina e la famiglia onde consentire la ripresa della chemioterapia con modalità non coattive. Espletata la consulenza, con Decreto del 22.05.1999, il Tribunale per i Minorenni di Brescia dispose l'archiviazione degli atti, in quanto non ritenne praticabile un ordine coattivo volto a far riprendere la terapia interrotta, trattandosi di un trattamento prolungato, che avrebbe richiesto una condivisione da parte della famiglia.

Un caso simile è stato quello di Ancona, che vedeva coinvolto un bambino di nove anni, colpito da patologia tumorale ad alto grado di malignità e velocità, i cui genitori, oppostisi in un primo tempo, quali testimoni di Geova, a trattamenti trasfusionali di sangue in favore del figlio, avevano poi deciso di sottoporre il minore alle cure tradizionali di cui ai protocolli della medicina ufficiale.

Successivamente, dopo aver contattato anche un omeopata straniero, i genitori, allo scopo di evitare al figlio l'amputazione di

---

[43] Trib. Minori Brescia, Decreto 28.12.1998, in *La Nuova Giurisprudenza civile commentata*, 2000, 2; confermato in sede di reclamo da Corte d'Appello Brescia, 13.02.1999, in *La nuova Giurisprudenza civile Commentata*, 2000, 2.

un arto, ritenuta inevitabile e non differibile secondo la medicina tradizionale, decidevano di fare ricorso alla Multiterapia Di Bella.

Il Tribunale per i minorenni limitava in via temporanea ed urgente la potestà dei genitori, nominava prima un tutore e poi un curatore speciale.

Tuttavia, la Corte d'Appello di Ancona, revocava il provvedimento e concludeva che non può considerarsi abuso della potestà, né una condotta pregiudizievole dell'interesse del minore, il ricorso a terapie mediche alternative non ancora recepite dalla medicina ufficiale, quando quest'ultima prospetti comunque una prognosi entro breve termine quasi sicuramente infausta[44].

La Corte ha altresì accennato al fatto che lo stesso minore rifiutava la terapia tradizionale e che pertanto non sussisteva neppure un conflitto di interessi tra genitori e figlio.

Anche il Tribunale di Venezia[45] si è occupato della decisione dei genitori di interrompere le terapie tradizionali per la figlia affetta da leucemia ed intraprendere la Multiterapia di Bella. Il giudice veneziano non ha provveduto alla limitazione della potestà genitoriale, precisando che la bambina era in grado di comprendere, almeno in parte, la gravità della malattia e che la medesima rifiutava il trattamento chemioterapico, in quanto l'aveva fisicamente segnata, condizionandone anche la vita sociale. Il Tribunale di Venezia, sul presupposto che anche la volontà della minore andava tenuta in considerazione, ha evidenziato pertanto che imporre coattivamente la terapia avrebbe comportato la violazione dell'art. 32 Cost.

I giudici hanno dato dunque rilevanza alla capacità di autodeterminazione del minore, quando interpellato per verificare l'adeguatezza dell'esercizio della potestà genitoriale in casi in cui i genitori si opponevano alla somministrazione di determinate cure, pur ritenute appropriate dalla scienza medica.

---

[44] Corte d'Appello Ancona, 26.03.1999, in *Dir. Famiglia*, 1999, 659.
[45] Trib. Minori Venezia, 02.06.1998, in *Dir. Famiglia*, 1999, 689

Più recentemente, la giurisprudenza di merito è giunta con maggior coraggio ad affermare esplicitamente che il minore deve poter esprimere autonomamente e direttamente le proprie decisioni in ambito medico, soprattutto nei casi in cui ha un'età prossima al raggiungimento dei diciotto anni, in quanto si giungerebbe altrimenti a privarlo di diritti personalissimi soltanto in virtù del dato formale dell'età[46].

In conclusione, si può dunque affermare che la contrapposizione tra il solo medico curante ed i genitori – legali rappresentanti – che caratterizzava originariamente le controversie dinanzi all'Autorità giudiziaria, si è arricchita della volontà espressa dal minore, via via ritenuta sempre più rilevante, se pur non assolutamente decisiva.

Come vedremo nella seconda parte del presente lavoro, anche il Legislatore nazionale con l'art. 3 della Legge 219/2017 ha confermato la valorizzazione, nella massima misura possibile in considerazione della sua condizione, della volontà del minore e dell'incapace.

1.5. IL CONSENSO INFORMATO DEL PAZIENTE INCAPACE.

Anche rispetto alla persona (maggiore di età, ma) che non è in grado di manifestare la propria volontà in relazione alle scelte mediche, per infermità fisica o psichica, pur in mancanza di una

---

[46] Trib. Minori Milano, 30.03.2010, n. 579, in *Banca Dati Pluris*. Così anche Trib. Milano, 15.02.2010, in *Famiglia e Diritto*, 2011, 4, 401 e Trib. Min. Milano, Decreto 21.01.2011, in *Banca Dati Pluris*: *"Non è possibile sostenere che i genitori rappresentino i figli minori anche relativamente alle scelte mediche e ciò specialmente quando il minore abbia un'età prossima al raggiungimento della piena capacità di agire, poiché questo condurrebbe a privarlo di diritti personalissimi per la sola considerazione del dato formale rappresentato dall'incapacità legale, giungendo al paradosso che il soggetto legalmente incapace ma naturalisticamente capace non possa decidere della propria salute, mentre il soggetto legalmente capace ma naturalisticamente minus, per il tramite dell'istituto dell'amministrazione di sostegno, potrebbe esercitare una maggiore autodeterminazione"*.

specifica disposizione generale in tema di consenso informato, la giurisprudenza italiana ha ritenuto che deve ammettersi la manifestazione del consenso da parte di un rappresentante legale dell'incapace.

La sussistenza di un legale rappresentante in tali casi mette, infatti, al riparo dal rischio della violazione del principio di uguaglianza, che altrimenti si verificherebbe qualora nelle ipotesi di soggetto incapace non si mantenesse la natura bilaterale del rapporto tra il sanitario, che ha l'obbligo di informare il paziente, ed il paziente – ovvero il suo legale rappresentante – che accetta o rifiuta il trattamento sanitario, una volta che sia stato debitamente informato[47].

A tal riguardo, la Convenzione di Oviedo all'art. 6, comma 3, prevede che *"allorquando, secondo la legge, un maggiorenne, a causa di un handicap mentale, di una malattia o per un motivo similare, non ha la capacità di dare il consenso a un intervento, questo non può essere effettuato senza l'autorizzazione del suo rappresentante, di un'autorità o di una persona o di un organo designato dalla legge"*.

Anche l'art. 37 del Codice di Deontologia Medica, nel caso di paziente incapace, impone al medico di acquisire dal rappresentante legale dell'incapace il consenso o il dissenso informato agli esami diagnostici o agli interventi chirurgici.

In considerazione di quanto sopra, nel nostro ordinamento sono state valorizzate dalla giurisprudenza, oltre alla figura del tutore, quella dell'amministratore di sostegno.

Ai sensi del combinato disposto degli artt. 357 e 424 c.c., il tutore ha, infatti, la cura della persona.

La giurisprudenza ha dunque ritenuto che all'interno del potere di cura previsto dalle disposizioni citate debba ricomprendersi

---

[47] M. PINI, *Nomina dell'amministratore di sostegno per la cura dell'incapace e rilascio del consenso informato*, in *Ventiquattrore Avvocato*, 2007, 4, 8 e ss.

anche il diritto-dovere del tutore di esprimere il consenso informato alle terapie mediche.

Pe quanto riguarda, invece, l'amministratore di sostegno, le disposizioni non fanno mai espresso riferimento alla tutela della salute del beneficiario e neppure prevedono che l'amministratore possa affiancare o sostituire il beneficiario medesimo nelle decisioni relative ai trattamenti medici.

Tuttavia, l'amministratore di sostegno non ha soltanto la funzione di proteggere e conservare il patrimonio della persona priva di autonomia bensì ha come primario obiettivo la promozione della persona e la realizzazione dei suoi interessi non patrimoniali[48].

La finalità della Legge n. 6 del 9 gennaio 2004 era ed è, infatti, proprio quella di tutelare le persone prive in tutto o in parte di autonomia, nello svolgimento delle attività della vita quotidiana, attraverso interventi mirati di sostegno temporaneo o permanente e con la minore limitazione possibile della capacità di agire del soggetto, salvaguardandone il più possibile l'autodeterminazione.

Si è ritenuto dalla giurisprudenza dunque attribuibile all'amministratore di sostegno il diritto-dovere di affiancare o sostituire, a seconda dei casi, il beneficiario anche nelle decisioni terapeutiche.

D'altro canto, ai sensi dell'art. 405, comma 4, c.c. dettato in materia di amministrazione di sostegno, qualora ne sussista la necessità, il giudice tutelare adotta anche d'ufficio i provvedimenti urgenti per la cura della persona.

---

[48] Anche la Suprema Corte ha espressamente riconosciuto che l'istituto dell'amministrazione di sostegno è stato introdotto al fine di *"innovare profondamente la disciplina codicistica della protezione degli incapaci, anche attraverso la modifica dei tradizionali istituti della interdizione e della inabilitazione, in una ottica meno custodialistica e maggiormente orientata al rispetto della dignità umana ed alla cura complessiva della persona e della sua personalità, e non già del solo suo patrimonio"* (Cass. Civ., Sez. I, 12.06.2006, n. 13584, in *Banca Dati Pluris*).

Tuttavia, mentre il tutore è astrattamente già dotato del potere rappresentativo ai sensi dell'art. 357 c.c., per quanto riguarda le decisioni terapeutiche relative all'incapace, l'amministratore di sostegno necessita di un potere di rappresentanza ad hoc.

L'intervento del Giudice ha dunque presupposti e funzione diversi nel caso in cui l'istanza di autorizzazione ad una determinata decisione terapeutica sia presentata dal tutore o dall'amministratore di sostegno[49].

Nel caso di istanza del tutore, il Giudice si limita ad effettuare un mero controllo di legittimità della decisione terapeutica nell'interesse dell'incapace. In tal caso, si è precisato in giurisprudenza che l'intervento del Giudice tutelare è di regola eccezionale ed eventuale, potendo intervenire soltanto quando vi sia un contrasto tra la volontà dell'interdetto e quella del tutore, oltre che sulla scorta del potere generale di cui all'art. 44 disp. att. c.c. di dare indicazioni al tutore[50].

Al contrario, nel caso di istanza dell'amministratore di sostegno, il Giudice Tutelare deve attribuire un potere specifico di rappresentanza all'amministratore per quanto attiene alle decisioni relative a determinati trattamenti sanitari.

---

[49] A. SCALERA, *L'amministratore di sostegno e il consenso ai trattamenti medico-chirurgici*, in *Famiglia e Diritto*, 2011, 7, 745.

[50] Con riferimento all'ipotesi dell'interdetto, si veda Trib. Reggio Emilia, Decreto 29.06.2011, in *L'osservatorio di merito*, 2012, 10, 714, con nota di A. COSTANZO, *Il consenso dell'interdetto agli atti sanitari tra volontà residua e volontà presunta: funzione del tutore e ruolo del giudice tutelare*. Il Giudice Tutelare emiliano ha in tal caso osservato che non sussiste un generale potere autorizzativo del Giudice Tutelare con riferimento alla cura dell'interdetto, mentre invece l'art. 357 c.c. prevede un intervento autonomo del tutore, che ha il compito di verificare se l'interdetto possa validamente esprimere il proprio consenso o meno ai trattamenti sanitari, e qualora ciò non sia possibile, deve ricostruirne la volontà o altrimenti decidere conformemente alla più probabile decisione di un soggetto razionale nelle condizioni date. Nella specie, il G.T. ha dichiarato di non doversi procedere sull'istanza presentata dal tutore al fine di ottenere il diniego di autorizzazione ad un determinato trattamento terapeutico, invitando il tutore a verificare la volontà residua o presumibile dell'interdetto.

Nella casistica giurisprudenziale si è pertanto provveduto alla nomina dell'amministratore di sostegno indicando tra i compiti del medesimo, proprio "il potere-dovere" di assistere la persona beneficiaria nella prestazione del consenso informato ai trattamenti terapeutici, con la precisazione che l'amministratore può prestare il consenso alle cure ed ai trattamenti in luogo del beneficiario, mentre il rifiuto alla cura non può essere espresso dall'amministratore di sostegno se non su provvedimento del Giudice Tutelare[51].

Si è in alcuni casi autorizzato l'amministratore di sostegno a sostituire il beneficiario nelle scelte mediche, ed in particolare ad esprimere il consenso, in luogo di questi, a trattamenti e terapie, quando il dissenso espresso dal beneficiario non si fondava su valutazioni coscienti della situazione e delle conseguenze[52].

In ogni caso, ai fini della decisione terapeutica, si è ritenuto che l'amministrazione di sostegno dovesse indagare se il beneficiario, prima di versare in stato di incapacità, avesse manifestato la propria volontà in ordine al trattamento rispetto al quale l'amministratore avrebbe dovuto prendere una decisione.

Infatti, se la volontà dell'incapace era chiara, ovvero aveva ad oggetto il trattamento in questione e non vi erano ragioni per ritenerla non più attuale, l'amministratore doveva sostanzialmente essere il portavoce di tale volontà.

---

[51] Trib. Varese, 05.03.2012, in *Banca Data Pluris*; Trib. Varese, 13.03.2012, in *Banca Dati Pluris*.

[52] Trib. Modena, Decreto 15.09.2004, in *Banca Dati Pluris*. Il caso riguardava un soggetto affetto da disturbo delirante cronico e da una forma grave di diabete. L'Amministratore di sostegno, già in precedenza nominata, aveva proposto ricorso al Giudice Tutelare, chiedendo l'integrazione del precedente decreto di nomina, al fine di essere autorizzato ad intraprendere tutte le iniziative necessarie all'inserimento del beneficiario in una struttura, ove potesse essere sottoposto a cure e terapie necessarie e vitali, nonché ad esprimere il consenso informato ai trattamenti terapeutici proposti dai medici se ed in quanto necessari, segnalando l'assoluto rifiuto del beneficiario di sottoporsi a qualsiasi terapia di cura della propria salute. Il Giudice ha accolto il ricorso ed autorizzato l'amministratore di sostegno, dando atto dell'incapacità del beneficiario di esprimere un valido consenso alle cure e terapie antidiabetiche.

In mancanza di dichiarazione espressa, invece, la volontà del beneficiario doveva essere ricostruita sulla base delle concezioni di vita dell'incapace, della sua personalità, con particolare riferimento ai suoi valori etici e morali, per poter individuare quale tipo di trattamento avrebbe acconsentito e quale invece avrebbe rifiutato[53].

Tale criterio, come sarà illustrato nel prosieguo della presente opera, è stato quello che ha trovato principale applicazione nella vicenda di Eluana Englaro, in cui la Corte d'Appello milanese, in sede di rinvio ed in applicazione del principio di diritto enunciato dalla Suprema Corte con la nota Sentenza n. 21748 del 2007, ha ricostruito la volontà di Eluana di rifiutare le cure, attraverso molteplici risultanze istruttorie aventi ad oggetto proprio la personalità della donna[54].

Nel caso in cui invece non fosse stato possibile determinare la volontà del beneficiario, espressa o ricostruita, il criterio che

---

[53] Sul punto è chiaro il Trib. Reggio Emilia, Decreto 25.07.2012, in *L'osservatorio di Merito*, 2012, 10, 709, con nota di A. COSTANZO, *Ricostruire la volontà del paziente incapace rispetto alle scelte di cura nell'alternativa tra manovre invasive e la sola terapia palliativa*. Il Giudice Tutelare emiliano ha infatti affermato: *"Se il beneficiario, affetto da sclerosi multipla maligna in fase avanza, sottoposto a nutrizione artificiale (PEG) e con problemi di respirazione collegati alla paralisi e all'allettamento, non è in grado di esprimere autonomamente la propria volontà sul percorso terapeutico da seguire nel caso di ulteriore peggioramento delle condizioni respiratorie, spetta all'amministratore di sostegno prima, e al giudice tutelare poi, il compito di ricostruire la volontà del paziente rispetto alle scelte di cura, nell'alternativa tra procedure invasive, quali intubazione o ventilazione meccanica, e la sola terapia palliativa (nella specie, compiuta l'istruttoria e ravvisata una volontà presunta contraria a terapie particolarmente invasive, il giudice tutelare ha autorizzato l'amministratore di sostegno ad esprimere in nome e per conto del beneficiario, il consenso informato alle cure con sole terapie palliative)"*.

[54] Si tratta di un criterio applicato anche dal legislatore per esempio in materia di sperimentazione clinica, laddove all'art. 5 del D.Lgs 24.06.2003, n. 211, ha previsto che la partecipazione ad una sperimentazione clinica degli adulti incapaci che non hanno dato o non hanno rifiutato il proprio consenso informato prima che insorgesse lo stato di incapacità, è possibile soltanto se, oltre alla ricorrenza di altri requisiti individuati dalla normativa, sia stato ottenuto il consenso informato del rappresentante legale, che deve rappresentare la presunta volontà del soggetto stesso.

doveva guidare l'Amministratore di sostegno restava quello del c.d. *best interest* del beneficiario.

Si tratta di un criterio elaborato per la prima volta dalle Corti inglesi[55], in virtù del quale è necessario ricercare una soluzione che corrisponda al miglior interesse dell'incapace, principalmente secondo l'apprezzamento dei medici, pur sindacabile dal giudice.

Tale criterio è sostanzialmente accolto anche dall'art. 410, comma 2, c.c., laddove prevede l'adozione da parte del Giudice Tutelare dei provvedimenti opportuni in caso di negligenza dell'amministratore di sostegno nel perseguire l'interesse del beneficiario o nel soddisfarne le richieste.

Sulla stessa linea, a livello sovranazionale, la Convenzione di Oviedo all'art. 6 impone di correlare la scelta terapeutica effettuata dal rappresentante al beneficio diretto dell'interessato.

Le problematiche più importanti affrontate dalla giurisprudenza sul tema del consenso dell'incapace rispetto ai trattamenti sanitari sono state quelle relative al rifiuto delle cure c.d. *life sustaining* da parte del beneficiario, sia che il rifiuto sia stato espresso direttamente dal soggetto incapace fisicamente ma pienamente lucido, sia che il rifiuto sia stato ricostruito tramite le dichiarazioni fatte dall'incapace prima di cadere in stato di incoscienza.

Sul punto si rinvia pertanto la trattazione di tale argomento al successivo capitolo terzo.

---

[55]Nel caso *Bland*, la House of Lords ha deciso che, in assenza di trattamenti curativi e attesa l'irreversibilità dello stato di incoscienza dell'uomo, la prosecuzione di trattamenti invasivi, quali nutrizione e dell'idratazione artificiali, era contraria al miglior interesse del paziente, perché inutile e non comportante alcun beneficio per il medesimo. (House of Lords, 14,15,16 dicembre 1992 – 4 febbraio 1993, *caso Airedale NHS Trust v. Bland*, in *Bioetica*, 1997, 313).

CAPITOLO 2
LA RESPONSABILITÀ DEL SANITARIO PER MANCATA ACQUISIZIONE DEL CONSENSO INFORMATO NELL'ELABORAZIONE GIURISPRUDENZIALE.

2.1. PREMESSA.

Nel presente capitolo si darà spazio all'analisi, necessariamente sintetica, di quella che è stata, fino ad oggi, la posizione della giurisprudenza delle Corti nazionali penali e civili circa la responsabilità dei sanitari di fronte ai casi di trattamenti sanitari praticati in assenza del consenso informato.

Infatti, come abbiamo visto nelle pagine precedenti, i giudici italiani, nonostante la mancanza di una norma generale in tema di consenso informato, hanno elaborato comunque, ricavandolo da varie norme e principi generali presenti nel nostro ordinamento, un generale diritto del paziente a ricevere una adeguata informazione circa i trattamenti sanitari ed a manifestare il proprio consenso o rifiuto dei medesimi. Ebbene, da tale diritto, i giudici di legittimità hanno conseguentemente fatto discendere la responsabilità penale e/o civile dei sanitari nel caso di effettuazione del trattamento sanitario nei confronti del paziente allorquando fosse mancata l'acquisizione del suo consenso informato.

L'analisi della posizione delle corti italiane espressa fino ad oggi assume notevole importanza anche per comprendere quali potranno essere le applicazioni della nuova Legge 219/2017, che – come vedremo nella seconda parte – ha introdotto un generalizzato diritto del paziente a ricevere adeguate informazioni mediche circa i trattamenti sanitari e ad acconsentire o rifiutare ai medesimi, con conseguente obbligo espresso a carico dei sanitari di attenersi alla scelta del paziente.

2.2. La responsabilità penale del sanitario per omessa acquisizione del consenso informato.

Per quanto concerne la responsabilità penale, le prime problematiche affrontate dalla giurisprudenza riguardavano la sussistenza o meno di una rilevanza penale della condotta del sanitario che, in assenza del consenso informato del paziente, avesse sottoposto il medesimo ad un intervento chirurgico effettuato nel rispetto delle *leges artis* e con esito fausto.

Al riguardo, per lungo tempo si è assistito ad un acceso dibattito, sia in giurisprudenza che in dottrina, tra orientamenti contrastanti.

In particolare, secondo un primo indirizzo, ai fini penalistici, la volontà del paziente svolgeva un ruolo decisivo soltanto quando fosse stata espressa in forma negativa, potendo il medico sottoporre il paziente al trattamento terapeutico che riteneva necessario per la tutela della salute dello stesso anche in assenza di esplicito consenso. Ciò in quanto, si riteneva che la condotta del sanitario che interveniva in mancanza di consenso informato non potesse corrispondere alla fattispecie astratta di un reato, avendo in ogni caso finalità terapeutica[56].

---

[56] Cass. Pen., Sez. I, 29.05.2002, n. 26446 (*Caso Volterrani*), in *Banca Dati Pluris*. Con tale pronuncia la Suprema Corte ha ritenuto che: "*la pratica sanitaria e specialmente quella chirurgica, salvo ipotesi dalle quali esula l'intento di tutela della salute propriamente intesa, è sempre obbligata, per non dire forzata. Il chirurgo preparato, coscienzioso, attento e rispettoso dei diritti altrui non opera per passare il tempo o sperimentare le sue capacità: lo fa perché non ha scelta, perché quello è l'unico giusto modo per salvare la vita del paziente o almeno migliorarne la qualità. Sembra lecito, allora, prospettare l'esistenza di uno stato di necessità generale, e, per così dire, "istituzionalizzato", intrinseco, cioè, ontologicamente, all'attività terapeutica. Ne consegue che quando il giudice di merito riconosca in concreto, il concorso di tutti i requisiti occorrenti per ritenere l'intervento chirurgico eseguito con la completa e puntuale osservanza delle regole proprie della scienza e della tecnica medica, deve, solo per questa ragione, anche senza fare ricorso a specifiche cause di liceità codificate, escludere comunque ogni responsabilità penale dell'imputato, cui sia stato addebitato il fallimento della sua opera*". Già Cass. Pen., Sez. IV, (ud. 27.03.2001) 10.10.2001, n. 36519, in *Banca Dati Pluris*, aveva affermato la rilevanza penale della condotta del medico soltanto

Ad avviso di un altro orientamento, invece, la mancanza o l'invalidità del consenso informato del malato, determinando l'arbitrarietà del trattamento medico, ne comportava la sua rilevanza penale (fatte salve le ipotesi di stato di necessità ex art. 54 c.p. o quelle previste dalle specifiche norme autorizzative di trattamenti sanitari obbligatori ai sensi dell'art. 32 Cost.), in quanto si riteneva il consenso del paziente un presupposto indefettibile di liceità del trattamento medico[57].

Tale orientamento evidenziava che il medico non ha un generale diritto di curare, a fronte del quale non avrebbe rilievo la volontà del malato, che si troverebbe in una posizione di soggezione su cui il medico potrebbe liberamente intervenire, con il solo limite della propria coscienza. Al contrario, alla luce dei principi dell'ordinamento, sarebbe possibile riconoscere al medico la potestà di curare, derivante dall'abilitazione all'esercizio della professione, la quale, tuttavia, per poter essere esercitata necessiterebbe del consenso della persona che deve sottoporsi al trattamento sanitario.

Dunque, si affermava che la mancanza o l'invalidità del consenso rendevano arbitrario il trattamento sanitario, che diventava penalmente rilevante, in quanto atto compiuto in violazione della sfera personale dell'individuo e del diritto di questi di decidere se consentire interventi estranei sul proprio corpo, a nulla rilevando la finalità curativa propria della condotta del medico[58].

Una volta ritenuta penalmente rilevante la condotta del medico che pone in essere un intervento, pur con esito fausto, ma in

---

nell'ipotesi di pratica chirurgica realizzata contro la volontà espressa e conclamata del paziente, ritenendo peraltro in proposito irrilevante che si tratti di dissenso manifestato fin dal primo momento del contatto con il medico, ovvero di consenso inizialmente dato e poi revocato.

[57] Cass. Pen., Sez. IV, 21 aprile 1992, n. 5639 (*Caso Massimo*), in *Corriere del Merito*, 2009, 3, 304; Cass. Pen., Sez. IV, 11.07.2001, n. 35822 (*Caso Firenzani*), in *Banca Dati Pluris*; Cass. Pen., Sez. IV, 16.01.2008, n. 11335 (*Caso Huscer*), in *Ragiusan*, 2008, 11335.

[58] Così anche Cass. Pen., Sez. IV, 04.12.2008, n. 45126, in *Guida al Diritto*, 2009, 3, 96.

mancanza di consenso informato, la problematica che si è posta in giurisprudenza è stata quella relativa all'individuazione della relativa fattispecie delittuosa.

Secondo un primo indirizzo, il medico che interveniva su un paziente in assenza di consenso informato, doveva rispondere di lesioni volontarie, anche quando l'esito dell'intervento fosse stato favorevole[59].

Secondo un altro orientamento, invece, anche se arbitrario, il trattamento medico-chirurgico non poteva essere mai diretto a determinare una malattia, necessaria perché potesse configurarsi il reato di lesioni personali, essendo piuttosto volto a rimuoverla[60].

In considerazione di ciò, l'arbitrarietà dell'intervento poteva assumere rilevanza penale solo quale attentato alla libertà individuale del paziente ed integrare pertanto il delitto di violenza privata, in quanto il medico, nell'eseguire per esempio un intervento diverso da quello consentito terrebbe una condotta violenta nei confronti del paziente, il quale, a causa delle condizioni in cui si trova, non potrebbe opporre resistenza.

Nel caso in cui dall'intervento fosse derivata la morte del paziente, talvolta si è ritenuto che il medico dovesse rispondere a titolo di omicidio preterintenzionale[61], talaltra si è invece affermata la responsabilità del medico per omicidio colposo, in quanto anche quando il medico agisce in mancanza di consenso espresso del paziente, non può ritenersi che sia mosso dalla consapevole intenzione di causare un'alterazione lesiva dell'integrità fisica della

---

[59] Si sono espresse in tal senso Cass. Pen., Sez. IV, 21 aprile 1992, n. 5639, cit.; nonché Cass. Pen., Sez. IV, 11.07.2001, n. 35822, in *Banca Dati Pluris*, che ha peraltro precisato che le ipotesi delittuose configurabili possono essere di carattere doloso ex artt. 610, 613, 605 c.p. nel caso di trattamento terapeutico non chirurgico -, ovvero ex art. 582 c.p. nell'evenienza di trattamento chirurgico.

[60] Cass. Pen., Sez. IV, (ud. 9.03.2001) 12.07.2001, n. 28132, (*Caso Barese*), in *Banca Dati Pluris*; conforme Cass. Pen., Sez. IV, 16.01.2008, n. 11335 (*Caso Huscer*), cit.

[61] Cass. Pen., Sez. IV, 21 aprile 1992, n. 5639 (*Caso Massimo*), cit.

persona offesa e, quindi, dalla consapevole intenzione di porre in essere "atti diretti a" commettere il reato di cui all'art. 582 c.p.[62].

Le Sezioni Unite della Suprema Corte con la Sentenza del 18 dicembre 2008, n. 4237 sembrano aver chiarito una volta per tutte i termini della questione, statuendo che non ricorre alcuna fattispecie penale nel caso in cui il medico, pur in assenza del valido consenso del paziente, abbia agito secondo le regole dell'arte e l'intervento si sia concluso con esito benefico per la salute del paziente, ovvero con il miglioramento della patologia da cui era affetto[63].

Le Sezioni Unite penali, hanno dunque statuito che non integra il reato di lesioni personali, né quello di violenza privata, la condotta del medico che sottopone il paziente ad un trattamento chirurgico in mancanza di consenso informato, nel caso in cui l'intervento, eseguito nel rispetto delle "leges artis", si sia concluso con esito fausto, per essere derivato un miglioramento delle condizioni di salute del paziente, in riferimento anche alle eventuali alternative possibili.

I principi espressi dalla Suprema Corte a Sezioni Unite si fondano sul recepimento anche in ambito penale della tesi civilistica dell'autolegittimazione dell'attività medica, che trova il proprio fondamento nella sua stessa finalità che è la tutela della salute, quale

---

[62] Così Cass. Pen., Sez. IV, (ud. 16.01.2008) 14.03.2008, n. 11335, cit.

[63] Cass. Pen. S.U., 21.01.2009, n. 2437, in *Guida al Diritto*, 2009, 7, 54., in *CED Cassazione*, 2009; Cass. Pen., Sez. IV, 30.09.2008, n. 37077, in *Corriere Giur.*, 2009, 2, 182: *"Non è discutibile che l'attività medico-chirurgica, per essere legittima, presuppone il "consenso" del paziente, che non si identifica con quello di cui all'articolo 50 c.p., ma costituisce un presupposto di liceità del trattamento. È da escludere che dall'intervento effettuato in assenza di consenso o con un consenso prestato in modo invalido possa di norma farsi discendere la responsabilità del medico a titolo di lesioni volontarie ovvero, in caso di esito letale, a titolo di omicidio preterintenzionale, in quanto il sanitario si trova ad agire, magari erroneamente, ma pur sempre con una finalità curativa, che è concettualmente incompatibile con il dolo delle lesioni. Il consenso informato ha come contenuto concreto la facoltà non solo di scegliere tra le diverse possibilità di trattamento medico, ma anche di eventualmente rifiutare la terapia e di decidere*

bene costituzionalmente garantito, e non invece nella scriminante del consenso dell'avente diritto di cui all'art. 50 c.p..

In particolare, con riferimento al delitto di violenza privata, la Suprema Corte ha osservato che il concetto di costrizione di cui all'art. 610 c.p. presuppone il dissenso della persona offesa, la quale in conseguenza della condotta dell'agente è indotta a fare, tollerare od omettere qualcosa, contrariamente alla propria volontà. Pertanto, nel caso di paziente anestetizzato, il medico che durante l'esecuzione dell'intervento ne pratichi uno diverso da quello originariamente consentito dal paziente, non realizza una "costrizione" della volontà del paziente, in quanto manca il contrasto di volontà tra il soggetto attivo (medico) ed il soggetto passivo (paziente), che costituisce il presupposto della coazione.

Con riferimento al reato di lesioni di cui all'art. 582 c.p., la Suprema Corte ha invece evidenziato l'incompatibilità concettuale tra lo svolgimento dell'attività medica e l'elemento soggettivo del reato di lesioni volontarie: l'attività sanitaria è infatti volta proprio a rimuovere un male (rectius una malattia) e non può essere dunque paragonata ad una condotta finalizzata invece a cagionare una malattia.

Inoltre, se l'intervento chirurgico è eseguito a regola d'arte ed ha raggiunto gli scopi, da tale atto non può ritenersi derivata alcuna malattia, in quanto anche se l'atto medico è stato lesivo da un punto di vista meramente anatomico, non ha cagionato una malattia, intesa quale menomazione funzionale dell'organismo; conseguentemente non può ritenersi integrata la fattispecie delle lesioni volontarie.

Nel caso di intervento eseguito con esito infausto, la giurisprudenza fino ad oggi ha continuato invece ad oscillare tra orientamenti contrapposti.

---

consapevolmente di interromperla, in tutte le fasi della vita, anche in quella terminale".

Recentemente, la Cassazione Penale ha osservato che nel caso in cui il chirurgo esegua un intervento da cui derivino lesioni al paziente, in presenza di un consenso prestato sulla base di un'informazione inadeguata a comprenderne il rischio, non è configurabile il reato doloso di cui all'art. 582 c.p., in quanto la finalità terapeutica e di cura perseguita dal medico resta concettualmente incompatibile con la consapevole intenzione di provocare un'alterazione lesiva dell'integrità fisica della persona offesa[64].

D'altro canto, la stessa giurisprudenza ha altresì escluso la possibilità di fondare la colpa del medico sulla mancanza di consenso, in quanto l'obbligo di acquisire il consenso informato non costituisce una regola cautelare la cui inosservanza influisce sulla colpevolezza. L'acquisizione del consenso è volta a tutelare il diritto alla scelta consapevole in relazione agli eventuali danni che possono derivare dalla decisione terapeutica, e non ad evitare fatti dannosi prevedibili ed evitabili.

Tale giurisprudenza, ha esteso dunque i principi espressi dalla Sezioni Unite penali alle fattispecie di intervento chirurgico con esito infausto, ritenendo altresì che la mancata acquisizione del consenso informato può assumere rilievo quale elemento della colpa

---

[64] Cass. Pen., Sez. V, 24.11.2015, n. 16678 in *CED Cassazione*, 2016: *"dev'essere escluso il dolo di lesioni volontarie (essendo ravvisabile solo la colpa) nella condotta del medico che ometta di informare adeguatamente il paziente circa i rischi dell'intervento chirurgico a cui lo sottopone e circa le alternative praticabili e, dall'altro, che l'obbligo d'acquisizione del consenso informato alla somministrazione del trattamento sanitario non costituisce una regola cautelare, trattandosi, viceversa, di obbligo imposto per consentire la partecipazione libera e consapevole del paziente al programma terapeutico che lo riguarda e dunque la sua inosservanza da parte del medico non può costituire, nel caso lo stesso trattamento abbia causato lesioni, un elemento per affermare la responsabilità a titolo di colpa di quest'ultimo, a meno che la mancata sollecitazione del consenso gli abbia impedito di acquisire la necessaria conoscenza delle condizioni del paziente medesimo"*.

solo se ha causato l'impossibilità per il medico di conoscere le reali condizioni del paziente e di acquisire un'anamnesi completa[65].

Di contro, secondo una recente decisione della Cassazione, il rischio per il sanitario di incorrere in responsabilità penale per aver posto in essere un qualsiasi trattamento sanitario in mancanza del consenso informato del paziente non sussiste in ogni caso, quando ricorrono ipotesi di urgenza terapeutica[66].

Tutto quanto sopra, fermo restando ovviamente che nei casi di dissenso espresso direttamente o indirettamente dal paziente, a prescindere dall'esito fausto o infausto dell'intervento, si ritiene in ogni caso configurabile la responsabilità penale del sanitario, riconducibile, a seconda delle ipotesi, al delitto di violenza privata, in quanto realizza quanto meno una coazione della volontà del paziente[67], o alle lesioni volontarie[68].

---

[65] Cass. Pen., Sez. IV, 24.03.2015, n. 21537, in *CED Cassazione*, 2015; conforme Cass. Pen., Sez. IV, 24.06.2008, n. 37077, in *CED Cassazione*, 2008.

[66] Cass. Pen. Sez. IV, 26.05.2010, n. 34521, in *CED Cassazione*, 2010: *"In caso di intervento medico-chirurgico con esito infausto, il consenso del paziente che, se espresso validamente e nei limiti di cui all'art. 5 cod. civ., preclude la possibilità di configurare il delitto di lesioni volontarie, assumendo efficacia scriminante, non è necessario, perché l'intervento medico-chirurgico sia penalmente lecito, in presenza di ragioni di urgenza terapeutica o nelle ipotesi previste dalla legge. (La Corte ha anche osservato che, in presenza di una manifestazione di volontà esplicitamente contraria all'intervento terapeutico, l'atto, asseritamente terapeutico, costituisce un'indebita violazione non solo della libertà di autodeterminazione del paziente, ma anche della sua integrità; peraltro, in caso di esito fausto dell'intervento, la sussistenza di un pericolo grave ed attuale per la vita o la salute del paziente, pur non scriminando la condotta, esclude il dolo intenzionale di lesioni, in quanto il medico che interviene nonostante il dissenso del paziente, si rappresenta la necessità di salvaguardarne, ciononondimeno, la vita o la salute poste in pericolo)"*.

[67] Cass. Pen., Sez. V, 18.03.2015, n. 38914, in *CED Cassazione*, 2015: *"Integra il reato di violenza privata la condotta dell'infermiere il quale sottoponga a trattamento terapeutico un paziente che in relazione ad esso abbia, invece, manifestato un libero e consapevole rifiuto, non potendosi ritenere applicabili, in tale ipotesi, neppure le scriminanti dell'adempimento di un dovere o dello stato di necessità, condizioni esimenti che cedono il passo rispetto al diritto all'inviolabilità della libertà personale, intesa anche come libertà di salvaguardia della propria salute e della propria integrità fisica. (Fattispecie in cui l'operatore sanitario, in presenza di espresso e consapevole rifiuto all'apposizione di catetere, procedeva*

2.3. LA RESPONSABILITÀ CIVILE DEL SANITARIO.
2.3.1. La natura della responsabilità.

Per quanto attiene alla responsabilità civile del medico per violazione dell'obbligo informativo e conseguente mancata acquisizione del consenso informato, uno dei primi aspetti oggetto di dibattito è stato quello relativo alla natura di tale responsabilità.

In particolare, secondo l'orientamento minoritario, più risalente, l'obbligo di informazione assume rilievo nella fase precontrattuale, in cui si forma il consenso del paziente alla terapia o all'intervento[69].

Si tratterebbe dunque di un obbligo informativo fondato sul dovere di comportarsi secondo buona fede nello svolgimento delle trattative e nella formazione del contratto ai sensi dell'art. 1337 c.c..

Secondo tale orientamento, inoltre, l'onere di informazione sarebbe funzionale alla prestazione professionale successiva e soltanto quest'ultima potrebbe configurarsi in termini di contratto, mentre tutto ciò che la precede dovrebbe essere ricondotto nell'ambito di una trattativa finalizzata proprio alla conclusione di tale successivo contratto[70].

A sostegno di tale tesi si è evidenziato che il consenso è un elemento del contratto e che pertanto, solo dopo che è stato espresso dal paziente, si perfeziona il contratto tra medico e paziente stesso.

---

edualmente all'intervento sanitario nei confronti del paziente in ricovero, ricorrendo a violenza fisica per vincere la sua opposizione, picchiandolo sulle mani ed immobilizzandolo"

[68] Cass. Pen., Sez. IV, 20.04.2010, n. 21799, in *CED Cassazione*, 2010: *"Integra il reato di lesione personale dolosa la condotta del medico che sottoponga, con esito infausto, il paziente ad un trattamento chirurgico, al quale costui abbia espresso il proprio dissenso. (Fattispecie di intervento di chirurgia correttiva della vista con esito infausto, per il quale il consenso del paziente era stato carpito, prospettandogli una metodologia esecutiva non invasiva)"*.

[69] Cass., Civ., Sez. III, 25.11.1994 n. 10014, in *Banca Dati Pluris*; Cass. Civ., 15.01.1997 n. 364, in *Banca Dati Pluris*.

[70] Cass. Civ., Sez. III, 30.07.2004, n. 14638, in Banca Dati Pluris; Cass. Civ., Sez. III, 10.09.1999, n. 9617, in *Banca Dati Pluris*.

Tale orientamento conduceva pertanto ad inquadrare la responsabilità del sanitario per omesso consenso informato nell'alveo della responsabilità precontrattuale, all'epoca ricondotta a sua volta al paradigma della responsabilità extracontrattuale[71].

Tuttavia, già con la pronuncia n. 1132 del 29 marzo 1976, la Suprema Corte aveva osservato che il contratto d'opera professionale si conclude tra paziente e medico quando quest'ultimo, su richiesta del primo, accetta di prestare la propria attività professionale relativamente al caso che gli viene proposto. In particolare, tale attività si distingue in due fasi: quella preliminare diagnostica, fondata sull'accertamento della sintomatologia, e quella successiva, terapeutica o chirurgica, determinata dalla prima.

Entrambe le fasi compongono la prestazione complessa che il medico si obbliga a porre in essere per effetto della conclusione del contratto d'opera professionale.

Inoltre, soltanto dopo la fase diagnostica, che necessariamente rientra nella prestazione complessa del medico, viene ad esistenza l'obbligo a carico del medico di informare il paziente in ordine alla natura e alle possibili conseguenze dell'intervento o della terapia ritenuti necessari, al fine di ottenere il consenso informato al proseguimento dell'attività professionale.

In considerazione di ciò, secondo la pronuncia citata, la responsabilità derivante dall'omesso consenso informato ha natura contrattuale[72].

Tale interpretazione è divenuta pressoché unanime nella giurisprudenza, la quale ha costantemente ribadito nel corso degli anni che la responsabilità professionale del medico, anche quando l'attività dello stesso sia limitata alla diagnosi e all'illustrazione al paziente delle conseguenze dell'intervento o della terapia, allo scopo

---

[71] Cfr. sul punto Cass. Civ., Sez. III, 23.05.2001, n. 7027, in *Banca Dati Pluris*.
[72] Conforme anche già Cass., 26 marzo 1981 n. 1773, in *Arch. Civ.*, 1981, 544.

di acquisirne il consenso informato, ha natura contrattuale[73]. Ciò in quanto, la prestazione medica è una prestazione complessa, rappresentata oltre che dall'attività chirurgica e terapeutica, anche dall'attività meramente informativa, propedeutica all'acquisizione del consenso informato[74].

L'inquadramento della responsabilità del medico nell'ambito della responsabilità contrattuale comporta conseguenze di non poco rilievo, sia da un punto di vista risarcitorio, che di onere probatorio.

In particolare, nell'ambito della responsabilità precontrattuale, il danno risarcibile è commisurato al solo interesse negativo, rappresentato dalle spese sostenute inutilmente, nonché dalla perdita di occasioni vantaggiose, ovvero di stipulare contratti ugualmente o più vantaggiosi. Ciò, in una materia come quella della responsabilità medica comporterebbe dunque una grave limitazione alla possibilità e all'ammontare stesso del risarcimento dei danni derivanti dalla violazione del consenso informato.

Nell'ambito della responsabilità contrattuale, invece, il danno si estende all'interesse positivo e comprende pertanto anche il danno derivante dalla lesione del bene salute.

Sotto il profilo probatorio, infine, ricondurre la responsabilità per omessa informazione all'alveo dell'art. 1218 c.c. comporta un alleggerimento della posizione del paziente, il quale deve soltanto allegare l'inadempimento dell'obbligo informativo da parte del medico, sul quale grava invece l'onere di provare di aver adempiuto l'obbligazione.

---

[73] Cass. Civ. Sez. III, 19.05.2011, n. 11005, in *Danno e Resp.*, 2012, 515, con nota di V. MONTANI, *Violazione del consenso informato e nesso di causalità*; conforme *ex multis* Cass. 09.02.2010, n. 2847. Recentemente, il principio è stato ribadito anche da Cass. Civ., Sez. III, (08.10.2015), 27.11.2015, n. 24220, in *Banca Dati Pluris*.

[74] Anche la giurisprudenza di merito ha ribadito costantemente tale orientamento. Sul punto v. Trib. Campobasso, 25.09.2013, in *Banca Dati Pluris*; Trib. Roma,

2.3.2. *L'irrilevanza della corretta esecuzione dell'intervento.*

Uno degli aspetti che la giurisprudenza è stata chiamata altresì ad affrontare, sempre per valutare l'esclusione o meno della responsabilità del medico per omesso consenso informato, è quello della corretta esecuzione dell'intervento chirurgico per il quale sia stato appunto omesso o sia invalido il consenso del paziente.

In proposito, la Suprema Corte ha da tempo chiarito che l'inosservanza dell'obbligo informativo costituisce un inadempimento autonomo e distinto dall'obbligo di diligenza e perizia nello svolgimento della prestazione di cura o nell'esecuzione dell'intervento chirurgico.

In considerazione di ciò, non può assumere rilevanza ai fini della sussistenza o meno della responsabilità del medico per omesso consenso informato il fatto che il trattamento sia eseguito in modo corretto o meno. Ciò che rileva, infatti, è soltanto che il paziente, a causa dell'omessa informazione, non sia stato messo nella condizione di acconsentire o meno al trattamento sanitario in maniera consapevole[75].

Sul punto, si ritiene opportuno riportare le chiare parole della Suprema Corte: *"Il diritto al consenso informato va comunque e sempre rispettato dal sanitario, a meno che non ricorrano casi di urgenza, rinvenuti a seguito di un intervento concordato e programmato e per il quale sia stato richiesto ed ottenuto il consenso, che pongano in gravissimo pericolo la vita della persona, quale bene che riceve e si correda di una tutela primaria nella scala dei valori giuridici a fondamento dell'ordine giuridico e del vivere civile, ovvero si tratti di trattamento sanitario obbligatorio. Il*

12.09.2012, in *Banca dati Pluris*; Trib. Brescia, Sez. III, 31.12.2003, in *Mass. Trib. Brescia*, 2004, 200.

[75] Cass. Civ., Sez. III, 14.03.2006, n. 5444, in *Banca Dati Pluris*; conformi anche Cass. Civ., Sez. III, 24.09.1997, n. 9374, in *Mass. It.*, 1997; Cass. Civ., Sez. III, (ud. 12.01.2010) 09.02.2010, n. 2847, in *Banca Dati Pluris*.

consenso in considerazione è talmente inderogabile che non assume alcuna rilevanza, ai fini della sua esclusione, che l'intervento absque pactis sia stato effettuato in modo tecnicamente corretto. All'uopo deve, invero, rilevarsi che a causa del totale deficit di informazione, il paziente non è stato ad ogni modo posto in condizioni di assentire al trattamento, per cui nei suoi confronti si consuma, comunque, una lesione di quella dignità che connota nei momenti cruciali la sua esistenza"[76].

Dunque, in difetto di consenso informato del paziente, il medico deve rispondere delle conseguenze negative che ne siano comunque scaturite, anche quando ha correttamente eseguito la prestazione medica[77].

2.3.3. La forma del consenso e la prova dell'adempimento dell'obbligo informativo.

Nella prassi delle strutture ospedaliere, il sanitario sottopone al paziente un modulo con il quale vengono spiegate le caratteristiche della patologia, la prognosi, le cure alternative, le modalità dell'intervento proposto, i rischi e le possibili conseguenze.

E' tuttavia assai difficile che un modulo prestampato e standardizzato possa essere sufficiente a dar luogo ad un consenso informato, in quanto contenente indicazioni generiche, avulse dalle caratteristiche del singolo paziente.

---

[76] Cass. Civ., Sez. III, 28.07.2011, n. 16543, in *Danno e Resp.*, 2012, 6, 621, con nota di V. MONTANI, *L'inadempimento medico per la (sola) violazione del consenso informato*. La Suprema Corte ha confermato la responsabilità del sanitario per omesso consenso informato in relazione ad un intervento di laparatomia, in quanto il consenso sussisteva soltanto per l'intervento di laparoscopia, meno invasivo. Secondo la Corte, pur essendosi reso necessario cambiare le modalità dell'intervento nel corso del medesimo, l'intervento avrebbe dovuto essere interrotto al fine di consentire alla paziente di esprimere il proprio consenso alle diverse modalità laparotomiche, maggiormente invasive, non trattandosi di intervento essenziale per la sopravvivenza della paziente e non sussistendo condizioni pericolose per la vita della paziente.
[77] Così anche Cass. Civ. Sez. III, 27.11.2012, n. 20984, in *Danno e Resp.*, 2013, 2, 208.

In linea di principio, l'obbligo di informazione è svincolato da rigide formalità, ben potendo essere anche adempiuto oralmente.

Da ciò consegue che il modulo di consenso può rilevare soltanto sul piano della prova: ci si è chiesti, infatti, se dalla sussistenza del modulo possa ricavarsi la prova dell'assolvimento dell'obbligo informativo.

Numerose sono state le pronunce dei giudici italiani che si sono susseguite sull'argomento.

Secondo l'orientamento maggioritario, il modulo per consenso informato sottoscritto dal paziente non è idoneo a ritenere assolto da parte dei medici l'onere informativo quando è redatto in maniera sintetica, non dettagliata, limitandosi ad indicare genericamente che il paziente verrà sottoposto ad un intervento chirurgico[78]. In tali casi, non può affermarsi che il paziente abbia compreso dalla lettura del modulo, le modalità ed i rischi dell'intervento, in modo da decidere consapevolmente se sottoporsi o meno all'intervento stesso.

La Suprema Corte ha altresì più volte affermato che la mera sottoscrizione di un modulo del tutto generico non solo non è idonea a fornire la prova della completa e corretta informazione resa dal medico, ma non è neppure idonea a fondare la presunzione che il medico abbia comunicato oralmente al paziente le informazioni necessarie[79].

Nel caso in cui invece il modulo sia dettagliato e puntuale, si è posto il problema dell'ammissibilità delle prove testimoniali tese a dimostrare che, nonostante la sottoscrizione del modulo di consenso

---

[78] Cass. Sez. III, 08.10.2008, n. 24791, in *Nuova Giur. Civ.*, 2009, 5, 1, 540; Cass. civ. Sez. III, 04.02.2016, n. 2177, in *CED Cassazione*, 2016.

[79] Cass. Civ., Sez. III, 09.12.2010, n. 24853, in *La Responsabilità civile*, 12, 829, con nota di G. MIOTTO, *La prova del "consenso informato" e il valore di confessione stragiudiziale delle dichiarazioni rese nel "modulo" di adesione al trattamento terapeutico*. Contra Cass. Civ., Sez. III, 06.08.2007, n. 17157 in *Banca Dati Pluris*, secondo la quale dalla firma del paziente sulla cartella clinica si evince

informato, il paziente non sia in effetti stato pienamente informato, avendo piuttosto sottoscritto il modulo frettolosamente e senza molte spiegazioni.

In alcuni casi, la giurisprudenza di merito ha ammesso la prova testimoniale contraria al contenuto del modulo, e ritenuto, sulla base di essa, insufficienti le informazioni comunicate al paziente, con la conseguente responsabilità del medico[80].

Tuttavia, nell'ambito del giudizio civile, quando il modulo non è generico, la tendenza è quella di riconoscere ad esso valore sostanzialmente dirimente[81].

In assenza del modulo, la prova dell'assolvimento dell'onere informativo può essere fornita tramite testimonianze o interrogatorio formale del paziente e del medico[82], ben potendo il consenso essere prestato oralmente.

Anche la Suprema Corte ha, infatti, rilevato, con riferimento all'intervento chirurgico routinario, che lo stesso può essere effettuato sulla base di un consenso orale, informato e che la prova

---

l'adesione partecipe al trattamento proposto, e la consapevolezza dei rischi dell'intervento.

[80] Trib. Venezia, Sez. III, 04.10.2004, in *www.diritto.it*.

[81] Cass. Civ., Sez. III, 02.07.2010, n. 15698, in *Banca Dati Pluris*, ove si afferma: *"Il professionista sanitario ha l'obbligo di fornire tutte le informazioni possibili al paziente in ordine alle cure mediche o all'intervento chirurgico da effettuate, tanto è vero che deve sottoporre al paziente, perché lo sottoscriva un modulo non generico, dal quale sia possibile desumere con certezza l'ottenimento in modo esaustivo da parte del paziente di dette informazioni"*.

[82] Per esempio, sul punto Trib. Genova, Sez. II, 12.05.2006, in *Banca Dati Pluris*. Il Giudice ha sottolineato l'esigenza di distinguere il consenso informato dal consenso documentato, e precisato che se da un lato la sottoscrizione del modulo non costituisce la dimostrazione del consenso informato, dall'altro lato, l'assenza del modulo firmato non implica di per sé una carenza di informazione. Il Giudice ha pertanto ritenuto: *"Nel caso in esame per il tipo di intervento non erano richieste forme particolari per far constare la trasmissione dei medici alla paziente delle informazioni necessarie e sufficienti per consentirle di scegliere con una minima cognizione di causa dell'atto terapeutico: sicché la relativa dimostrazione può essere fornita anche attraverso prove orali"*.

di esso può essere fornita anche attraverso testimonianze qualificate relative alla prassi di formazione del consenso[83].

In netto contrasto con l'orientamento consolidato, la giurisprudenza di legittimità ha invece recentemente ritenuto che debba considerarsi inidoneo un consenso prestato oralmente[84].

In ragione di detta ultima posizione presa dalla Cassazione, sembrerebbe farsi strada, per la prima volta, l'idea di un consenso necessariamente reso in forma scritta, a pena di invalidità dello stesso. Soluzione che – come vedremo nella seconda parte del presente lavoro – sembra però contrastare con la scelta fatta dal Legislatore che, nell'art. 1 della nuova Legge 219/2017, sembra confermare l'inesistenza di una forma scritta *ad substantiam* per la manifestazione del consenso o del rifiuto al trattamento sanitario.

In ogni caso, vero è che le strutture sanitarie ovviamente hanno sentito fino ad oggi la necessità di predisporre comunque dei moduli di consenso informato che soddisfacessero i requisiti via via richiesti dalla giurisprudenza ai fini dell'informazione completa ed esaustiva. Esigenza che, oggi, anche con la nuova Legge, non potrà che essere maggiormente avvertita rispetto al passato, posto che la Novella ha generalizzato l'istituto del consenso informato per qualsiasi accertamento diagnostico e trattamento sanitario.

Tuttavia, il rischio è quello di moduli eccessivamente lunghi e complessi che finiscono per condurre il rapporto tra medico e paziente e l'obbligo informativo su un piano meramente formale, se pur nell'ovvio e legittimo intento del sanitario e della struttura ospedaliera di precostituirsi una prova contro eventuali, assai frequenti, richieste risarcitorie del paziente o dei familiari.

---

[83] Cass. 31.03.2015, n. 6439, in *Foro It.*, 2015, 11, 1, 3659.

[84] Cass. Civ., Sez. III, 29.09.2015, n. 19212, in *Danno e Resp.*, 2016, 4, 379, con nota di D. FARACE, *Due revirements della Cassazione sul consenso ai trattamenti sanitari?* Nella giurisprudenza di merito, la necessità della forma scritta del consenso è richiesta per esempio da Trib. Trieste, Sez. civ., 17.08.2011, in *Banca Dati Pluris*.

Senza contare la rilevanza che l'acquisizione di un valido consenso informato oggi riveste con riferimento alla copertura assicurativa, in quanto le polizze professionali spesso contengono clausole proprio sulla regolamentazione dell'obbligo informativo a carico del medico, quale assicurato, e di esclusione della copertura nel caso in cui non sia assolto l'obbligo di acquisizione del consenso del paziente.

Tutto ciò, però, a scapito di un dialogo reale tra medico e paziente, che consentirebbe una maggiore comprensione della portata dell'intervento e dei rischi connessi, che spesso la lettura di un modulo, per quanto dettagliato e specifico, non può consentire.

2.3.4. *Il nesso causale e il danno risarcibile.*

Innanzitutto, occorre precisare che il danno da omesso consenso informato deve essere tenuto nettamente distinto dall'eventuale danno derivante dall'errato intervento chirurgico, in quanto derivanti da due inadempimenti distinti[85].

Ciò detto, è necessario dunque individuare quali siano le conseguenze negative derivanti dall'inadempimento dell'obbligo informativo da parte del medico, come tali risarcibili.

Occorre verificare innanzitutto la sussistenza del nesso causale tra mancata acquisizione del consenso e le conseguenze negative dell'intervento.

La mancata o insufficiente informazione circa i rischi connessi al trattamento non può, infatti, essere fonte di

---

[85] Cass. Civ., Sez. III, 13.02.2015, n. 2854, in *CED Cassazione*, 2015. La Suprema Corte ha in tal caso cassato la decisione con cui il giudice del merito aveva ritenuto assorbito nel risarcimento del danno da omesso consenso informato anche il danno cagionato dal medico per aver sottoposto in maniera imprudente il paziente ad un intervento, esponendolo al rischio di una infezione, poi verificatasi, data la condizione del paziente. L'acquisizione del consenso informato costituisce una prestazione diversa ed ulteriore rispetto a quella avente ad oggetto l'intervento terapeutico, con conseguente autonomo risarcimento.

responsabilità se manca il nesso di causalità tra l'intervento ed il pregiudizio subito dal paziente[86].

Al riguardo, si è precisato che il nesso causale deve essere accertato non soltanto tra l'esecuzione dell'intervento ed il pregiudizio alla salute, ma altresì tra la condotta omissiva del medico e l'esecuzione dell'intervento.

In considerazione di ciò, l'inadempimento del medico all'obbligo informativo e all'acquisizione del consenso può costituire titolo autonomo per l'addebito di responsabilità, qualora venga dimostrato che il paziente, se adeguatamente informato, non si sarebbe sottoposto alla cura o all'intervento[87].

In altre parole, è necessario un giudizio controfattuale al fine di accertare se la condotta omessa dal medico avrebbe prodotto l'effetto della non esecuzione dell'intervento, dal quale la patologia o comunque la lesione alla salute è derivata, senza colpa.

Se, infatti, non è possibile affermare che il paziente avrebbe rifiutato l'intervento se fosse stato compiutamente informato, la lesione alla salute si sarebbe comunque verificata anche in caso di condotta adempiente all'obbligo informativo da parte del medico e dunque non può ritenersi spettante al paziente alcun risarcimento.

L'onere di provare tale nesso causale grava sul paziente, e può essere soddisfatto anche mediante presunzioni[88]. Ciò in virtù sia dell'applicazione delle regole della responsabilità contrattuale che pongono a carico della parte che allega l'inadempimento, la prova del nesso eziologico tra inadempimento e danno, nonché del criterio di distribuzione dell'onere probatorio in funzione della vicinanza al fatto da provare, in tal caso la scelta soggettiva del paziente.

Quanto appena rilevato è stato chiaramente affermato dalla giurisprudenza di legittimità con riferimento alle ipotesi in cui il paziente chiedeva il risarcimento del danno alla salute, subito in

---

[86] Cass. civ. Sez. III, 30.07.2004, n. 14638, in *Giur. It.*, 2005, 1395.
[87] Cass. Civ., Sez. III, (ud. 12.01.2010) 09.02.2010, n. 2847, in *Banca Dati Pluris*.
[88] Cass. Civ., Sez. III, (ud. 12.01.2010) 09.02.2010, n. 2847, cit.

conseguenza della violazione del consenso informato, per esempio per l'errata esecuzione dell'intervento chirurgico, oppure per essere insorta una complicanza a seguito dell'intervento, nonostante la corretta esecuzione del medesimo.

Tuttavia, sul punto torna ad essere rilevante la duplice natura del diritto al consenso informato, quale sintesi del diritto all'autodeterminazione e diritto alla salute.

Quando, infatti, manca il consenso informato ma l'intervento ha perseguito integralmente l'obiettivo di miglioramento della salute, la lesione del diritto all'autodeterminazione non comporta alcuna lesione della salute.

Ci si è dunque chiesti se sia possibile riconoscere il diritto del paziente al risarcimento anche nel caso di sola violazione del diritto all'autodeterminazione, in mancanza di lesione del diritto alla salute.

In tali casi, per esempio, sotto il profilo del danno, il paziente potrebbe essere stato costretto a subire conseguenze che avrebbe magari preferito evitare, nell'ambito di una scelta che appartiene soltanto a lui, senza che possa assumere rilievo la prevalenza in astratto del bene della vita o della salute rispetto ad altri suoi possibili interessi[89].

Ancora, il paziente potrebbe essersi trovato costretto a subire conseguenze inaspettate, in quanto non prospettate e ciò potrebbe causare al medesimo un turbamento ed una sofferenza anche intensi.

La giurisprudenza è sempre più incline a riconoscere la risarcibilità del danno derivante dalla violazione del diritto all'autodeterminazione anche quando manchi qualsiasi lesione alla salute[90].

---

[89] Si pensi per esempio al caso del rifiuto di emotrasfusioni da parte del Testimone di Geova, che potrebbe preferire non vivere piuttosto che sopravvivere a seguito di una trasfusione di sangue.

[90] Cass. Civ., Sez. III, 28.07.2011, n. 16543, in *Banca Dati Pluris*; conforme Cass. Civ., Sez. III, 30.01.2009, n. 2468, in *Mass. Giur. It.*,2009, ha affermato: *"Colui il quale venga sottoposto ad analisi tendenti ad accertare l'infezione da HIV ha il*

Affinché tale danno non patrimoniale possa essere risarcito, deve tuttavia superare la soglia di gravità dell'offesa secondo i principi espressi dalle Sezioni Unite con le note Sentenze di San Martino del 2008[91].

Esemplare è la pronuncia della Suprema Corte n. 12205 del 2015, con la quale gli ermellini hanno statuito che deve essere risarcito il danno derivante dalla mancata o incompleta acquisizione del consenso informato al trattamento chirurgico, anche quando quest'ultimo in concreto eseguito sia l'unico possibile, sia stato eseguito in maniera corretta e sia altresì risultato integralmente risolutivo per la patologia del paziente[92].

---

diritto – riconosciutogli sia dal generale principio di cui all'art. 32 della Costituzione, sia dall'art. 5, coma 3, della legge 5 giugno 1990, n. 135 – sia di esserne informato, sia di rifiutare il trattamento. Tale diritto può venir meno solo nel caso in cui vi sia necessità di intervenire ed il paziente non sia in grado di esprimere il proprio consenso, ovvero nel caso di preminenti esigenze di interesse pubblico, quali la necessità di prevenire un contagio. Ne consegue che l'esecuzione delle suddette analisi senza il consenso del paziente, sebbene questi fosse pienamente in grado di esprimerlo, costituisce un fatto illecito ed obbliga il sanitario che l'ha eseguito al risarcimento del danno".

[91] Ci riferiamo alle note pronunce gemelle della Corte di Cassazione, a Sezioni Unite, del 11.11.2008, n. 26972, n. 26973, n. 26974, n. 26975, in *Banca Dati Pluris*. Il principio è stato ribadito successivamente in numerose decisioni, tra le quali si ricorda Cass. Civ., Sez. III,12.03.2010, n. 6045, in *Nuova Giur. Civ.*, 2010, 10,1, 1010. Con tale pronuncia, la Suprema Corte ha infatti affermato che nel caso di mancata acquisizione del consenso informato, il diritto del paziente ai risarcimento, nel caso in cui non sussista alcun pregiudizio per la salute, deve escludersi tutte le volte in cui il paziente non provi né alleghi l'esistenza di un pregiudizio derivante dalla condotta omissiva del medico, ovvero dalla violazione del diritto di autodeterminazione, tale da superare i limiti della tollerabilità.

[92] Cass. Civ., Sez. III, 12.06.2015, n. 12205, in *Danno e Resp.*, 2016, 4, 394, con nota di M. GAZZARA, *Responsabilità per omessa o insufficiente informazione pre-operatoria*. Il caso riguardava una paziente ricoverata in ospedale per l'asportazione di una cisti ovarica, nel corso dell'operazione, scoperta la presenza di un tumore maligno, il sanitario procede ad una laparatomia, isterectomia totale ed appendicectomia. L'intervento risulta pienamente risolutivo e porta la paziente alla piena guarigione. La paziente tuttavia conviene in giudizio il sanitario e la struttura ove si era sottoposta all'intervento, deducendo tra l'altro l'omesso consenso informato, in quanto limitato alla sola asportazione della cisti ovarica. La CTU espletata in corso di causa riconosce la correttezza dell'intervento e la mancanza di

La violazione del consenso informato, quale violazione del diritto di autodeterminazione è ritenuta dunque suscettibile di risarcimento autonomo, anche in presenza di intervento necessario da cui consegue la guarigione del paziente.

Secondo la Suprema Corte, infatti, la perdita della possibilità di scegliere se sottoporsi o meno all'intervento si configura come danno conseguenza, ben distinto dal danno evento costituito dalla condotta omissiva del medico in relazione all'acquisizione del consenso informato e dalla condotta commissiva del medico medesimo che esegue l'intervento.

L'esito integralmente positivo dell'intervento medico può soltanto rilevare eventualmente ai fini della quantificazione del danno subito dal paziente[93].

L'orientamento giurisprudenziale appena richiamato ha trovato conferma anche in altra pronuncia praticamente coeva[94], con la quale la Suprema Corte ha statuito che nel caso in cui il paziente lamenti la violazione del proprio diritto di autodeterminazione, non spetta al paziente l'onere di provare che, se compiutamente informato, avrebbe rifiutato l'intervento. Tale onere della prova ricorre soltanto nelle ipotesi in cui il paziente lamenti la lesione del diritto alla salute, non anche nei casi in cui lamenti la violazione del diritto di autodeterminazione, in quanto in tal caso la responsabilità

---

alternative meno invasive. Il principio è ribadito anche da Cass. Civ., Sez. III, 20.05.2016, n. 10414, in *Banca Dati Pluris*.

[93] Così sulla scia della pronuncia della Suprema Corte, anche il Tribunale di Trento, con pronuncia del 02.11.2015, in *Banca Dati Pluris*, ha affermato: *"Nella liquidazione del danno subito dal paziente si dovrà tenere conto dell'esito favorevole dell'intervento, del fatto che al paziente è stata sottratta la possibilità di autodeterminarsi, vale a dire di decidere se sottoporsi all'intervento con le sue conseguenze sulla funzionalità fisica o di mantenere il suo pregresso stato di salute, la possibilità di compiere la scelta in modo meditato, la possibilità di rivolgersi ad altre strutture sanitarie, la possibilità di abituarsi all'idea di subire delle conseguenze pregiudizievoli in conseguenza dell'operazione"*.

[94] Cass. Civ., 27.11.2015, n. 24220, in *Danno e Resp.*, 2016, 1, 63, con nota di L. MATTINA, *Il consenso informato e l'autonomia risarcitoria del diritto all'autodeterminazione*.

del sanitario sussiste per il solo fatto di non aver messo il paziente nella condizione di esprimere un consenso informato.

Si giunge, dunque, a delineare in maniera netta una diversa disciplina dell'onere probatorio e del nesso causale a seconda che il paziente faccia valere la violazione del consenso informato quale lesione del diritto alla salute oppure quale lesione del diritto all'autodeterminazione in sé, delineando in quest'ultimo caso un alleggerimento della posizione del paziente, che deve limitarsi ad allegare l'inadempimento del professionista all'obbligo di acquisizione del consenso informato; mentre, invece, nel primo caso deve dimostrare che non avrebbe prestato il consenso se fosse stato debitamente informato.

Se dunque la giurisprudenza di legittimità pare approdare al riconoscimento di un danno di fatto *in re ipsa* nel caso di violazione del diritto di autodeterminazione, da quantificarsi in via equitativa, va altrettanto osservato che la giurisprudenza di merito non è ancora molto propensa a riconoscere il risarcimento del danno per la mera violazione dell'obbligo di informazione in sé considerato[95].

D'altro canto, non sempre il paziente subisce automaticamente un pregiudizio a causa del mero deficit di informazioni e, seguendo l'indirizzo giurisprudenziale appena citato, si rischia di ampliare ancora l'area della responsabilità medica, riconoscendo il diritto al risarcimento del danno in maniera quasi automatica, ogni qualvolta sussista una carenza informativa, a prescindere dalla correttezza dell'intervento, da eventuali pregiudizi alla salute, o dal fatto che, se informato, il paziente si sarebbe comunque sottoposto all'intervento.

---

[95] Trib. Ferrara, 15.03.2017, in *Banca Dati Pluris*; App. Milano, Sez. II, 05.03.2015, in *Danno e Resp.*, 2016, 4, 382; Trib. Padova, Sez. II, 15.09.2014, in *Banca Dati Pluris*; Trib. Bologna, Sez. III, 10.01.2011, in *Banca Dati Pluris*. Tali pronunce ribadiscono la necessità della prova che il paziente non si sarebbe sottoposto all'intervento se fosse stato compiutamente informato, non essendo sufficiente la mera allegazione della carenza informativa relativamente ai rischi dell'intervento.

Quanto appena rilevato si pone peraltro esattamente agli antipodi degli orientamenti espressi dalla Corte di legittimità almeno a partire dagli ultimi dieci anni, con i quali ha fermamente negato la possibilità di riconoscere un danno non patrimoniale in re ipsa[96], e distinto nettamente il danno c.d. evento dal danno conseguenza.

Un conto è l'inadempimento del medico per omessa acquisizione del consenso informato, un altro conto è il pregiudizio risarcibile. In mancanza di prova che la decisione del paziente sarebbe stata diversa se fosse stato correttamente informato, non dovrebbe sussistere alcun danno.

Probabilmente nella consapevolezza di tali problematiche, merita evidenziare che gli ermellini con la pronuncia sopra citata n. 12205 del 2015, hanno stilato un elenco di danni conseguenza, derivanti dalla mera violazione del consenso informato, ulteriori rispetto alla perdita della possibilità di scegliere se sottoporsi o meno all'intervento, tra i quali: i) la possibilità di "adeguarsi all'idea" e predisporsi psicologicamente all'intervento e alle sue conseguenze; ii) la diminuzione fisica derivata al paziente dall'attività medica che ha eliminato parti del corpo o funzionalità di esse seppur a fini terapeutici; iii) la possibilità per il paziente, se fosse stato informato, di rivolgersi altrove per sottoporsi a terapie meno invasive.

Tale elenco tuttavia non persuade, in quanto si dubita che la possibilità per il paziente di predisporsi all'idea delle conseguenze dell'intervento possa provocare ogni volta un trauma minore.

Con riferimento alla diminuzione anatomica, non risulta condivisibile il ragionamento della Suprema Corte, la quale sembra

---

[96] Si veda per esempio Cass. Civ., Sez. III, 06.04.2011, n. 7844, che in motivazione ha ribadito: *"Come le Sezioni Unite di questa Corte hanno avuto modo di affermare nel 2008, il danno, anche in caso di lesione di valori della persona, non può considerarsi in re ipsa, in quanto ne risulterebbe snaturata la funzione del risarcimento che verrebbe ad essere concesso non in conseguenza dell'effettivo accertamento di un danno bensì quale pena privata per un comportamento lesivo (così Cass. Sez. Un. 11/11/2008, n. 26972; Cass. Sez. Un., 11/11/2008, n. 26973;*

far riferimento ad un danno alla salute, che tuttavia, non può essere tale in quanto la menomazione fisica non produce un effetto pregiudizievole, ma anzi è volta proprio alla salvaguardia della salute e della vita del paziente, quanto meno nei casi in cui rappresenta l'unica alternativa praticabile, come nel caso sottoposto all'esame della Corte.

Inoltre, se l'intervento è appunto l'unico possibile e conduce a salvare la vita del paziente, non può sussistere neppure la possibilità di rivolgersi ad altre strutture o ad altri professionisti per sottoporsi a terapie meno invasive.

Cass. Sez. Un., 11/11/2008, n. 26794; Cass. Sez. Un. 11/11/2008, n. 26975), ma va provato dal danneggiato secondo la regola generale ex art. 2697 c.c."

CAPITOLO 3
IL RIFIUTO DELLE CURE.

3.1. IL DIRITTO DI RIFIUTARE I TRATTAMENTI C.D. *LIFE SUSTAINING.*

Nell'ambito della trattazione delle tematiche oggetto del presente lavoro, si ritiene non possa escludersi l'analisi dei casi che maggiormente hanno coinvolto l'opinione pubblica e avuto risonanza su tutto il territorio nazionale. Casi che già di per sé testimoniano il profondo mutamento, sia a livello culturale, sia a livello giuridico, che ha attraversato la materia del consenso informato e delle scelte sul fine vita e che hanno indotto il Legislatore a prendere posizione sul tema attraverso la Legge 219/2017.

Tali casi hanno avuto ad oggetto principalmente il diritto di rifiutare o interrompere quelle cure che rappresentavano un sostegno vitale per il malato, sia in stato di capacità di intendere e volere, ma non fisicamente autosufficiente, sia in stato vegetativo permanente.

Merita sin d'ora precisare che secondo la scienza medica, lo stato vegetativo permanente (SVP) è la condizione clinica del soggetto che ventila, in cui gli occhi possono rimanere aperti, le pupille reagiscono, i riflessi del tronco e spinali persistono, ma non vi è alcun segno di attività psichica e di partecipazione all'ambiente, mentre le uniche risposte motorie costituiscono una mera redistribuzione del tono muscolare.

3.1.1. Il caso Welby.

Piergiorgio Welby, affetto da una patologia degenerativa che gli impediva qualsiasi movimento, tranne quelli oculari e labiali, ma perfettamente lucido e capace di intendere e volere, era tenuto in vita da un respiratore artificiale.

Consapevole degli esiti della propria malattia e falliti gli appelli al Presidente della Repubblica ed ai Presidenti e membri delle Commissioni Sanità e Giustizia di Camera e Senato volti ad ottenere la sospensione del trattamento di assistenza respiratoria meccanica che lo teneva in vita da anni, Welby proponeva un ricorso ex art. 700 c.p.c. al Tribunale di Roma, chiedendo un provvedimento urgente che ordinasse al medico che lo aveva in cura di staccare il respiratore, e di somministrargli contestualmente una sedazione terminale.

Con la nota Ordinanza del 16 dicembre 2006, il Tribunale di Roma dichiarava inammissibile la domanda del ricorrente in quanto, ad avviso del giudicante, il diritto all'autodeterminazione del paziente, ed in particolare il diritto all'interruzione del trattamento terapeutico non voluto, pur sussistente nell'ordinamento, non era tutelato concretamente, essendo comunque rimesso alla discrezionalità del singolo medico, in mancanza di una disciplina giuridica.

Il giudice sottolineava peraltro che quando da un trattamento sanitario dipende la vita del paziente non si può parlare di accanimento terapeutico[97].

---

[97] *"Siccome un diritto può dirsi effettivo e tutelato solo se l'ordinamento positivamente per esso preveda la possibilità di realizzabilità coattiva della pretesa, in caso di mancato spontaneo adempimento alla richiesta del titolare che intenda esercitarlo, va osservato che, nel caso in esame, il diritto del ricorrente di richiedere la interruzione della respirazione assistita e il distacco del respiratore artificiale, previa somministrazione della sedazione terminale, deve ritenersi sussistente alla stregua delle osservazioni di cui sopra, ma trattasi di un diritto non concretamente tutelato dall'ordinamento; infatti, non può parlarsi di tutela se poi quanto richiesto dal ricorrente deve essere sempre rimesso alla totale discrezionalità di qualsiasi medico al quale la richiesta venga fatta, alla sua coscienza individuale, alle sue interpretazioni soggettive dei fatti e delle situazioni, alle proprie concezioni etiche, religiose e professionali (…) In altri termini, in assenza della previsione normativa degli elementi concreti, di natura fattuale e scientifica, di una delimitazione giuridica di ciò che va considerato "accanimento terapeutico", va esclusa la sussistenza di una forma di tutela tipica dell'azione da far valere nel giudizio di merito e, di conseguenza, ciò comporta la inammissibilità dell'azione cautelare.."* Trib. Roma, Sez. I Civ., Ordinanza del 16.12.2006, in *https://www.eius.it/giurisprudenza/2006/150.asp.*

Welby moriva a Roma il 20 dicembre 2006, realizzando la propria volontà di interrompere il trattamento con l'ausilio dell'intervento spontaneo dell'anestesista, che interrompeva la ventilazione meccanica e contestualmente praticava la sedazione a Welby.

Si apriva a carico dell'anestesista un procedimento penale, la cui archiviazione, richiesta dal PM, veniva tuttavia rigettata dal GIP, il quale, tra l'altro riteneva che il mero sostegno vitale rappresentato dal ventilatore meccanico non potesse costituire una terapia in senso stretto, e conseguentemente non potesse parlarsi di accanimento terapeutico.

L'ipotesi di reato contestato al sanitario era dunque quella dell'omicidio del consenziente di cui all'art. 579 c.p..

Con la Sentenza del Tribunale di Roma del 23 luglio 2007, il GUP dichiarava di non doversi procedere per il reato contestato a carico dell'anestesista, precisando che il diritto di rifiutare le cure rientra tra i diritti personalissimi e fondamentali costituzionalmente protetti, pertanto se il medico contribuisce, in accoglimento della richiesta del paziente, a determinare la morte del medesimo interrompendo una terapia salvavita non può rispondere penalmente per omicidio del consenziente in quanto ricorre la causa di giustificazione dell'adempimento del dovere di rispettare la volontà consapevole del paziente, ai sensi dell'art. 51 c.p.c.

In particolare, con una pronuncia dettagliatamente motivata, il Tribunale di Roma criticava sostanzialmente la pronuncia del giudice civile del 2006, evidenziando che nel momento in cui si riconosce l'esistenza di un diritto costituzionalmente garantito, quale quello all'autodeterminazione in materia di trattamenti sanitari, non è poi possibile lasciarlo privo di tutela, sulla base della mancanza di una disciplina legislativa di carattere ordinario.

Il Tribunale romano censurava anche le affermazioni del GIP, ritenendo che non si possa escludere la natura di terapia alla ventilazione assistita solo perché costituente un sostegno vitale per il paziente, atteso che in tal modo si potrebbe arrivare a sostenere che anche un intervento al cuore non sarebbe un intervento terapeutico, in quanto volto al sostegno della funzione vitale svolta da esso.

Il giudicante escludeva la ricorrenza dell'accanimento terapeutico, ma evidenziava che il mantenimento della terapia costituiva di per sé una violazione del diritto del paziente, che ne aveva invece consapevolmente richiesto l'interruzione.

All'esito della disamina dei fondamenti del principio del consenso informato, il Tribunale romano affermava che pur sussistendo tutti gli elementi costitutivi del reato di cui all'art. 579 c.p., ovvero sia la condotta (in quanto il distacco del respiratore artificiale da parte dell'anestesista aveva causato di lì a poco la morte di Welby), sia l'elemento psicologico (in quanto il sanitario sapeva che l'interruzione della ventilazione assistita avrebbe cagionato la morte del paziente), operava la scriminante di cui all'art. 51 c.p..

Ciò in quanto, la richiesta di interruzione della terapia manifestata da Welby, era perfettamente valida, essendo la stessa personale, autentica, informata ed attuale, e doveva pertanto essere rispettata.

La pronuncia è interessante perché svolge anche due ulteriori considerazioni.

Innanzitutto, lo stesso giudice osserva che non sussisteva neppure la necessità di ricorrere all'intervento della magistratura, in quanto il diritto di rifiutare le cure non è subordinato ad una valutazione preventiva e caso per caso dell'autorità giudiziaria.

Infine, il giudice precisa che soltanto un medico, quale soggetto qualificato dotato di specifiche competenze e vincolato da doveri deontologici in ragione della sua professione, ha il dovere di osservare il rifiuto del paziente e nel caso in cui ponga in essere una condotta causativa della morte del paziente per volontà espressa da quest'ultimo nell'ambito del rapporto medico-paziente, risponde ad un preciso dovere che discende dall'art. 32 Cost., comma 2.

Al contrario, la medesima condotta posta in essere da un soggetto diverso, pertanto esercitata al di fuori di un rapporto terapeutico, non risponde ad alcun dovere giuridicamente riconosciuto.

In conclusione, la vicenda di Welby testimonia l'enorme difficoltà riscontrata dai giudici nel riconoscere che il diritto di autodeterminazione potesse arrivare a prevalere sulla tutela della salute, in mancanza di una disciplina legislativa che espressamente si occupasse di tutelare il consenso informato.

Il paziente, infatti, era perfettamente cosciente e consapevole, ciononostante si è visto, non solo costretto a ricorrere all'Autorità Giudiziaria, ma altresì negata dalla medesima la tutela del rispetto della propria volontà, più volte espressa.

3.1.2. Il caso Englaro.

La vicenda di Eluana Englaro, ben nota, ha rappresentato uno snodo fondamentale nelle problematiche sul rifiuto delle cure del soggetto in stato di incoscienza.

Fin dal 1992, Eluana si trovava in stato vegetativo permanente, mantenuta in vita attraverso alimentazione artificiale, a seguito di incidente stradale.

Il padre, tutore della figlia interdetta, iniziò ad avanzare le prime richieste di interruzione dei trattamenti di sostegno vitale già nel 1999 e nel 2002 evidenziando la natura irreversibile della condizione vegetativa di Eluana e la circostanza che la medesima, quando ancora si trovava in perfetta salute, in relazione ad un evento assai tragico che era capitato ad un suo amico, aveva espresso l'opinione di ritenere inconciliabile quella condizione di vita rispetto alle proprie convinzioni sulla vita stessa.

Tali richieste furono tuttavia subito respinte dal Tribunale di Lecco, e in secondo grado dalla Corte d'Appello di Milano.

Nel 2006, la Corte d'Appello di Milano, in parziale riforma del Decreto del Tribunale di Lecco, respinse nuovamente le richieste del padre di Eluana, con una motivazione che tuttavia mostrava una sostanziale apertura verso la rilevanza della volontà del paziente incapace manifestata in un momento anteriore alla perdita di capacità.

La Corte milanese, infatti, considerò non sufficienti le prove fornite in giudizio per poter effettivamente attribuire ad Eluana, quando ancora cosciente, la sicura volontà di interrompere l'alimentazione artificiale.

La decisione della Corte meneghina venne annullata dalla Suprema Corte con la nota Sentenza n. 21748 del 2007, la quale ha rimesso le parti dinanzi ad una Sezione diversa della medesima Corte d'Appello, ritenendo insufficiente l'esame condotto dai giudici in punto di fatto relativamente alla presunta volontà di Eluana.

Tale Sentenza, che rappresenta un'innegabile spartiacque sulle tematiche finora affrontate: da una parte, ha escluso che il diritto all'autodeterminazione possa incontrare un limite quando da esso derivi il sacrificio della vita del paziente; dall'altra parte, ha affermato che il diritto alla salute costituzionalmente garantito, così come tutti i diritti di libertà, comporta la tutela anche della sua accezione negativa, ovvero il diritto di perdere la salute, ammalarsi, non curarsi e finanche di lasciarsi morire.

La Suprema Corte ha altresì nettamente distinto l'eutanasia, quale comportamento volto ad abbreviare la vita causando positivamente la morte, dal rifiuto delle cure, quand'anche esso conduca comunque alla morte.

Al riguardo, gli ermellini hanno dunque precisato che la responsabilità del medico per omissione delle cure può sussistere intanto in quanto esiste per il sanitario l'obbligo di eseguire la terapia, laddove tale obbligo si fonda sul consenso del paziente e cessa pertanto quando viene meno tale consenso, a causa del rifiuto espresso dal paziente stesso.

In proposito, la Suprema Corte ha altresì precisato che l'idratazione e l'alimentazione artificiali con sondino nasogastrico costituiscono a tutti gli effetti un trattamento sanitario, che presuppone competenze scientifiche, posto in essere da medici e consiste nella somministrazione di composti preparati attraverso procedure tecnologiche.

Tale trattamento non costituisce di per sé un accanimento terapeutico, che invece si potrebbe configurare quando l'organismo non assimili più le sostanze fornite o sopravvenga uno stato di intolleranza clinicamente accertato.

Dopodiché la Suprema Corte si è occupata di chiarire che con riferimento alla posizione dell'incapace, la natura personalissima del diritto alla salute esclude che possa riconoscersi al tutore un potere incondizionato di disporre della salute della persona priva di coscienza. Il rappresentante deve, infatti, agire nell'interesse esclusivo dell'incapace, e, nel ricercare il *"best interest"* del medesimo, deve ricostruirne la presunta volontà prima che cadesse nello stato di incoscienza.

L'intervento dell'autorità giudiziaria rappresenta dunque in tali ipotesi un controllo di legittimità della decisione assunta dal rappresentante nell'interesse dell'incapace, da cui consegue l'autorizzazione o meno alla decisione stessa.

In conclusione la Suprema Corte giunge all'elaborazione di un principio di diritto, ben noto, ma che merita senz'altro di essere di seguito riportato integralmente: *"Ove il malato giaccia da moltissimi anni (nella specie, oltre quindici) in stato vegetativo permanente, con conseguente radicale incapacità di rapportarsi al mondo esterno, e sia tenuto artificialmente in vita mediante un sondino nasogastrico che provvede alla sua nutrizione ed idratazione, su richiesta del tutore che lo rappresenta, e nel contraddittorio con il curatore speciale, il giudice - fatta salva l'applicazione delle misure suggerite dalla scienza e dalla pratica medica nell'interesse del paziente - può autorizzare la disattivazione di tale presidio sanitario, in sé non costituente, oggettivamente, una forma di accanimento terapeutico, unicamente in presenza dei seguenti presupposti: (a) quando la condizione di stato vegetativo sia, in base ad un rigoroso apprezzamento clinico, irreversibile e non vi sia alcun fondamento medico, secondo gli standard scientifici riconosciuti a livello internazionale, che lasci supporre la benché minima possibilità di un qualche, sia pure flebile, recupero della coscienza e di ritorno ad una percezione del mondo esterno; e (b) sempre che tale istanza sia realmente espressiva, in base ad elementi di prova chiari, univoci e convincenti, della voce del paziente medesimo, tratta dalle sue precedenti dichiarazioni ovvero dalla sua personalità, dal suo stile di vita e dai suoi convincimenti, corrispondendo al suo modo di concepire, prima di cadere in stato di incoscienza, l'idea stessa di dignità della persona. Ove l'uno o l'altro presupposto non sussista, il giudice deve negare l'autorizzazione, dovendo allora essere data incondizionata prevalenza al diritto alla vita, indipendentemente dal grado di salute, di autonomia e di capacità di intendere e di volere del soggetto interessato e dalla percezione, che altri possano avere, della qualità della vita stessa".*

In sede di rinvio, la Corte d'Appello di Milano, chiamata a fare applicazione di tale principio, con Decreto del 9 luglio 2008, ha accolto la richiesta del padre di Eluana, autorizzandolo a disporre l'interruzione del trattamento artificiale, sulla base della presunta volontà della figlia quando ancora si trovava in stato di coscienza, così come ricostruita principalmente attraverso le dichiarazioni testimoniali di amici e parenti.

La vicenda tuttavia non si è arrestata qui, in quanto il Procuratore generale ha presentato Ricorso avverso tale Decreto, dichiarato inammissibile dalla Suprema Corte con la Sentenza del 13 novembre 2008, n. 27145.

Anche la Camera dei Deputati ed il Senato della Repubblica hanno presentato Ricorso per conflitto di attribuzione davanti alla Corte Costituzionale avverso la Sentenza n. 21748 del 2007 della Suprema Corte e il Decreto della Corte d'Appello di Milano del 9 luglio 2008, ma anch'esso è stato dichiarato inammissibile dalla Consulta con Ordinanza n. 334 dell'8 ottobre 2008.

Infine, la Regione Lombardia con provvedimento del 3 settembre 2008, ha vietato alle proprie strutture di sospendere l'alimentazione e l'idratazione artificiale in favore di Eluana, in aperto contrasto con quanto stabilito dai Giudici milanesi.

La Regione pretendeva, infatti, di sostenere che il Decreto della Corte d'Appello di Milano non avrebbe potuto far stato nei suoi confronti, in quanto provvedimento di volontaria giurisdizione.

Il TAR Milano, su ricorso del padre di Eluana, con la Sentenza n°214/2009 ha annullato il provvedimento del 3 settembre 2008, con il quale la Regione Lombardia aveva vietato alle proprie strutture sanitarie di sospendere l'alimentazione artificiale in favore di Eluana.

Anche il giudice amministrativo milanese ha avuto modo così di precisare che le pratiche di sostegno artificiale costituiscono prestazioni terapeutiche, in quanto presuppongono l'applicazione di un sapere scientifico e l'utilizzo di tecniche sofisticate e richiedono conseguentemente il consenso informato del paziente.

Con riguardo ai rilievi mossi dalla Regione, il TAR ha inoltre evidenziato che anche un provvedimento di natura decisoria su contrapposte posizioni di diritto soggettivo, come il Decreto della Corte d'Appello Milanese, è suscettibile di acquistare efficacia di giudicato e deve pertanto essere applicato e rispettato da chiunque, pur scaturendo da un procedimento camerale[98].

---

[98] In effetti un primo punto di criticità era che la Corte d'Appello di Milano aveva emanato un decreto di volontaria giurisdizione, suscettibile in quanto tale di essere revocato e modificato in qualunque momento, anche d'ufficio, per mutamenti sopravvenuti, anche giuridici, delle circostanze esistenti al tempo della pronuncia e non una sentenza con efficacia di giudicato ex art. 2909 c.c. Si è molto discusso sull'idoneità pertanto di un provvedimento siffatto, suscettibile anche di essere disapplicato da altro giudice, ad attribuire al tutore legale della paziente il diritto di disporre l'interruzione dei trattamenti sanitari.

Neppure dopo la pronuncia del Tribunale amministrativo, tuttavia, la Regione ha messo a disposizione di Eluana una struttura sanitaria che permettesse al padre di far eseguire la decisione dei giudici di Milano.

Eluana è morta il 9 febbraio 2009 presso una RSA di Udine, ove è stato eseguito il provvedimento della Corte d'Appello milanese.

La Regione Lombardia ha peraltro proposto appello avverso la Sentenza del TAR, puntualmente rigettato dal Consiglio di Stato con la pronuncia n. 4660 del 2014.

Da ultimo, sulla vicenda non si può non ricordare la recente decisione del TAR Lombardia, intervenuta nel 2016, con la quale la Regione è stata condannata al risarcimento dei danni patrimoniali e non patrimoniali in favore del padre di Eluana, subiti *iure hereditatis* e *iure proprio*, per la lesione alle relazioni familiari e al rapporto parentale, conseguenti alla decisione regionale di impedire l'interruzione dei trattamenti di sostegno vitale, nonostante la statuizione della Corte d'Appello di Milano del 2008[99].

Molto si è discusso sul caso Englaro.

I dubbi principali sono sorti in relazione: ai rischi di abuso dei principi di diritto enunciati dalla Suprema Corte con la Sentenza n. 21748 del 2007; alla possibilità dell'errore del medico in merito all'irreversibilità della prognosi; al margine di certezza dell'effettiva volontà del paziente di rifiutare i trattamenti sanitari che lo tengono in vita.

Si è inoltre e soprattutto evidenziato che le opinioni espresse dal paziente quando ancora è in perfetta salute non possano essere sufficienti a ritenere acquisita detta volontà[100], essendo piuttosto necessaria una dichiarazione scritta del paziente, recente e mai revocata o smentita, neanche verbalmente.

---

[99] Tar Lombardia, Sez. III, 06.04.2016, n. 650, in *Banca Dati Pluris*.
[100] M.M. L.G. ROCCA, *I Diritti del malato in generale*, cit., pag. 262

Ma al di là delle critiche a livello teorico, sulla scia della pronuncia della Suprema Corte del 2007, la giurisprudenza di merito è giunta ad autorizzare la negazione del consenso ai trattamenti sanitari da parte dell'amministratore di sostegno, attraverso la ricostruzione della volontà del soggetto beneficiario[101], ritenendo che ciò sia compito prima dell'amministratore di sostegno, e poi del Giudice Tutelare.

Anche la giurisprudenza amministrativa è intervenuta in materia ribadendo che i pazienti in stato vegetativo permanente, non in grado di esprimere la propria volontà in ordine alle cure da praticare, non devono essere discriminati rispetto agli altri pazienti in grado di esprimere il proprio consenso o dissenso, quando la volontà dei medesimi venga ricostruita[102].

---

[101] Si veda per esempio, Trib. Reggio Emilia, Decreto 24.07.2012, in *Banca Dati Pluris*. Il Giudice ha ritenuto di ricavare il rifiuto della beneficiaria alla somministrazione di terapie particolarmente invasive, dalle dichiarazioni della donna di essere esplicitamente contraria ad ogni forma di accanimento terapeutico espresse precedentemente in occasione del peggioramento delle condizioni di salute del proprio padre, nonché dalle dichiarazioni delle persone più vicine alla stessa, secondo le quali la donna non avrebbe mai voluto vivere nelle condizioni in cui viveva. Conseguentemente, il Giudice ha autorizzato l'amministratore di sostegno ad esprimere in nome e per conto della beneficiaria il consenso informato alle sole cure palliative, nel caso di ulteriore peggioramento delle condizioni respiratorie della beneficiaria medesima.

[102] TAR Lazio, Sez. III quater, 12.09.2009, n. 8650, in *Il merito*, 2009, con nota di C. Ambrosio, *Pazienti in Stato vegetativo permanente e Alimentazione Forzata*. Il Collegio è intervenuto sulla richiesta di annullamento dell'atto del 16.12.2008 con cui il Ministero del Lavoro, delle Salute e delle Politiche sociali, aveva dettato ai Presidenti delle Regioni e delle Province Autonome di Trento e Bolzano disposizioni finalizzate a garantire l'uniformazione da parte delle strutture sanitarie pubbliche e private al principio di fornire la nutrizione e l'alimentazione nei confronti delle persone in stato vegetativo permanente, anche contro la volontà espressa in senso contrario. Il TAR ha dichiarato inammissibile il ricorso per difetto di giurisdizione, vertendosi in materia di diritti soggettivi, pur precisando che ogni individuo ha diritto non soltanto di essere curato, ma vanta una pretesa costituzionalmente tutelata di essere curato secondo la propria volontà, spettando al medesimo soltanto decidere a quali cure sottoporsi e a quale struttura sanitaria affidarsi.

3.1.3. Il caso Piludu.

A dieci anni di distanza dal caso Welby, con decreto del 16 luglio 2016, il Tribunale di Cagliari ha accolto il ricorso di Walter Piludu e del suo amministratore di sostegno volto ad ottenere, previa sedazione, l'interruzione del trattamento di sostegno vitale realizzato tramite respiratore artificiale.

Tale pronuncia è emblematica del profondo mutamento intervenuto nella società civile, prima ancora che giuridica, che ha sempre più portato verso il riconoscimento delle prerogative del paziente relative alle scelte terapeutiche.

Si trattava, infatti, di una fattispecie quasi analoga a quella di Piergiorgio Welby, che ha tuttavia avuto un esito diverso rispetto a quello di quest'ultimo, quanto meno nel procedimento civile.

Walter Piludu, affetto da SLA, si trovava in piena capacità di intendere e volere, era ancora in grado di esprimersi, nonché di comprendere le proprie condizioni e le conseguenze della decisione di interrompere i presidi di sostegno vitale.

Piludu nel corso degli anni aveva redatto ben quattro scritture private con le quali aveva descritto la propria condizione di vita, ribadendo, di volta in volta, la propria volontà di non essere sottoposto a trattamenti invasivi volti al mero prolungamento della vita, e delegando l'amministratore di sostegno a chiedere al medico, previa somministrazione di farmaci sedativi, il distacco del respiratore.

Tale volontà veniva ribadita da Piludu mediante il comunicatore acustico, al Giudice tutelare, recatosi presso il domicilio del medesimo.

Preso atto del rifiuto espresso dal ricorrente, il Giudice Tutelare ha dunque autorizzato l'interruzione del trattamento di sostegno artificiale, previa sedazione.

Anche in tal caso l'intervento dell'autorità giudiziaria non sarebbe stato necessario, potendo il paziente esercitare il proprio diritto di rifiutare le cure, anche c.d. *life sustaining,* direttamente nell'ambito della relazione con il proprio medico, pacificamente riconosciuto alla luce della Sentenza sul caso Englaro.

Tuttavia, la mancanza di una disciplina legislativa in materia lasciava un margine di incertezza tale da condurre il malato, pienamente cosciente ma beneficiario di un'amministrazione di sostegno, a chiedere l'autorizzazione al giudice tutelare.

3.1.4. Il caso DJ Fabo.

Nettamente distinta rispetto alle vicende descritte nei paragrafi precedenti, è il caso di "Dj Fabo", rimasto tetraplegico e cieco, dopo un incidente stradale.

Fabiano, dopo aver acquisito consapevolezza dell'inesistenza di cure per la sua malattia, aveva comunicato ai propri cari la volontà di non continuare la propria vita, fatta di intense sofferenze impossibili da alleviare anche attraverso i farmaci.

A seguito di tale decisione, Dj Fabo aveva acquisito, grazie all'ausilio di alcune persone, informazioni sulle strutture svizzere in cui veniva praticata l'assistenza al suicidio.

Davanti alla ferma volontà del soggetto di recarsi in Svizzera per ricevere assistenza al suicidio, un politico italiano esponente del partito radicale decideva di accompagnarlo. DJ Fabo è morto in una clinica svizzera il 27 febbraio 2017.

Sul caso è stato aperto un procedimento penale nei confronti del politico, imputato del reato di cui all'art. 580 c.p. per aver rafforzato il proposito suicidiario di Dj Fabo ed averne altresì agevolato il suicidio.

Ad oggi, la Corte d'Assise di Milano, con Ordinanza del 14.02.2018, non è giunta ad alcuna decisione in merito, rimettendo la questione di legittimità costituzionale dell'art. 580 c.p. alla Consulta.

La vicenda potrebbe tuttavia rappresentare il punto di partenza per la giurisprudenza per iniziare ad affrontare concretamente l'annosa problematica dell'eutanasia nel nostro paese, in quanto in questo caso, a differenza degli altri, non si è trattato di un rifiuto delle cure, ma di vera e propria causazione diretta della morte del soggetto, che si è dovuto recare all'estero per attuare le proprie volontà.

3.2. Il dissenso alla trasfusione di sangue.

Del tutto peculiare è il problema, ampiamente affrontato dalla giurisprudenza italiana, della trasfusione di sangue effettuata nei confronti di soggetti, Testimoni di Geova, che abbiano espresso il proprio rifiuto a tale trattamento terapeutico, prima di perdere coscienza.

Secondo un orientamento minoritario, il soggetto Testimone di Geova che abbia manifestato, pur in un momento anteriore, il proprio dissenso alla trasfusione, anche se successivamente perde coscienza, non può essere sottoposto a trasfusione.

A fondamento di tale indirizzo, si pone l'assoluta prevalenza della libertà di coscienza ed autodeterminazione dell'individuo.

Conseguentemente, ogni volta che il dissenso sia espresso, la condotta del medico che effettua la trasfusione sarebbe illegittima.

Tuttavia, secondo l'indirizzo maggioritario fino ad oggi, in caso di dissenso espresso dal paziente rispetto al trattamento trasfusionale in un momento anteriore, il medico può comunque procedere alla trasfusione.

Secondo questa impostazione, infatti, nonostante il paziente possa legittimamente rifiutare le cure, anche a rischio di perdere la vita, nel caso di perdita di coscienza sopravvenuta, è possibile ritenere, attraverso un ragionamento presuntivo che, se il paziente fosse rimasto lucido e vigile, venendo a sapere del pericolo di vita, probabilmente avrebbe acconsentito alla trasfusione.

Tale diverso orientamento si fonda evidentemente sulla preminenza del diritto alla salute rispetto al diritto di autodeterminazione.

L'indirizzo è stato seguito anche dalla Suprema Corte, che ha escluso la responsabilità dei sanitari per aver effettuato trasfusioni di sangue ad un soggetto Testimone di Geova, nonostante il rifiuto espresso da quest'ultimo al momento del ricovero (quando ancora le condizioni di salute non erano così gravi da mettere in pericolo la vita del medesimo), ritenendo non più efficace tale dissenso quando, durante l'intervento, il paziente si era venuto a trovare in una condizione di rischio per la sua stessa sopravvivenza e non fosse stato più possibile interpellarlo[103].

Sul tema del rifiuto delle trasfusioni di sangue, la giurisprudenza di legittimità con altra pronuncia del 2008 ha altresì precisato che *"Il documento, portato dai Testimoni di Geova per riaffermare, in caso di impossibilità di farlo a voce, il proprio rifiuto a ricevere trasfusioni di sangue, costituisce una manifestazione di volontà astrattamente ipotetica e meramente programmatica e, quindi, poiché esso non costituisce valida manifestazione di dissenso, per difetto del requisito dell'attualità, laddove venga disatteso non si ha violazione del principio di incoercibilità dei trattamenti sanitari di cui all'art. 32 Cost."*[104].

Secondo la Suprema Corte, infatti, il dissenso in precedenza espresso dal paziente è legittimo soltanto se il paziente, caduto in stato di incoscienza, ha con sé una dichiarazione dettagliata, espressa e puntuale dalla quale risulta in maniera inequivocabile la volontà di rifiutare il trattamento trasfusionale anche in caso di pericolo di vita.

Gli ermellini hanno osservato che, se in mancanza di una completa informazione sul trattamento sanitario da eseguirsi non può sussistere un valido consenso, altrettanto deve affermarsi con riferimento al dissenso espresso *ex ante* in assenza di qualsiasi

---

[103] Cass. Civ., Sez. III, 23.02.2007, n. 4211, in *Guida al Diritto*, 2007, 10, 27.

[104] Cass. Civ., Sez. III, 15.09.2008, n. 23676, in *Danno e Resp.*, 2008, 12, 1282. In applicazione di questo principio la Suprema Corte ha confermato la sentenza di merito che aveva rigettato il risarcimento chiesto nei confronti dei sanitari che avevano effettuato le trasfusioni di sangue.

informazione medica, che conseguentemente non può assumere alcuna efficacia.

Tale pronuncia del 2008 è interessante peraltro in quanto la Suprema Corte riconosce la possibilità che tale dissenso possa essere confermato anche tramite un soggetto diverso indicato dal paziente quale proprio rappresentante, purché dia prova dei propri poteri rappresentativi.

Tale indicazione evoca infatti il concetto di designazione anticipata e la figura del fiduciario, quale soggetto incaricato di dar voce alle volontà espresse anticipatamente dal soggetto, quando quest'ultimo non sia più in grado di esprimerle in via autonoma. Concetti questi che stanno alla base del nuovo istituto delle disposizioni anticipate di trattamento (DAT) disciplinate dall'art. 4 della Legge 219/2017, che porterà necessariamente la giurisprudenza maggioritaria sopra indicata a rettificare parzialmente le proprie posizioni.

CAPITOLO 4

SCELTE ANTICIPATE E CURE DI FINE VITA.

4.1. LE SCELTE ANTICIPATE DI TRATTAMENTO.

Le dichiarazioni anticipate di trattamento sono state definite dal Comitato Nazionale per la Bioetica, già con il parere del 18 dicembre 2003, come *"un documento con il quale una persona, dotata di piena capacità, esprime la sua volontà circa i trattamenti ai quali desidera o non desidera essere sottoposta nel caso in cui, nel decorso di una malattia o a causa di traumi improvvisi, non fosse in grado di esprimere il proprio consenso o il proprio dissenso informato"*.

L'art. 9 della Convenzione di Oviedo prevede che i desideri precedentemente espressi a proposito di un intervento medico dal paziente che al momento dell'intervento non è in grado di esprimere il proprio consenso *"saranno tenuti in considerazione"*. La Convenzione dunque nega efficacia obbligatoria alle direttive, o, meglio, riconosce alle stesse una vincolatività relativa ed esclude la necessità di qualsiasi requisito forma per poter attribuire rilievo alla volontà dell'interessato.

Il codice di Deontologia medica del 2014 all'art. 38 rubricato *"Dichiarazioni anticipate di trattamento"* prevede: *"Il medico tiene conto delle dichiarazioni anticipate di trattamento espresse in forma scritta, sottoscritta e datata da parte di persona capace e successive a un'informazione medica di cui resta traccia documentale. La dichiarazione anticipata di trattamento comprova la libertà e la consapevolezza della scelta sulle procedure diagnostiche e/o sugli interventi terapeutici che si desidera o non si desidera vengano attuati in condizioni di totale o grave compromissione delle facoltà cognitive o valutative che impediscono l'esercizio di volontà attuali. Il medico, nel tenere conto delle dichiarazioni anticipate di trattamento, verifica la loro congruenza logica e clinica con la condizione in atto e ispira la propria condotta al rispetto della dignità e della qualità di vita del paziente, dandone chiara espressione nella documentazione sanitaria. Il medico coopera con il rappresentante legale perseguendo il migliore interesse del paziente e in caso di contrasto si avvale del dirimente giudizio previsto dall'ordinamento, e in relazione alle condizioni cliniche, procede comunque tempestivamente alle cure ritenute indispensabili e indifferibili"*.

In tale contesto, ed in mancanza di una disciplina nazionale, in Italia, gli orientamenti sull'efficacia delle dichiarazioni anticipate sono stati molteplici ed hanno peraltro portato all'utilizzo di terminologie differenziate proprio a seconda del carattere vincolante o meno da riconoscersi alle stesse (dichiarazioni anticipate di trattamento, direttive anticipate di trattamento, disposizioni anticipate di trattamento), fermo restando invece che l'utilizzo del termine "testamento biologico", se pur diffuso nel linguaggio comune, è stato giuridicamente ritenuto non corretto, data l'incompatibilità con la definizione di testamento accolta dal nostro ordinamento di cui all'art. 587 c.c., quale atto con il quale il soggetto dispone di tutte le proprie sostanze o di parte di esse, *"per il tempo in cui avrà cessato di vivere"*.

Secondo la tesi, divenuta nel tempo minoritaria, non poteva attribuirsi alcuna efficacia alle dichiarazioni anticipate, in quanto, pur dovendosi riconoscere la tutela dell'autodeterminazione dell'incapace, mancherebbe in tali ipotesi l'attualità del consenso informato, con la conseguenza che anche se non viene meno il diritto, viene meno la possibilità di esercitarlo.

Tale posizione valorizzava il principio di tutela incondizionata della vita dell'essere umano, indipendentemente dalle condizioni in cui la stessa si esplica.

Si riteneva che le dichiarazioni anticipate contrastassero con i principi dell'ordinamento costituzionale, che impongono il dovere di solidarietà a carico di tutti i consociati e conseguentemente l'obbligatorietà dei trattamenti indispensabili a mantenere in vita un individuo che non sia in grado di esprimere il proprio consenso alle cure.

Tale tesi negativa ha lasciato via via il passo ad orientamenti sempre più favorevoli all'ammissibilità delle decisioni anticipate in materia di trattamenti terapeutici.

In particolare, secondo un indirizzo intermedio, pur non avendo valore giuridico come espressione di volontà, le dichiarazioni anticipate dovevano essere tenute in considerazione come documento non vincolante ma orientativo, che consente di conoscere il pensiero ed i desideri del paziente prima che perda coscienza.

Si è, infatti, sottolineato che molto spesso le dichiarazioni anticipate sono astratte ed il linguaggio utilizzato è vago, in quanto vengono redatte in un momento anche molto lontano rispetto a quello in cui se ne rende necessaria l'applicazione, ovvero l'insorgenza della malattia.

In considerazione di ciò, secondo tale orientamento, assume un ruolo preminente il medico, il quale, in base alle proprie valutazioni, deve valutare se effettivamente le cure cui sottoporre il paziente sono inappropriate, in quanto il malato non potrebbe in ogni caso giungere a guarigione.

Tuttavia, a ben vedere, tale tesi, oltre al rischio di un ritorno al paternalismo nel rapporto tra medico e paziente, finisce di fatto per frustrare completamente il valore delle dichiarazioni anticipate.

Secondo altro indirizzo, divenuto certamente maggioritario nel corso degli anni, il valore delle dichiarazioni anticipate deriva direttamente dall'art. 32 Cost. e rappresenta la conseguenza dell'affermazione del principio di autodeterminazione, oltre che lo sviluppo logico della valorizzazione del consenso informato.

L'attualità del consenso deve essere interpretata, infatti, come revocabilità del medesimo in ogni momento.

Anche nell'ambito dell'orientamento favorevole al riconoscimento del testamento biologico nel nostro ordinamento, nell'ottica di un temperamento, si è tuttavia ritenuto che la volontà espressa anticipatamente dal soggetto possa essere disattesa quando sussistono ragioni fondate che la stessa non corrisponda più alla volontà attuale del medesimo, per circostanze sopravvenute quali, ad esempio, il mutamento delle convinzioni religiose o i progressi della scienza medica.

Una volta riconosciuta l'efficacia delle dichiarazioni anticipate di trattamento, si è posto il problema di come materialmente le stesse possano essere fatte valere e rispettate nel momento in cui il soggetto sia divenuto incapace.

In mancanza di una disciplina legislativa in materia fino a quella introdotta dal Legislatore del 2017 (di cui si dirà nella seconda parte del presente lavoro), l'istituto che è stato maggiormente utilizzato per far fronte di fatto alle problematiche relative alle dichiarazioni anticipate di trattamento è stato proprio quello dell'amministratore di sostegno, introdotto dalla Legge 9 gennaio 2004, n. 6.

Si è, infatti, sostenuto che tale istituto consente di attuare in maniera concreta i principi espressi dalla Carta Costituzionale agli artt. 2, 13 e 32, e quindi di tutelare la volontà espressa dal soggetto dotato di piena capacità di non sottoporsi a determinate cure.

L'interpretazione dell'art. 408 c.c., introdotto dalla normativa del 2004 citata, è stata oggetto di un lungo dibattito giurisprudenziale, in quanto la disposizione prevede che *"l'amministratore di sostegno può essere designato dallo stesso interessato, in previsione della propria eventuale futura incapacità, mediante atto pubblico o scrittura privata autenticata. In mancanza, ovvero in presenza di gravi motivi, il giudice tutelare può designare con decreto motivato un amministratore di sostegno diverso"*.

Si è rinvenuta nella norma la possibilità non soltanto di indicare ora per allora il proprio amministratore di sostegno, ma anche la possibilità di designare un garante delle proprie decisioni terapeutiche per il caso in cui sopraggiunga una malattia invalidante[105].

La giurisprudenza di merito, sulla scorta della pronuncia della Suprema Corte resa nel caso Englaro, ha ritenuto che se è possibile dare rilevanza alla volontà presunta del soggetto, ricostruita attraverso dichiarazioni testimoniali, a maggior ragione deve essere rispettata la volontà del soggetto espressa con riguardo

---

[105] Così per esempio il Tribunale Modena, con provvedimento del 05.11.2008 in *Banca Dati Pluris*, ha accolto la richiesta di un soggetto, ancora in stato di piena capacità di intendere e volere, di nominare la moglie proprio amministratore di sostegno, con lo specifico compito di far rispettare le disposizioni terapeutiche di esclusione di qualsivoglia accanimento terapeutico e di cure non finalizzate alla guarigione, così come individuate dall'uomo stesso nella scrittura privata autenticata dal Notaio di designazione dell'amministratore di sostegno ex art. 408, comma 2, c.c.

Analogamente, il Tribunale Modenese, con provvedimento del 16.09.2008, in *Banca Dati Pluris*, e ancora con altro provvedimento del 01.12.2008, in *Banca Dati Pluris*, pressoché identico, ha provveduto alla nomina di un amministratore di sostegno in favore di una donna, autorizzandolo alla negazione del consenso ai sanitari a praticare trasfusioni di sangue, anche se indispensabili per la sopravvivenza della beneficiaria, in ossequio alle volontà manifestate e non revocate dalla donna prima di entrare in stato di incapacità di intendere e volere.

Ancora, sempre il Tribunale di Modena, con Decreto del 13.05.2008, in *Banca Dati Pluris*, ha provveduto alla nomina di un amministratore di sostegno in favore di una donna, che, ampiamente informata delle proprie condizioni di salute e delle future conseguenze della malattia, che avrebbero comportato il ricorso alla ventilazione forzata con tracheostomia, aveva più volte espresso il rifiuto rispetto a tale trattamento. L'amministratore di sostegno è stato autorizzato a negare dunque il consenso ai sanitari alla pratica suddetta, nel caso in cui l'evolversi della malattia imponesse tale terapia salvifica. La pronuncia è interessante in quanto il Giudice modenese precisa espressamente, con riferimento all'ipotesi dell'incapace che abbia in precedenza lasciato specifiche disposizioni di volontà che: *"Nessun dubbio che anche in tal caso debba valere (...) il dovere dell'ordinamento al rispetto di una espressione autodeterminativa, che null'altro chiede se non che il processo biologico, lungi dal venir forzato, si dipani secondo il suo iter naturale. E sol che si richiami il secondo comma del vigente art. 408 c.c. (...), appare di difficile confutazione la conclusione dell'assoluta superfluità di un intervento del legislatore volto a introdurre e disciplinare il c.d. testamento biologico. Già esistono, infatti, il diritto sostanziale (artt. 2, 13 e 32 Cost.), lo strumento a mezzo del quale dare espressione alle proprie volontà (l'atto pubblico o la scrittura privata autenticata, art. 408, comma 2°c, c.c. cit.) e, infine, l'istituto processuale di cui avvalersi (l'amministratore di sostegno, legge n. 6 del 2004)".*

ai trattamenti terapeutici in previsione di un possibile evento futuro che lo renda incapace di esprimerla.

Emblematica è la nota pronuncia del Tribunale fiorentino del 2010[106] che, ritenendo superfluo un intervento legislativo *ad hoc*, in maniera chiara riconosceva che: *"l'amministratore di sostegno è l'istituto più appropriato per esprimere quelle disposizioni anticipate sui trattamenti sanitari per le ipotesi di incapacità che vanno usualmente sotto il nome di "testamento biologico".*

Tale pronuncia, in accoglimento del ricorso presentato dal ricorrente, ha nominato la moglie quale amministratore di sostegno del ricorrente medesimo, immediatamente, ovvero quando ancora il marito si trovava in condizioni di piena capacità di intendere e volere ed ha conferito all'amministratore un incarico che iniziasse a produrre effetti nel momento in cui si sarebbe verificata la perdita delle capacità di autodeterminazione del beneficiario, autorizzandolo a negare una serie di trattamenti sanitari, così come individuati dal ricorrente appositamente in una scrittura privata depositata presso un Notaio, nonché a richiedere le cure palliative più efficaci.

A fondamento della decisione, il Giudice Tutelare fiorentino ha rilevato che se non si riconosce la possibilità di nominare in via anticipata l'amministratore di sostegno, la volontà espressa dal soggetto a norma dell'art. 408, comma 2, c.c. rischia di restare priva di attuazione, a causa dell'incompatibilità tra i tempi necessari alla nomina dell'amministratore di sostegno e quei casi di eventi non prevedibili ma con conseguenze lesive immediate, che richiedono decisioni terapeutiche urgenti.

Secondo tale interpretazione, il requisito dell'attualità dello stato di incapacità del beneficiario dettato dal legislatore all'art. 404 c.c. costituisce un presupposto per la produzione degli effetti dell'istituto ma non un requisito per la sua istituzione.

---

[106] Trib. Firenze, Decreto 22.12.2010, Giudice Tutelare Dott. Salvatore Palazzo, in *Banca Dati Pluris*.

L'orientamento opposto, per la verità maggioritario, ritiene invece inammissibile l'apertura di un'amministrazione di sostegno "ora per allora", potendo essere aperta soltanto nel momento in cui si verificherà lo stato di incapacità.

Si evidenzia che le esigenze di tempestiva tutela poste, dalla tesi contraria, a fondamento della necessità di nominare sin da subito l'amministratore di sostegno, possono essere ben soddisfatte attraverso un'istanza di nomina di un amministratore provvisorio in via d'urgenza.

Alcuni giudici hanno, peraltro, espresso forti perplessità anche a causa di ragioni di economicità del sistema, in quanto seguendo l'indirizzo favorevole all'apertura dell'amministrazione di sostegno prima ancora che il beneficiario si trovi in stato di incapacità, gli uffici del Giudice Tutelare rischierebbero di dover nominare milioni di amministratori inutili, con onerosi adempimenti connessi[107].

Secondo tale tesi, dunque, il soggetto capace di intendere e volere può procedere alla designazione a norma dell'art. 408 c.c. di un amministratore di sostegno in previsione della propria futura ed eventuale incapacità, cui attribuire il compito di eseguire e far rispettare le decisioni espresse in precedenza riguardanti le volontà terapeutiche[108], ma l'amministrazione di sostegno potrà essere aperta soltanto al momento del verificarsi dello stato di incapacità.

---

[107] Corte Appello Firenze, Decreto 03.07.2009, in *www.ilcaso.it*; Trib. Verona, Decreto 04.01.2011, in *Corriere Giur.*, 2011, 9, 1289.

[108] Trib. Varese, Decreto del 25.08.2010, in *Banca Dati Pluris*. La pronuncia è molto interessante, in quanto ripercorre e confuta le argomentazioni a sostegno delle due tesi contrapposte, concludendo: *"Il documento contenente la designazione ora per allora può, quindi essere portato in giudizio davanti al giudice tutelare per l'apertura di un'amministrazione di sostegno, al momento del verificarsi della futura incapacità. Fino a tale momento, il ricorso non può trovare accoglimento perché difetta una delle condizioni dell'azione ovvero l'attualità della infermità.."*. Il Tribunale di Mantova, con Decreto del 24.07.2008, in *www.ilcaso.it*, seguendo tale orientamento, ha addirittura ritenuto inutile e superflua la nomina dell'amministratore di sostegno allorquando il beneficiario abbia già espresso in un documento la propria volontà di rifiutare trasfusioni di sangue, anche se

Si ritiene invero che l'art. 404 c.c. non contempli la scissione in due periodi di tempo della fase dell'istituzione dell'amministrazione di sostegno dalla fase di efficacia della stessa.

Inoltre, si evidenzia che l'art. 406 c.c. nell'individuare tra i soggetti legittimati alla proposizione del ricorso per la nomina dell'amministratore di sostegno anche il beneficiario con piena capacità di agire, non sarebbe indice dell'ammissibilità di un'amministrazione di sostegno soggetta alla condizione di efficacia del verificarsi dell'incapacità, bensì starebbe soltanto a indicare la possibilità di ricorrere a tale strumento anche nelle ipotesi in cui il soggetto non si trovi nelle condizioni di cui agli art. 414 e 415 c.c..

La giurisprudenza di legittimità ha confermato tale impostazione, statuendo che *"Non è ammissibile la domanda presentata al giudice ordinario da parte del soggetto mentalmente lucido, pienamente capace di intendere e di volere all'epoca della proposizione dell'istanza, che, al fine di dare attuazione proprio alle direttive anticipate di trattamento sanitario, pretenda già a monte la nomina dell'amministratore di sostegno prima ancora che si verifichi l'imprevedibile evento di perdita di capacità d'agire. Il codice civile stabilisce infatti che l'amministratore di sostegno è nominato dal giudice, per mezzo di apposito decreto, entro sessanta giorni dalla data di presentazione di relativa richiesta. Questa istanza potrà tuttavia essere presentata soltanto nel momento in cui l'evento inabilitante dovesse effettivamente verificarsi, non prima."*[109].

In conclusione, alla vigilia dell'entrata in vigore della Legge sul consenso informato e le disposizioni anticipate di trattamento, le principali criticità e incertezze sulle scelte anticipate di fine vita erano legate alla possibilità di apertura di un'amministrazione di

---

indispensabili per la sopravvivenza, in quanto secondo il Giudice, l'eventuale dissenso espresso dall'amministratore di sostegno risulterebbe meramente confermativo della volontà già espressa dal beneficiario.

[109] Cass. civ. Sez. I, 20.12.2012, n. 23707, in *Notariato*, 2013, 2, 137.

sostegno "ora per allora", all'efficacia vincolante o meno da attribuire alle dichiarazioni espresse dal beneficiario, nonché alla necessità in ogni caso di ricorrere all'autorizzazione del Giudice Tutelare.

Tali dubbi davano luogo ad una tutela non uniforme sul territorio, essendo di fatto rimessa l'attuazione della volontà anticipata al contenuto specifico del ricorso e al pedissequo provvedimento del Giudice Tutelare.

Infine, merita evidenziare che nel solco del lento riconoscimento delle dichiarazioni anticipate di trattamento, si è posto anche il Legislatore del 2016, che con la Legge n°76 del 2016 in materia di unione civile e convivenza di fatto, ha previsto all'art. 1, comma 40, la possibilità per ciascun convivente di designare, in forma scritta ed autografa, l'altro convivente quale proprio rappresentante con pieni o limitati poteri: i) in caso di malattia, comportante incapacità di intendere e volere, per le decisioni in materia di salute; ii) in caso di morte, per quanto attiene alla donazione di organi, le modalità di trattamento del corpo e le celebrazioni funerarie.

Tale disposizione ammetteva già, di fatto, un'ipotesi di dichiarazione anticipata in materia di trattamenti sanitari.

4.2. LE CURE PALLIATIVE.

Le cura palliative si rivolgono a soggetti in fase terminale di una patologia clinicamente irreversibile[110].

Tali cure rappresentano un processo terapeutico e assistenziale volto da un lato, al controllo dei sintomi della

---

[110] L'Organizzazione Mondiale della Sanità ha definito le cure palliative come *"un approccio che migliora la qualità della vita dei malati e delle loro famiglie che si trovano ad affrontare le problematiche associate a malattie inguaribili, attraverso la prevenzione e il sollievo della sofferenza per mezzo di una identificazione precoce e di un ottimale trattamento del dolore e delle altre problematiche di natura fisica, psicofisica e spirituale"* (WORLD HEALTH ORGANIZATION, *National cancer control programmes. Policies and managerial guidelines*, 2002, p. 84).

patologia, dall'altro, e soprattutto, alla tutela della miglior qualità di vita possibile del paziente.

Il Comitato Nazionale di Bioetica in un parere del 1995[111] già evidenziava l'importante valore da riconoscere alle cure palliative, in quanto dirette a non lasciare il paziente solo con se stesso. Il CNB rilevava altresì l'aumento del numero di pazienti bisognosi di tali cure, a causa della maggiore frequenza di patologie, quali quelle tumorali, l'AIDS, l'Alzheimer e le Sclerosi multiple, e del prolungamento del tempo medio di sopravvivenza conseguente alla maggiore efficacia delle terapie e ai progressi della scienza.

Con il rapporto del 21 maggio 1999 sulla *"protezione dei diritti umani e della dignità del malato terminale e del morente"*, la Commissione per gli affari sociali del Consiglio d'Europa, raccomandava agli Stati membri di procedere legislativamente al riconoscimento di un autentico diritto alle cure palliative e alla protezione del diritto di autodeterminazione del morente.

Anche il Codice deontologico medico, già nella versione del 1995 prevedeva all'art. 36 che il medico potesse limitare la propria opera, se tale era la volontà del paziente con prognosi infausta e in fase terminale, all'assistenza morale e alle terapie volte a risparmiare inutile sofferenza, conservando per quanto possibile la qualità della vita del paziente.

Nel testo attualmente in vigore, il Codice Deontologico all'art. 39 impone al medico di non abbandonare il paziente con prognosi infausta e di continuare ad assisterlo; precisando che, se il paziente è in fase terminale, la condotta del medico deve essere improntata alla sedazione del dolore e al sollievo dalle sofferenze e che, in caso di definitiva compromissione dello stato di coscienza del paziente, il medico deve comunque proseguire nella terapia del dolore e nelle cure palliative.

---

[111] COMITATO NAZIONALE PER LA BIOETICA, *Questioni bioetiche relative alla fine della vita umana*, parere del 14.07.1995.

La giurisprudenza ha riconosciuto in più occasioni l'importanza delle cure palliative e della terapia del dolore, ritenendo per esempio che *"In tema di danno alla persona, conseguente a responsabilità medica, l'omissione della diagnosi di un processo morboso terminale, sul quale sia possibile intervenire soltanto con un intervento cosiddetto palliativo, determinando un ritardo della possibilità di esecuzione dello stesso, cagiona al paziente un danno alla persona per il fatto che, nelle more, egli non ha potuto fruire di tale intervento e, quindi, ha dovuto sopportare le conseguenze del processo morboso e particolarmente il dolore, posto che la tempestiva esecuzione dell'intervento palliativo avrebbe potuto, sia pure senza la risoluzione del processo morboso, alleviare le sue sofferenze"*[112].

Sotto il profilo penale, si è altresì ritenuto che *"Fra gli interventi che il sanitario investito della funzione di "guardia medica" è tenuto a compiere senza ritardo, ai sensi dell'art. 13 del d.P.R. 25 gennaio 1991 n. 41, ed il cui rifiuto è quindi suscettibile di dar luogo alla configurabilità del delitto di cui all'art. 328, comma 1, c.p., possono rientrare anche quelli di cd. "terapia del dolore"*[113].

Nella giurisprudenza di merito, degno di nota è il provvedimento del Tribunale di Venezia del 04.03.2002, che ha imposto ad una struttura sanitaria di fornire al malato medicinali a base di cannabis, quale unica ed efficace alternativa ai farmaci consentiti sul territorio nazionale, al fine di attenuare le sofferenze del malato e tutelare il diritto del medesimo ad una qualità dignitosa

---

[112] Cass. Civ., Sez. III, 23.05.2014, n. 11522, in *CED Cassazione,* 2014; conforme già Cass. Civ., Sez. III, 18.09.2008, n. 23846, in *CED Cassazione,* 2008.

[113] Cass. Pen., Sez. VI, 27.06.2000, n. 10445, in *Riv. Pen.,* 2000, 1135. Nella specie, la Suprema Corte ha ritenuto che fosse stata correttamente affermata la responsabilità penale di un medico per rifiuto di atti d'ufficio, in quanto si era rifiutato di accedere al domicilio di una donna malata terminale i cui familiari ne avevano richiesto un intervento urgente volto ad alleviare le sofferenze della propria congiunta

della vita nell'ultima fase di una patologia incurabile, caratterizzata da continui ed insopportabili spasmi.

Con la Legge 15 marzo 2010, n. 38, avente ad oggetto *"Disposizioni per garantire l'accesso alle cure palliative e alla terapia del dolore"*, il legislatore si è finalmente occupato della materia, al fine di promuovere il sostegno della persona malata, sia all'interno del proprio contesto familiare che nelle strutture sanitarie.

L'art. 1 della normativa prevede alcuni principi fondamentali, quali: la tutela della dignità e dell'autonomia del malato; la tutela e la promozione della qualità della vita fino al suo termine; un adeguato sostegno sanitario e socio assistenziale al malato e alla sua famiglia.

La legge fornisce alcune importanti nozioni.

In particolare, all'art. 2, stabilisce che per *"cure palliative"* si intende *"l'insieme degli interventi terapeutici, diagnostici e assistenziali, rivolti sia alla persona malata sia al suo nucleo familiare, finalizzati alla cura attiva e totale dei pazienti la cui malattia di base, caratterizzata da un'inarrestabile evoluzione e da una prognosi infausta, non risponde più a trattamenti specifici"*.

Mentre con *"terapia del dolore"* si identifica l' *"insieme di interventi diagnostici e terapeutici volti a individuare e applicare alle forme morbose croniche idonee e appropriate terapie farmacologiche, chirurgiche, strumentali, psicologiche e riabilitative, tra loro variamente integrate, allo scopo di elaborare idonei percorsi diagnostico-terapeutici per la soppressione e il controllo del dolore"*.

Si prevede l'adozione da parte delle strutture sanitarie, che erogano cure palliative e terapia del dolore, di programmi di cura individuali per il paziente e la sua famiglia, nel rispetto della tutela della dignità ed autonomia del malato.

Al fine di assicurare la continuità assistenziale del malato dall'ospedale al suo domicilio, la normativa istituisce una rete nazionale di erogazione di cure palliative ed una rete nazionale di erogazione della terapia del dolore, rappresentate dall'insieme delle strutture sanitarie, territoriali e assistenziali, delle figure professionali e degli interventi diagnostici e terapeutici, dedicati all'erogazione delle cure palliative e al controllo del dolore in tutte le fasi della malattia.

Il legislatore ha introdotto altresì l'istituzione di figure professionali e competenze specializzate in materia di cure palliative e terapia del dolore, con appositi percorsi formativi.

Un ruolo fondamentale viene riconosciuto all' *"hospice"*, quale struttura in cui équipe multidisciplinari erogano in maniera ininterrotta interventi socio-sanitari ed assistenziali nelle cure ed in cui la figura del medico viene affiancata da quella degli infermieri e di altri soggetti specificamente preparati.

La normativa valorizza l'importanza dell'assistenza domiciliare, quale insieme di interventi volti a garantire l'erogazione di cure palliative e terapie del dolore presso il domicilio del malato.

Si prevede all'art. 7 l'obbligo di indicare nella cartella clinica le caratteristiche del dolore rilevato, della sua evoluzione durante il ricovero, la tecnica antalgica e i farmaci usati, i dosaggi e il risultato conseguito.

Nell'ambito delle finalità della normativa, all'art. 10 è stata introdotta anche la semplificazione della classificazione delle sostanze stupefacenti destinate all'impiego farmaceutico e delle procedure di prescrizione delle stesse finalizzate all'utilizzo antidolorifico[114].

Vi erano grandi aspettative nei confronti di questa normativa, che tuttavia è rimasta in gran parte inattuata.

Anche il Comitato Nazionale per la Bioetica con il parere sulla sedazione profonda continua nell'imminenza della morte del 29 gennaio 2016, ha evidenziato come la Legge 38 del 2010 sia

---

[114] In particolare, è previsto per esempio che i farmaci analgesici ed oppiacei possano essere prescritti con il ricettario ordinario e non più con quello speciale per oppioidi e cannabinoidi.

applicata in maniera del tutto inadeguata sul territorio nazionale. Il Comitato ha peraltro rilevato come uno dei principali ostacoli sia rappresentato proprio dalla classe medica, che non ha ancora acquisito sufficiente consapevolezza del valore delle cure palliative.

Come vedremo nella parte seconda del presente lavoro, la Legge 219/2017 dedica l'articolo 2 alla disciplina della terapia del dolore e delle cure palliative riconoscendola al paziente che vi consente. Tale nuova disciplina – per il cui esame si rimanda ai relativi paragrafi – potrebbe, quindi, dare nuovo slancio a queste forme terapeutiche.

Peraltro, non possiamo fare a meno di evidenziare che uno degli aspetti più delicati in tema di cure palliative è proprio quello del consenso informato del paziente.

In tal caso, infatti, il consenso informato è particolarmente complicato in quanto comporta inevitabilmente una comunicazione di prognosi di malattia inguaribile ed in progressione.

Molto spesso, pertanto, il paziente si trova in condizioni di grande instabilità emotiva e sofferenza psico-fisica e vi è la tendenza a presumere che lo stesso malato non voglia ricevere informazioni, né partecipare alle decisioni relative alle cure palliative, fino a far divenire interlocutori degli operatori sanitari i congiunti del paziente pressoché in via esclusiva.

Tuttavia, è necessario mantenere ferma la distinzione tra il modello assistenziale delle cure palliative che valorizza e coinvolge i familiari nell'ambito del progetto di cura e vede essi stessi come oggetto di cura, ed il fatto che siano invece i familiari a manifestare la volontà del proprio congiunto malato, escludendolo da decisioni che dovrebbero appartenere proprio a lui.

L'interlocutore dei sanitari deve, infatti, rimanere il malato ed è altresì opportuno, come autorevolmente osservato[115], che le

---

[115] Raccomandazioni della Società Italiana di Cure Palliative, *Informazione e consenso progressivo in cure palliative: un processo evolutivo condiviso*, 2015, in *www.sicp.it*.

informazioni condivise con il medesimo e la sua famiglia siano altresì condivise con tutta l'équipe che si occupa delle cure palliative, nonché documentate nella cartella clinica, al fine di predisporre un piano specifico ed individuale di cura condiviso e documentato.

Tale metodo risulta peraltro già adottato anche dall'art. 26 del Codice deontologico medico, laddove si prevede che il sanitario registri nella cartella *"il decorso clinico assistenziale nel suo contestuale manifestarsi o nell'eventuale pianificazione anticipata delle cure nel caso di paziente con malattia progressiva..".*

4.3. LA SEDAZIONE PROFONDA.

Il tema delle cure palliative si lega a quello della procedura di sedazione profonda al termine della vita e all'annosa questione relativa alla distinzione tra cure palliative di fine vita e l'eutanasia.

A tal riguardo riteniamo dunque opportuno un breve accenno su quali siano i trattamenti che possano definirsi prestazioni sanitarie e quali invece sono riconducibili a fattispecie eutanasiche.

Sul punto assume rilevanza anzitutto la posizione delle comunità scientifiche.

A livello nazionale, la Società Italiana di Cure Palliative, nel 2013[116] ha precisato che la sedazione terminale/palliativa non costituisce eutanasia, bensì *"un trattamento palliativo di sintomi refrattari ai consueti trattamenti, legittimo sia sul piano etico-deontologico sia su quello legale, che fa parte, da sempre, delle cure palliative. Infatti, la sedazione terminale/palliativa è una terapia necessaria per conservare la dignità delle persone che, al termine della loro vita, presentano sintomi (dolore, fame d'aria, delirio, eccetera) che non rispondono ai consueti trattamenti; essa è pertanto non solo legittima, ma anche doverosa, sia sul piano etico-deontologico, sia su quello legale".*

---

[116] Comunicato stampa del 18.02.2013, in *www.sicp.it.*

A livello europeo, la European Association for Palliative Care ha confermato la netta distinzione tra sedazione profonda ed eutanasia[117].

Con il recente parere del 29 gennaio 2016, il Comitato Nazionale per la Bioetica, aderendo alla posizione delle comunità scientifiche, ha affermato che *"per l'obiettivo, le procedure e gli esiti, la sedazione è un atto terapeutico che ha come finalità per il paziente alla fine della vita quella di alleviare o eliminare lo stress e la sofferenza attraverso il controllo dei sintomi refrattari, mentre l'eutanasia, secondo la definizione oggi prevalentemente accolta, consiste nella somministrazione di farmaci che ha come scopo quello di provocare con il consenso del paziente la sua morte immediata (...) La sedazione profonda, quindi, non è indicata come un trattamento che abbrevi la vita, se applicata in modo appropriato, e non può essere ritenuta un atto finalizzato alla morte"*[118].

Da notare peraltro che il Comitato Nazionale per la Bioetica ha evidenziato la preferibilità per l'utilizzo del termine *sedazione palliativa profonda continua nell'imminenza della morte*, anziché quello di *sedazione terminale*, in quanto suscettibile quest'ultimo di generare non pochi equivoci, ed ha chiarito che con tale procedura si intende la somministrazione intenzionale di farmaci ipnotici in dose tale da diminuire il livello di coscienza fino ad annullarla, allo scopo di alleviare sintomi fisici o psichici che sarebbero altrimenti insopportabili per il paziente, affetto da una malattia inguaribile in prossimità della morte.

Vi è chi non ha mancato di rilevare dunque come le cure palliative e la terapia del dolore, così come la sedazione profonda e

---

[117] LUKAS RADBRUCH, CARLO LEGET, PATRICK BAHR, CHRISTOF MÜLLER-BUSCH, JOHN ELLERSHAW, FRANCO DE CONNO, PAUL VANDEN BERGHE, *Euthanasia and physician-assisted suicide: A white paper from the European Association for Palliative Care*, in *Palliative Medicine*, 1-13, 2015.

[118] Comitato Nazionale per la Bioetica, Sedazione palliativa profonda continua nell'imminenza della morte, parere del 29.01.2016.

continua, possano costituire oggi un'alternativa importante rispetto alla richiesta di eutanasia[119].

Fermo restando che, lasciare che la malattia si manifesti fino alla morte alleviando i sintomi refrattari mediante la sedazione, è cosa ben diversa dall'accelerare l'evento morte attraverso l'intervento diretto di un soggetto terzo[120].

---

[119] A. D'ALOIA, *La bioetica di fine vita: assestamenti e nuove questioni*, in *Biolaw Journal – Rivista di Biodiritto*, 2016, 3, 1 e ss.
[120] F. MANTOVANI, *Eutanasia*, in *Digesto pen. IV*, Torino, 1990, 442.

CAPITOLO 5
I PRECEDENTI TENTATIVI NORMATIVI IN MATERIA DI CONSENSO INFORMATO E SCELTE ANTICIPATE DI TRATTAMENTO.

5.1. PREMESSA.

Al termine di questa prima parte del presente lavoro, prima di affrontare – nella seconda parte – l'esame delle singole disposizioni normative introdotte con la Legge 219/2017 in materia di consenso informato e disposizioni anticipate di trattamento, si ritiene opportuno passare in rassegna alcuni dei precedenti tentativi di introdurre nel nostro ordinamento una normativa in materia.

Prima dell'entrata in vigore della Legge 219/2017, infatti, più volte nel nostro Parlamento erano state formulate delle proposte di legge volte a dettare una disciplina di queste questioni, da tempo ritenute degne di considerazione, soprattutto alla luce dell'ampio margine di incertezza derivante dalle differenti decisioni dei giudici italiani via via investiti delle specifiche vicende.

Tuttavia, tutti i vari progetti discussi in Parlamento si erano sempre arenati e non avevano mai visto la luce.

In un caso, una Regione italiana aveva anche legiferato in materia attraverso un proprio atto normativo, dichiarato, tuttavia, incostituzionale.

Di seguito, quindi, vengono brevemente analizzati la proposta di Legge del 2009 e la suddetta Legge regionale del 2015 del Friuli Venezia Giulia.

5.2. LA PROPOSTA DI LEGGE (ATTO CAMERA N. 2350) DEL 2009.

Nel contesto della vicenda Englaro, fu formulata nel 2009 una prima proposta di legge in materia di consenso informato e dichiarazioni anticipate di trattamento, approvata dal Senato il 26.03.2009.

Il primo articolo, nel riaffermare i principi costituzionali di tutela della vita della dignità e della salute, attribuiva altresì il carattere di indisponibilità al diritto alla vita, da considerarsi sottratto all'uso anche da parte del titolare medesimo[121].

Lo stesso articolo dopo aver ribadito il principio del consenso informato, vietava ai sensi degli artt. 575, 579 e 580 c.p. ogni forma di eutanasia e di assistenza o aiuto al suicidio.

L'articolo 2 della proposta legislativa riproduceva sostanzialmente i principi fatti propri dalla giurisprudenza in materia di consenso informato e prevedeva altresì la necessità del consenso sottoscritto dal paziente, lasciando tuttavia il dubbio se tale requisito di forma fosse richiesto *ad substantiam* o *ad probationem* e se la medesima forma fosse necessaria per la revoca o modifica del consenso.

Per i soggetti incapaci, al comma 6 dell'art. 2 si ribadiva il ricorso agli istituti tradizionali, quali l'interdizione, l'inabilitazione e l'amministrazione di sostegno, con il compito di sostituire o affiancare l'incapace nella decisione terapeutica, precisando che comunque la decisione *"è adottata avendo come scopo esclusivo la salvaguardia della salute dell'incapace"*.

Tuttavia, non veniva compiuto alcun espresso riferimento alla partecipazione del soggetto interessato nella decisione terapeutica, in base all'eventuale grado di capacità di intendere e volere del medesimo.

Al contrario, al comma 7 dell'art. 2 veniva, invece, previsto il coinvolgimento del minore nella decisione in ordine ai trattamenti sanitari, valorizzando la necessità di ascoltarne i desideri e le richieste.

---

[121] Tale disposizione è stato oggetto di forti critiche, in quanto sostanzialmente in contrasto con i principi di inviolabilità personale e incoercibilità dei trattamenti sanitari così come tutelati dagli art. 2, 3 e 32 Cost. Sul punto cfr., C. BRIGNONE, *Testamento biologico: il Ddl licenziato al Senato rischia di modificare un quadro di riferimento*, in *Guida al Diritto*, 2009.

La proposta legislativa dunque realizzava una disparità di trattamento tra i minori e gli incapaci.

Nelle disposizioni successive, il testo si occupava delle dichiarazioni anticipate di trattamento.

In particolare, secondo la Proposta di Legge, tali dichiarazioni: i) potevano assumere rilievo una volta accertato lo stato vegetativo permanente (art. 3 comma 6); ii) dovevano essere prese in considerazione dal medico, ma potevano essere motivatamente disattese (art. 7 comma 1); iii) potevano contenere la nomina di un fiduciario; iv) potevano prevedere il rifiuto di trattamenti sproporzionati o sperimentali (art. 3 comma 3); v) non potevano avere ad oggetto l'alimentazione e l'idratazione artificiali, in quanto *"forme di sostegno vitale e fisiologicamente finalizzate ad alleviare le sofferenze"* (art. 3 comma 5); vi) richiedevano la forma scritta, data certa e sottoscrizione autografa del soggetto maggiorenne e capace (art. 4 comma 1); vii) potevano essere raccolte esclusivamente dal medico di medicina generale e dovevano essere firmate dal medesimo; viii) avevano validità per cinque anni; viii) dovevano essere inserite in cartella clinica e potevano essere iscritte nel registro delle dichiarazioni anticipate di trattamento, di cui veniva prevista l'istituzione.

Numerose sono state le perplessità rispetto a tale proposta di disciplina legislativa, in questa sede ne evidenziamo gli aspetti maggiormente critici.

In primo luogo, lo strumento delle dichiarazioni anticipate di trattamento veniva, immotivatamente, limitato ai soli casi di stato vegetativo permanente.

In secondo luogo, le dichiarazioni anticipate di trattamento venivano inquadrate nell'ambito di atti meramente orientativi e non vincolanti, in quanto potevano essere disattese dal medico e il termine stesso "dichiarazioni" volutamente scelto al posto di "disposizioni" o "direttive" rimandava proprio a tal concetto di non vincolatività.

In terzo luogo, si escludeva la possibilità di rifiutare, attraverso le dichiarazioni anticipate, la somministrazione artificiale di alimentazione e idratazione, in quanto l'interruzione di tali forme di sostegno vitale veniva sostanzialmente equiparato – in maniera impropria – a forme di eutanasia omissiva.

Peraltro, la normativa nulla diceva in merito ad altre forme di sostegno vitale, quali la respirazione meccanica o la rianimazione.

In quarto luogo, la possibilità di rifiuto delle cure sembrava essere limitata soltanto ai casi di trattamenti sperimentali o sproporzionati, privi di una giustificazione terapeutica.

Infine, le forme previste per le dichiarazioni anticipate risultavano eccessivamente rigide.

In conclusione, si può osservare come tale tentativo legislativo fosse intrinsecamente legato al contesto emozionale in cui si era sviluppato, ovvero alla vicenda di Eluana Englaro, che aveva rappresentato evidentemente l'unico parametro su cui creare *ad hoc* una normativa, che tuttavia avrebbe rischiato di rappresentare un passo indietro e di porsi in contrasto con molti dei principi invece già fatti propri dalla giurisprudenza.

5.3. LA LEGGE REGIONALE DEL 2015 DEL FRIULI VENEZIA GIULIA.

La Regione Friuli Venezia Giulia, sul presupposto dell'inerzia del legislatore nazionale, nel 2015 emanava la Legge n. 4/2015 recante *"Istituzione del registro regionale per le libere dichiarazioni anticipate di trattamento sanitario (DAT) e disposizioni per favorire la raccolta delle volontà di donazione degli organi e dei tessuti"*, modificata dalla Legge regionale n. 16/2015.

Scopo principale della Legge friulana era quello di creare un registro regionale per la raccolta delle dichiarazioni anticipate di trattamento sanitario, in modo da disciplinare in maniera omogenea sul territorio regionale la raccolta delle stesse.

La Legge prevedeva, tra l'altro, in maniera del tutto innovativa rispetto al quadro normativo esistente, la possibilità per il dichiarante di nominare uno o più fiduciari, con il compito di garantire il rispetto delle DAT.

La Legge disciplinava altresì le forme, l'oggetto ed i destinatari delle dichiarazioni, nonché le modalità di raccolta e conservazione delle stesse nelle banche dati delle aziende sanitarie locali.

A fronte dell'impugnazione da parte dello Stato dell'intero testo legislativo, la Regione provvedeva all'approvazione della Legge n. 16 del 2015, apportando modificazioni al testo originario, nell'intento di salvaguardarne la costituzionalità.

Tuttavia, anche detta normativa è stata impugnata dal Presidente del Consiglio dei Ministri ed i due giudizi sono stati riuniti.

Con la Sentenza del 14.12.2016, n. 262, la Corte Costituzionale, chiamata a decidere sul conflitto di attribuzione tra Stato e la Regione Friuli Venezia Giulia, ha dichiarato costituzionalmente illegittima, per violazione degli artt. 3 e 117, comma II, Lett. I) Cost., la Legge emanata dalla Regione Friuli Venezia Giulia n. 4 del 2015, nonché la Legge di modifica n. 16 del 2015.

Secondo la Consulta, tale normativa introduceva, infatti, una disciplina assai puntuale delle dichiarazioni anticipate, attribuendo alle stesse rilievo pubblico, ed interferendo così nella materia "ordinamento civile" di competenza esclusiva statale.

La Corte Costituzionale ha sottolineato la necessità di un trattamento uniforme su tutto il territorio, nel rispetto del principio di uguaglianza, data l'incidenza sulla dignità e integrità della persona di una normativa sulle scelte di fine vita.

Secondo la Corte, l'assenza di una normativa nazionale in materia non poteva giustificare in alcun modo l'intervento del legislatore regionale.

PARTE SECONDA
LA LEGGE 219/2017: LUCI E OMBRE

CAPITOLO 1
IL CONSENSO INFORMATO.

1.1. IL FONDAMENTO COSTITUZIONALE DEL CONSENSO INFORMATO.

L'articolo 1 della Legge 219 del 2017 introduce per via legislativa e disciplina l'istituto del consenso informato.

I primi due commi appaiono delle disposizioni programmatiche: il primo consiste in una ricognizione delle disposizioni dei principi costituzionali nonché della Carta dei diritti fondamentali dell'Unione Europea dal quale deriva il diritto del paziente al consenso informato; il secondo, invece, consiste nell'enunciazione del concetto di relazione di cura e di fiducia che dovrebbe intercorrere tra il paziente ed il medico e che sostanzia il fondamento pratico e relazionale del consenso informato.

1.1.1. Il primo comma, abbiamo detto, sancisce **i principi fondamentali che governano la materia del consenso informato.** In particolare, la disposizione esordisce precisando che **la Legge 219 del 2017 agisce nel rispetto degli articoli 2, 13 e 32 della Costituzione e degli articoli 1, 2 e 3 della Carta dei diritti fondamentali dell'Unione Europea ed è finalizzata alla tutela del diritto alla vita, alla salute, alla dignità e alla autodeterminazione della persona.** Sono questi, quindi, i diritti costituzionali che entrano in gioco e che sono oggetto di bilanciamento nell'istituto del consenso informato.

Ciò significa, in altri termini, che le disposizioni normative della nuova Legge in esame devono essere interpretate utilizzando come parametri principali i principi affermati dalle citate norme costituzionali, ed in particolare la tutela dei diritti inviolabili dell'uomo, la libertà personale ed il conseguente diritto all'autodeterminazione nonché il diritto alla salute, anche nell'accezione prevista dal secondo comma dell'articolo 32 Costituzione, secondo il quale nessuno può essere obbligato ad un determinato trattamento sanitario se non in virtù di una disposizione di legge.

Allo stesso modo, le disposizioni normative europee, anch'esse da utilizzare come parametri attraverso i quali interpretare la nuova Legge sul consenso informato, riconoscono l'inviolabilità della dignità umana ed il diritto alla vita.

La disposizione normativa, quindi, mantiene ben distinti il diritto all'autodeterminazione del paziente ed il suo diritto alla salute: il Legislatore ritiene, infatti, che, nell'individuazione dei trattamenti sanitari da eseguire nei confronti di un paziente, assumono pari dignità non soltanto il suo diritto alla vita e alla salute, ma anche il diritto a poter decidere in maniera personale ed autonoma se e quali trattamenti ricevere. Soltanto in questo modo è possibile rispettare la libertà dell'uomo a che egli possa perseguire i propri interessi, intendimenti e progetti di vita (anche rifiutando i trattamenti che ritiene non in linea con la propria visione della vita).

Dalla lettura della norma, quindi, emerge in maniera molto chiara che il Legislatore intende il diritto alla salute in un senso soggettivo, affidando quindi un ruolo centrale all'autodeterminazione del soggetto. In tal modo, il Legislatore fa propria la ricostruzione di tale diritto che era già stata fornita dal Consiglio di Stato, secondo cui *"la nozione statica e medicale di salute, legata cioè ad una dimensione oggettiva e fissa del benessere psicofisico della persona, deve cedere il passo ad una concezione soggettiva e dinamica del concreto contenuto del diritto alla salute, che si costruisce nella continua e rinnovata dialettica medico-paziente, di modo che tale contenuto, dal suo formarsi, al suo manifestarsi sino al suo svolgersi, corrisponda effettivamente all'idea di sé e della propria dignità che, attraverso il perseguimento di benessere, ha il singolo paziente per realizzare pienamente la sua personalità, anzitutto e soprattutto nelle scelte, come quelle di accettare o rifiutare le cure, che possono segnarne il destino"*.[122]

Non solo.

Il primo comma dell'articolo 1 in esame comporta altresì un'accezione negativa del diritto alla salute, inteso anche come diritto a rifiutare le cure (che, poi, verrà meglio esplicitato al successivo comma quinto).

Infatti, il bilanciamento di tutti i valori su cui si fonda la Legge in esame (diritto alla vita, alla salute, alla dignità e alla autodeterminazione del paziente), che vengono posti sullo stesso piano dal Legislatore, porta a riconoscere al paziente anche il diritto di sacrificare la propria vita, se egli ritiene che tale scelta sia rispettosa della propria dignità. D'altra parte, il diritto alla vita non è mai stato inteso come un dovere di vivere. La decisione del paziente di non acconsentire al trattamento sanitario, anche qualora la sua mancata esecuzione comporti la morte certa del paziente stesso, rientra tra le scelte di vita del soggetto che rispecchiano le proprie visioni ideologiche, ma anche religiose e sociali. Ovviamente questo diritto di autodeterminazione, di scelta consapevole, del soggetto non può essere inteso come un diritto a farsi uccidere (ovvero all'eutanasia), ma anzi, all'opposto, deve essere visto come un diritto a lasciare che la vita segua il suo corso in maniera naturale, anche quando conduca in brevissimo tempo alla morte.

1.1.2. Il primo comma, poi, prosegue precisando che la Legge in esame stabilisce che **nessun trattamento sanitario può essere iniziato o proseguito se manca il consenso, libero e informato, della persona interessata.** L'unica eccezione a tale regola, ribadita al comma in esame sulla scorta del secondo comma dell'articolo 32 Cost., riguarda i casi in cui la legge espressamente

---

[122] Consiglio di Stato, Sez. VI, 02.09.2014, n. 4460, richiamata in P. ZATTI, *Consistenza e fragilità dello ius quo utimur in materia di relazione di cura*, in *Nuova Giur. Civ.*, 2015, 1, 2020.

preveda l'obbligo di compiere trattamenti sanitari, quindi anche senza il consenso dell'interessato. Sul punto, è opportuno precisare che l'interpretazione data dalla Corte Costituzionale del suddetto secondo comma dell'articolo 32 Cost., prevede che il diritto all'autodeterminazione possa essere limitato dalla Legge ordinaria, tramite l'imposizione di trattamenti sanitari obbligatori, soltanto qualora il mancato trattamento possa causare danno alla salute dei consociati ed il trattamento determini comunque un miglioramento della salute dell'interessato.

L'impostazione adottata dalla norma ricalca e fa propria integralmente quella proposta dalla Corte Costituzionale: in particolare i giudici supremi del nostro ordinamento con la Sentenza 438/2008 avevano già affermato che il principio del consenso informato deve essere inteso come una sintesi tra il diritto di autodeterminazione del paziente ed il suo diritto alla salute, e che pertanto il potere di prendere qualsiasi decisione in ordine ai trattamenti sanitari deve spettare al soggetto della cui salute si tratta[123].

D'altra parte, anche la Corte di Cassazione ha sempre sostenuto che il trattamento sanitario compiuto in assenza del consenso della persona interessata costituisce un comportamento illecito, anche se non determina un danno alla salute del paziente, in quanto sostanzia un'invasione non autorizzata della sfera corporea del paziente.[124]

Per la prima volta, quindi, nel nostro ordinamento viene affermato per Legge il principio secondo il quale è necessario che il paziente acconsenta, in maniera informata e libera, all'inizio o alla prosecuzione di ogni e qualsiasi trattamento sanitario. In questo

---

[123] Sul punto, si rinvia al Capitolo 1, Parte Prima, della presente opera.

[124] *Ex pluribus*: Cass. Civ., Sez. III, 14.03.2006, n.5444 in *Nuova giurisprudenza civile commentata*, 2007, I, 240; Cass. Civ., Sez. III, 09.02.2010, n. 2847, in *Nuova giurisprudenza civile commentata*, 2010, I, 783; Cass. Civ., Sez. III, 12.03.2010, n. 6045, *Nuova giurisprudenza civile commentata*, I, 1010.

modo, il Legislatore va oltre quanto previsto dall'articolo 32, secondo comma, Cost. richiedendo che il paziente, prima di decidere in ordine ad ogni trattamento sanitario, abbia un'adeguata conoscenza della propria malattia, del tipo di trattamento sanitario proposto dal medico e delle possibili alternative. Soltanto in questo modo la volontà manifestata dal paziente, sia essa un consenso oppure un rifiuto al trattamento sanitario o all'accertamento diagnostico, potrà ritenersi valida e quindi far andare esente da responsabilità il medico e la struttura sanitaria che la rispetteranno.

1.2. LA RELAZIONE DI CURA TRA IL PAZIENTE ED IL MEDICO.

1.2.1. Il secondo comma dell'articolo 1, come abbiamo detto, attribuisce un ruolo fondamentale alla relazione di cura e di fiducia tra il medico e il paziente.

In particolare, la norma esordisce affermando che *"è promossa e valorizzata la relazione di cura e di fiducia tra paziente e medico che si basa sul consenso informato nel quale si incontrano l'autonomia decisionale del paziente e la competenza, l'autonomia professionale e la responsabilità del medico"*. La seconda parte della norma prosegue, poi, attribuendo un ruolo altrettanto determinante nella relazione di cura agli altri esercenti la professione sanitaria che compongono l'équipe sanitaria (tutti gli altri medici coinvolti, il personale infermieristico, ecc.), precisando che anch'essi contribuiscono alla relazione di cura in base alle rispettive competenze.

Leggendo questa disposizione, dal carattere chiaramente programmatico, si evince che uno dei principi basilari su cui si basa la nuova Legge è proprio quella della **relazione tra il medico e il paziente, individuata espressamente come un rapporto di cura e di fiducia dove l'autonomia decisionale del paziente, da una parte, e l'autonomia e la competenza professionale medica, dall'altro, permettono di garantire una decisione che sia**

effettivamente consapevole e quindi rispettosa della libertà e della dignità personale del paziente.

Attraverso questa disposizione, quindi, il Legislatore mostra la strada attraverso la quale si deve formare il consenso informato: la relazione di cura e di fiducia tra paziente e medico (e tutti i componenti dell'équipe sanitaria), nella quale il paziente espone le proprie problematiche e i propri desideri e successivamente il medico gli illustra gli accertamenti o i trattamenti sanitari ritenuti dal medesimo opportuni in base alla propria competenza. In altri termini, la norma attribuisce un ruolo fondamentale ed insostituibile al medico ed a tutte le figure dell'équipe sanitaria nel raggiungimento di un vero consenso informato del paziente, permettendo a quest'ultimo, attraverso la selezione e la prospettazione delle varie opzioni terapeutiche adatte ed opportune, in base al caso concreto e secondo le linee guida e le buone prassi medico-scientifiche, di compiere la propria scelta in maniera veramente consapevole.

Il Legislatore, quindi, ritiene che le conoscenze e le competenze del medico e dell'équipe sanitaria in generale non siano solo necessarie, ma addirittura essenziali per la maturazione del consenso informato del paziente. Sono soltanto il medico ed in generale il personale sanitario, infatti, che possono valutare la situazione effettiva di salute del paziente e suggerirgli gli accertamenti diagnostici ed i trattamenti terapeutici appropriati (da intendersi non soltanto appropriati in ragione della tipologia di malattia e della condizione fisica del paziente, ma anche della sua condizione psicologica e dei suoi ideali di vita), nonché le eventuali alternative, ed escludere quelli che, invece appaiono contrari alla legge o ai doveri deontologici oppure semplicemente inutili o inappropriati (nei termini sopra detti). Soltanto nel ventaglio dei trattamenti ritenuti dai medici appropriati al caso concreto il paziente può esprimere il proprio consenso e la propria scelta su quale trattamento ritiene di accettare in ragione dei propri bisogni delle proprie aspirazioni e delle proprie visioni di vita.

È evidente che con la Legge in esame il ruolo del medico ne esce assolutamente rafforzato e acquisisce una posizione ancora più centrale da un punto di vista professionale, però allo stesso tempo sempre più delicato e pieno di responsabilità: è, infatti, il medico che, attraverso le informazioni acquisite dal paziente e le proprie conoscenze professionali, deve valutare quali trattamenti terapeutici o accertamenti diagnostici suggerire a quest'ultimo, informandolo in maniera completa sui medesimi e sulle alternative, mettendo in tal modo il paziente in condizione di esercitare il proprio diritto all'autodeterminazione alla salute e alla dignità, che sono sanciti in maniera forte e chiara dal precedente primo comma dell'articolo 1.

D'altra parte, non a caso il comma in esame esordisce valorizzando il tema della relazione di cura e soltanto dopo parla di consenso informato, precisando che questo si basa proprio sulla suddetta relazione: il Legislatore, sembra così aver stigmatizzato quelle pratiche, spesso diffuse negli ospedali e nelle case di cura italiani, per cui il consenso informato si sostanziava in un formulario fatto firmare al paziente (spesso) dal personale infermieristico pochi secondi prima che il medico iniziasse l'accertamento terapeutico o il trattamento sanitario, come una sorta di adempimento burocratico o peggio ancora di uno strumento attraverso il quale il medico o la struttura potessero andare esenti da responsabilità. Sul punto, si è infatti già visto nella prima parte del presente lavoro come anche la giurisprudenza avesse escluso la rilevanza del formulario generico sottoscritto dal paziente, ai fini dell'accertamento dell'acquisizione del consenso informato da parte del medico.

A parere di chi scrive, in conclusione, il consenso informato richiesto dalla nuova Legge non può mai identificarsi in un semplice modulo, per quanto lungo e dettagliato esso possa essere, unilateralmente predisposto dal medico o dalla struttura sanitaria, fatto sottoscrivere al paziente in maniera passiva e durante l'unico e spesso velocissimo incontro con il medico. **Il nuovo consenso**

informato, invece, deve essere il frutto di uno scambio di informazioni di carattere bilaterale, tra paziente e sanitario, che si sostanzi in domande, risposte, consigli, osservazioni che i due soggetti della relazione di cura si scambiano tra di loro, dopo la maturazione in capo al paziente di una piena comprensione di ogni aspetto relativo alla sua patologia, nel tempo che sia congruo e necessario proprio in base alla patologia medesima.

In altri termini, il consenso informato deve essere il risultato di un percorso attraverso il quale si mescolano e si fondono i bisogni del paziente e le soluzioni proposte dal medico e dalla medicina in generale; dove è fondamentale l'informazione medico-scientifica fornita dal medico, ma altrettanto fondamentale è l'informazione che il paziente dà al medico in ordine alle sue aspettative di guarigione o comunque ai bisogni che ritiene di soddisfare con la prestazione sanitaria, in modo da permettere al medico di proporre le soluzioni più adatte e quindi al paziente di poter decidere in maniera realmente consapevole.

Tutto ciò nella piena comprensione, da parte di entrambe le parti del rapporto:

(i) da un lato, che la relazione di cura non significa, né determinazione autoritaria e paternalistica da parte del sanitario del trattamento terapeutico dallo stesso ritenuto migliore per l'eliminazione della malattia, né la necessaria eliminazione della patologia stessa a qualunque costo (e quindi anche a costo di applicare trattamenti contrari alla legge, alla deontologia professionale o alle buone pratiche clinico-assistenziali);

(ii) dall'altro lato, che il ruolo centrale nel rapporto di cura è sempre e comunque del paziente, quindi la scelta terapeutica ottimale non sarà sempre e necessariamente quella consigliata dalle linee guida o dalle buone pratiche scientifiche, bensì quella che garantisce il miglior benessere psicofisico e sociale come inteso dal paziente (purché non sia contraria alla legge, alla deontologia professionale o alle buone pratiche clinico-assistenziali).

1.2.2 Il secondo comma dell'articolo 1 appena esaminato, impone una necessaria riflessione in ordine alle conseguenze della relazione di cura prevista dalla disposizione stessa, rispetto all'articolo 7 della Legge Gelli-Bianco che ha riformato la responsabilità dell'esercente la professione sanitaria.

La recente novella sulla responsabilità di esercenti la professione sanitaria ha introdotto un doppio regime di responsabilità conseguente all'evento di *malpractice* medica, stabilendo che: mentre la responsabilità della struttura sanitaria è sempre di carattere contrattuale, la responsabilità del medico ed in generale dell'esercente la professione sanitaria sarà normalmente di carattere extracontrattuale, salvo il caso in cui vi sia stato un precedente "rapporto" con il paziente dal quale possa derivare una responsabilità contrattuale a carico dell'esercente la professione sanitaria.[125]

Ciò significa che in tutti i casi in cui il paziente – rivolgendosi e trattando direttamente con il medico – incarica quest'ultimo di eseguire la prestazione, si avrà sempre un contratto tra le parti, che farà quindi sorgere la responsabilità contrattuale in capo al professionista sanitario.[126]

Ebbene, proprio la relazione di cura e di fiducia che si deve necessariamente instaurare tra il paziente ed il medico, nei termini sopra descritti, così come prevista dall'articolo 1 comma 2 della legge 219 del 2017, al fine di considerare effettivo e legittimo il

---

[125] Art. 7, comma 3, L. 24 del 2017: " *L'esercente la professione sanitaria di cui ai commi 1 e 2 risponde del proprio operato ai sensi dell'articolo 2043 del codice civile, salvo che abbia agito nell'adempimento di obbligazione contrattuale assunta con il paziente*".

consenso informato prestato dal paziente, potrebbe essere il presupposto in base al quale affermare che tra il paziente ed il medico si è instaurato quel rapporto tale per cui si debba ritenere che il paziente abbia incaricato il medico di svolgere una prestazione professionale. In tal modo, si potrebbe ritenere configurata la fattispecie per l'applicazione del regime di responsabilità contrattuale dell'esercente la professione sanitaria previsto dal comma 2 dell'art. 7 della Legge Gelli-Bianco.

Quanto appena evidenziato risulterebbe peraltro perfettamente in linea con gli orientamenti espressi dalla giurisprudenza assolutamente prevalente in materia di responsabilità da omesso consenso informato, già analizzati nella Prima Parte del presente lavoro.

1.2.3. L'ultima parte del secondo comma dell'articolo 1 conclude la disposizione precisando che **il paziente può anche coinvolgere nella relazione di cura i suoi familiari o la parte dell'unione civile o il convivente o infine una persona di sua fiducia.**

In tal modo, la norma concede al paziente la possibilità di coinvolgere altri soggetti nella relazione di cura, i quali, evidentemente, potranno acquisire conoscenza della patologia del familiare e delle soluzioni prospettate dal medico e quindi contribuire alla relazione medico-paziente, aiutando il paziente ad individuare ed a realizzare, con la compartecipazione del medico, il proprio progetto di vita all'interno della patologia che lo affligge.

La scelta del Legislatore pone una rilevante problematica circa le comunicazioni da parte del medico ai "familiari" (termine che per comodità di scrittura utilizzeremo per riassumere tutte le figure indicate dalla Legge e sopra esposte) del paziente in ordine alle condizioni di salute di quest'ultimo.

---

[126] P. P. MUIÀ, *La nuova responsabilità civile del medico e della struttura sanitaria. il commento alla riforma Gelli-Bianco, Primiceri editore*, Padova, 2017, 55.

Fino ad oggi, infatti, la prassi delle strutture sanitarie italiane sembrava orientata verso il rendere partecipi e il comunicare ai familiari del paziente tutte le informazioni relative alla situazione sanitaria di quest'ultimo sul presupposto implicito che il paziente stesso non avesse nulla in contrario. In altri termini, il medico comunicava ai familiari dette informazioni a meno che il paziente espressamente non chiedesse il contrario.

Con l'entrata in vigore della nuova Legge, invece, sembra che il *modus operandi* debba essere capovolto. Infatti, la disposizione appena esaminata, laddove stabilisce che nella relazione di cura *"sono coinvolti, se il paziente lo desidera, anche i suoi familiari ..."* e gli altri soggetti sopra elencati, introduce la necessità che ogni notizia relativa alla relazione di cura intercorrente tra paziente e medico possa essere fornita ai familiari soltanto a condizione che il paziente abbia acconsentito.

Verso questa soluzione portano non soltanto l'inequivoco tenore letterale della disposizione in esame (*"se il paziente lo desidera"*), ma anche i principi generali su cui si fonda la Legge 219/2017 (che mettono la volontà del paziente al centro del rapporto di cura) nonchè molte altre disposizioni sparse in detta Legge: in primo luogo, il successivo comma 3 dell'art. 1 (il quale, affrontando il tema delle informazioni che il paziente deve ricevere prima di prestare il proprio consenso o rifiuto alle cure, specifica che egli *"può rifiutare ... di ricevere le informazioni ovvero indicare i familiari o una persona di sua fiducia incaricati di riceverle"*, subordinando anche in questo caso la possibilità che i familiari ricevano le informazioni al fatto che il paziente li "indichi"); in secondo luogo, il comma 5 dello stesso art. 1 (il quale, affrontando l'ipotesi del rifiuto da parte del paziente di trattamenti salvavita, precisa che le conseguenze di tale decisione debbano essere prospettate dal medico al paziente *"e, se questi acconsente, ai suoi familiari"*, subordinando anche in questo caso la conoscenza, da parte dei familiari, della situazione sanitaria del paziente soltanto al previo consenso di quest'ultimo); infine, il comma 2 dell'art. 5 (il quale, disciplinando l'istituto della pianificazione condivisa delle cure, stabilisce che, anche in caso di patologia cronica irreversibile, tutte le relative informazioni sanitarie devono essere rese al paziente *"e, con il suo consenso, ai suoi familiari..."*, subordinando nuovamente la trasmissione dell'informazione ai familiari soltanto se c'è un consenso del paziente).

In conclusione, quindi, si può ritenere che **la nuova Legge prevede a carico del medico un vero e proprio obbligo di richiedere ed ottenere il consenso del paziente prima di fornire ai familiari di quest'ultimo informazioni sulla malattia e sulle terapie che lo riguardino**. Conseguentemente, un mancato consenso del paziente impone al medico e alla struttura sanitaria di non fornire ai familiari dette informazioni mediche.

La sussistenza di un tale obbligo, inoltre, comporterà evidentemente una responsabilità professionale a carico del medico e della struttura sanitaria nel caso in cui venga violato e conseguentemente un gravoso onere probatorio rispetto al medico e alla struttura medesima (in caso di informazioni sanitarie rese ai familiari, infatti, il paziente dovrà semplicemente affermare l'inadempimento del medico all'obbligo di non fornire dette informazioni senza la sua autorizzazione, mentre il medico, per andare esente da responsabilità, dovrà dimostrare di aver ricevuto preventivamente uno specifico consenso del paziente a fornire le informazioni ai familiari).

1.3. IL CONSENSO INFORMATO: LE CARATTERISTICHE DELL'INFORMAZIONE E IL RIFIUTO DI RICEVERLA.

1.3.1. Il terzo comma dell'articolo 1 individua il nucleo essenziale del consenso informato, cioè **il diritto del paziente a ricevere l'informazione** sulle proprie condizioni di salute nonché sulla diagnosi, la prognosi, i benefici e i rischi degli accertamenti diagnostici e dei trattamenti sanitari indicati dal medico nonché le possibili alternative e le conseguenze dell'eventuale rifiuto del trattamento sanitario o dell'accertamento diagnostico. La norma precisa, poi, le caratteristiche che deve avere l'informazione ricevuta dal paziente, prevedendo espressamente che questa sia completa, aggiornata ed a lui comprensibile.

Il comma in esame fa emergere ancora una volta la centralità del paziente e della sua volontà. È significativo, infatti, che, il Legislatore inserisca, da un punto di vista strutturale, l'informazione prima dell'acquisizione del consenso informato (di cui si occupa il successivo comma 4) o del suo rifiuto (di cui si occupa il successivo comma 5): soltanto una manifestazione di volontà che sia maturata dopo aver ricevuto le necessarie informazioni, può effettivamente configurarsi come espressione del primato dell'autodeterminazione e della salute del paziente rispetto a qualsiasi altro interesse in gioco nella relazione di cura.

Per quanto riguarda le problematiche interpretative connesse a questo terzo comma, in primo luogo, si può ritenere che gli obblighi di informazione a carico del medico o della struttura sanitaria, circa gli elementi espressamente indicati dalla disposizione (diagnosi, prognosi, benefici e rischi degli accertamenti diagnostici e dei trattamenti sanitari), riguardino non soltanto i pazienti affetti da qualche malattia già conosciuta o comunque per l'accertamento della quale si devono svolgere degli accertamenti diagnostici. Appare, invece, più corretto ritenere che **gli obblighi informativi**, nei termini sopra detti e comunque relativamente ad ogni informazione utile per la maturazione di un consenso consapevole del paziente, **gravino sul medico e sulla struttura sanitaria anche nei confronti di soggetti che non presentano alcuna patologia, ma che, nonostante siano sani, comunque si apprestano ad usufruire di un accertamento diagnostico o di un trattamento sanitario ad opera del medico o della struttura**. È l'ipotesi dell'intervento di chirurgia estetica finalizzato a modificare il proprio aspetto esteriore che pure non presentava alcuna patologia. Anche tale intervento, infatti, deve essere ricompreso nella categoria dei trattamenti sanitari, in quanto comunque finalizzato a garantire la salute del paziente intesa in senso ampio, come benessere psicofisico. Nessun dubbio, quindi, vi può essere circa il fatto che un medico che compia un intervento estetico, debba necessariamente rispettare la nuova disposizione in materia di consenso informato.

In secondo luogo, la norma impone al medico e alla struttura sanitaria di fornire al paziente delle informazioni che presentino la triplice caratteristica:

    (i)   della completezza;
    (ii)   dell'essere aggiornate;
    (iii)   della comprensibilità.

Posto che la norma non entra (e non avrebbe potuto fare altrimenti) nella descrizione delle modalità comunicative del medico o delle forme espressive che questo deve usare, né tanto meno nella dose di tatto e di psicologia che il medico deve necessariamente impiegare nel fornire le informazioni (soprattutto quelle infauste) al paziente, tuttavia l'utilizzo dei tre termini sopra esposti non può non avere un certo peso.

Il **dovere di completezza dell'informazione** impone al medico di non omettere parte delle informazioni essenziali per la comprensione della malattia o del trattamento e quindi gli vieta di selezionare quali di queste informazioni rendere al paziente e quali invece tenere "nascoste" all'interno della cartella clinica. Ciò anche a rischio di creare delle conseguenze emotive significative a carico del paziente. D'altra parte nel bilanciamento degli interessi in gioco, ancora una volta il Legislatore sembra preferire la libertà di autodeterminazione del paziente rispetto ad una visione paternalistica del rapporto medico-paziente che rimette al medico la decisione su cosa sia meglio che il paziente sappia.

Il **dovere di aggiornamento dell'informazione**, invece, impone al medico e alla struttura sanitaria di comunicare in maniera costante al paziente, durante tutto lo svolgimento del trattamento terapeutico o dell'accertamento diagnostico, le informazioni necessarie affinché egli possa con consapevolezza mantenere il proprio consenso alla prestazione oppure possa esercitare il proprio diritto (previsto dal successivo comma quinto) di revocare il consenso e quindi interrompere la prosecuzione dello stesso trattamento sanitario o accertamento diagnostico. Anche in considerazione di questa disposizione, le pratiche di acquisizione del consenso tramite un modulo scritto consegnato contestualmente all'inizio del trattamento oppure fatto firmare al paziente dagli infermieri addirittura prima dell'incontro col medico, appare una prassi del tutto contraria alle nuove disposizioni e quindi illegittima.

Infine, **la comprensibilità dell'informazione** impone al medico e alla struttura sanitaria di permettere al paziente stesso di comprendere effettivamente l'informazione resa, in ragione delle proprie capacità e del livello culturale, quindi di fornirla attraverso un linguaggio ed un approccio psicologico tale per cui il paziente la possa fare propria. Ancora una volta, conseguentemente, le pratiche di consensi informati predisposti su moduli recanti un linguaggio tecnicamente complesso appaiono non conformi con le nuove disposizioni e quindi illegittime.

1.3.2. La seconda parte del terzo comma riconosce espressamente al paziente **il diritto a rifiutare di ricevere, anche solo in parte, le informazioni** nonché **il diritto di indicare i familiari oppure una persona di sua fiducia che possano ricevere dette informazioni ed** *"esprimere il consenso in sua vece"*.

Infine, la norma precisa che tali decisioni del paziente debbano essere registrate nella cartella clinica e nel fascicolo sanitario elettronico.

A parere di chi scrive, la disposizione permette al paziente di individuare un soggetto terzo, sia esso un familiare o una persona di cui si fida, che si sostituisca a lui per acconsentire o rifiutare gli accertamenti diagnostici o i trattamenti sanitari, insomma per "esprimere il consenso in sua vece". Si tratta di un vero e proprio potere rappresentativo del paziente, che permette al terzo di prendere una decisione di carattere sanitario i cui effetti si produrranno nei confronti del paziente "rappresentato". La figura presenta una forte analogia con quella del fiduciario prevista nelle DAT (per il cui esame rimandiamo ai successivi capitoli), pertanto si pongono analoghi problemi interpretativi: in primo luogo, la possibilità per il paziente di indicare al terzo quale tipo di scelta sanitaria quest'ultimo deve prendere al suo posto; in secondo luogo, la forma con cui deve essere manifestata la volontà sostitutiva del paziente.

Con riferimento alla prima problematica, non sembra che ci siano difficoltà insormontabili ad ammettere che il terzo possa rivestire anche la figura di mero *nuncius* (quindi con il compito soltanto di riferire una scelta già compiuta dal paziente sostituito), però, in questo caso sarebbe necessario che il paziente, prima di indicare il sostituto e la scelta che questo deve compiere, riceva le adeguate informazioni mediche sul trattamento sanitario di cui si tratta (ciò proprio in quanto la scelta sanitaria è comunque esercitata dal paziente e invece soltanto riferita dal terzo). Anche se appare francamente poco probabile che si verifichino situazioni del genere, vista la scarsa utilità per il paziente di prevedere un sostituto che in realtà non faccia altro che portare a conoscenza dei sanitari la decisione già presa dal paziente stesso.

Con riferimento, invece, alla seconda problematica, atteso che la norma non disciplina espressamente quale forma debba rivestire l'indicazione del familiare o della persona di fiducia del paziente che esprima il consenso in sua vece, si può ritenere – anche in applicazione dell'art. 1392 c.c.[127] – che questa debba avere la stessa forma dell'atto che il terzo deve andare a compiere, cioè la stessa forma del consenso o del dissenso informato (problematica rispetto all'analisi della quale si rimanda ai prossimi paragrafi).

---

[127] Art. 1392 c.c.: *"La procura non ha effetto se non è conferita con le forme prescritte per il contratto che il rappresentante deve concludere"*.

Naturalmente, appare opportuno precisare, che tale potere attribuito dal paziente al terzo non può mai essere esercitato legittimamente senza che vi sia stata un'adeguata preventiva informazione del terzo negli stessi termini in cui il paziente avrebbe avuto diritto ad essere informato in virtù di quanto previsto dal terzo comma in esame (quindi un'informazione completa, aggiornata e comprensibile al terzo, avente ad oggetto le condizioni di salute del paziente nonché la diagnosi, la prognosi, i benefici e i rischi degli accertamenti diagnostici e dei trattamenti sanitari proposti dal medico nonché le possibili alternative e le conseguenze dell'eventuale rifiuto). D'altra parte, nel caso in cui il paziente eserciti il proprio diritto di delegare ad altri le scelte in materia della sua salute, appare legittimo, oltre che logico, che non sia il paziente stesso a ricevere le informazioni sul proprio stato di salute, ma che invece tali informazioni siano rivolte al delegato, il quale dovrà poi effettivamente prendere la decisione sulla salute del paziente.

Sul punto, è stato espresso qualche dubbio dai primi commentatori sul fatto che, attraverso questa "delega", si potrebbe verificare l'ipotesi in cui un soggetto terzo rifiuti il consenso all'esecuzione di un trattamento sanitario nei confronti di un paziente, ledendo così proprio la libertà e finanche la salute del paziente stesso. Pertanto, secondo tale orientamento, la disposizione dovrebbe interpretarsi nel senso che la sostituzione del terzo sarebbe possibile solo affinché questo presti il consenso al trattamento e non affinché lo rifiuti.

A parere di chi scrive, al di là del chiaro tenore letterale della norma e della stessa finalità dell'intera Legge, che impongono di valorizzare l'autodeterminazione del paziente in materia di trattamenti sanitari, fino anche al punto di riconoscergli il diritto di far decidere altri (di cui si fida) al posto suo, la questione prospettata sembra un falso problema. Infatti, posto che il trattamento sanitario o l'accertamento diagnostico sono leciti soltanto se sussiste il consenso del paziente e posto altresì che tale consenso, proprio su indicazione del paziente, può essere dato soltanto dal terzo designato, se il terzo non rende il consenso, il trattamento sanitario o l'accertamento diagnostico non potranno mai essere praticati. Infatti, nei precedenti paragrafi abbiamo visto come i principi e le stesse disposizioni della Legge 219 del 2017 prevedano che i trattamenti sanitari e gli accertamenti diagnostici necessitino di un consenso informato. Pertanto, in questo caso, mancando il consenso del terzo al trattamento, questo non potrà essere praticato, quindi è come se il trattamento fosse stato rifiutato dal terzo.

Il problema potrebbe, caso mai, porsi soltanto nei casi in cui il terzo avesse prestato il consenso al trattamento e successivamente, cambiando idea, volesse revocare tale consenso e conseguentemente far interrompere il trattamento in corso. Ebbene, in tal caso, posto che il paziente ha appunto delegato il terzo di fiducia a "fare le sue veci", non si può escludere che tale terzo possa revocare il consenso dallo stesso precedentemente prestato. D'altra parte qualora il paziente fosse capace di intendere e di volere, potrebbe esercitare personalmente il proprio diritto a consentire o meno alle cure, revocando il potere concesso al terzo ed avocando a sé la decisione sulla prosecuzione o meno del trattamento. Qualora, invece, il paziente fosse incapace di intendere e di volere, impedire al terzo di esercitare il potere sostitutivo concessogli dal primo, vorrebbe dire violare i diritti all'autodeterminazione e alla salute (nel senso inteso dalla Legge in esame) del paziente, facendo decidere altri che non lo rappresentano.

1.3.3. Né il comma in esame, né l'intero articolo 1, contrariamente a quanto previsto per il consenso, prevedono espressamente **la possibilità per il paziente di revocare la propria decisione** di rifiutare le informazioni o l'indicazione del soggetto incaricato di riceverle e di esprimere il consenso in sua vece.

Tuttavia appare logico ritenere, anche in conformità con lo spirito e le finalità dell'intera Legge, che il paziente, nell'esercizio del suo diritto all'autodeterminazione e alla salute, possa in qualsiasi momento revocare o modificare le proprie scelte anche in punto di ricezione delle informazioni o di indicazione del soggetto terzo che esprima il consenso in sua vece (evidentemente tale diritto potrà essere esercitato limitatamente a quelle fattispecie di accertamenti diagnostici o di trattamenti terapeutici prolungati nel tempo e che quindi presuppongono un'informazione e un consenso costanti).

In questo modo, inoltre, si garantisce al paziente, relativamente ai trattamenti sanitari o agli accertamenti diagnostici di durata, di riprendere in qualunque momento un ruolo centrale nelle decisioni che riguardano la propria salute.

1.3.4. Infine, si ritiene opportuno accennare ad una problematica che potrebbe configurarsi allorquando, al verificarsi di un mutamento nelle prospettive del trattamento sanitario o dei suoi benefici ecc., il medico si trova a dover rendere **l'aggiornamento dell'informazione**: in questo caso, il medico è obbligato a fornire l'informazione aggiornata esclusivamente al soggetto delegato dal paziente oppure è obbligato a fornirla anche al paziente? Inoltre, nel caso in cui il paziente non abbia indicato un delegato, ma comunque aveva rifiutato di ricevere l'informazione, il medico sarà comunque tenuto a comunicargli detto mutamento e quindi l'aggiornamento delle informazioni?

Nella logica dell'impianto normativo in esame appare preferibile ritenere che, nel primo caso, l'obbligo del medico e della struttura sanitaria, anche nel rispetto della stessa volontà del paziente e quindi del suo diritto di autodeterminazione, possa e debba essere assolto con la comunicazione al solo soggetto delegato. Nel secondo caso, invece, appare preferibile ritenere che il medico, nel rispetto della relazione terapeutica, debba comunque verificare costantemente l'attualità della scelta del paziente di rifiutare l'informazione e, soltanto se tale rifiuto è ancora attuale, astenersi dal comunicare l'aggiornamento.

In ogni caso, soltanto l'interpretazione giurisprudenziale della disposizione potrà aiutarci nella soluzione del quesito.

1.3.5. In conclusione, si ritiene opportuno precisare che il riferimento contenuto nel presente comma ai soli familiari (oltre che ad una persona di fiducia), con esclusione della parte dell'unione civile e del convivente - che sono, invece, espressamente indicati nel comma secondo dello stesso articolo - può essere ritenuto, se non una mera distrazione del Legislatore, al più un termine riassuntivo ("familiari") all'interno del quale è possibile ricomprendere anche le figure della parte dell'unione civile e del convivente. Se così non fosse, la disposizione parrebbe contraddittoria e scarsamente logica, nella misura in cui parifica queste due figure ai familiari e alla persona di fiducia del paziente da un punto di vista di partecipazione alla relazione di cura tra il paziente stesso ed il sanitario, per poi escluderle, del tutto ingiustificatamente, dagli altri aspetti, sempre connessi alla relazione di cura, nei quali invece i familiari e la persona di fiducia svolgono un ruolo importante, conformemente alla volontà dello stesso paziente.

1.3.6. Prima di chiudere il presente paragrafo riteniamo opportuna una riflessione sulla figura del fiduciario.

Per come è stata strutturata dal Legislatore, infatti, questa figura potrebbe creare numerose difficoltà nella gestione dei rapporti paziente-medico. E' evidente che l'introduzione di un soggetto che è delegato a rappresentare in toto il paziente ed a compiere per lui ogni scelta a carattere sanitario, non può che complicare il lavoro dei sanitari e rischiare di dare luogo ad equivoci e dubbi nei comportamenti da tenere e nelle terapie da applicare al paziente, soprattutto nei casi di trattamenti prolungati nel tempo. Problematiche che potranno dare luogo a numerose controversie.

Ciò detto, sembra ipotizzabile che nella pratica l'uso del familiare o del fiduciario nominato dal paziente capace, per sostituirlo nelle scelte sanitarie sarà estremamente ridotto e sarà limitato probabilmente soltanto ai casi di malati terminali che – sia in attuazione di una pianificazione condivisa delle cure (ex art. 5 della Legge in esame) sia al di fuori di tale istituto – decideranno di non essere informati sulle loro condizioni e di affidare a un terzo la "gestione" dell'ultima fase della malattia.

1.4. L'ACQUISIZIONE E LA DOCUMENTAZIONE DEL CONSENSO INFORMATO.

1.4.1. Il quarto comma dell'articolo 1 disciplina le forme attraverso le quali il consenso informato può essere espresso (e quindi acquisito dal medico e della struttura sanitaria) nonché le modalità della sua "documentazione".

In particolare, la norma stabilisce che **il consenso informato deve essere acquisito attraverso le modalità che siano più consone alle condizioni in cui versa il paziente**. Inoltre, aggiunge la disposizione, **tale consenso deve essere documentato dal medico e dalla struttura sanitaria attraverso la forma scritta o delle videoregistrazioni,** mentre, per le persone che presentano delle disabilità, attraverso degli ulteriori dispositivi che le permettano di esprimere e comunicare il proprio consenso.

La norma, quindi, distingue due distinti aspetti relativi al consenso informato del paziente:

 (i) da un lato, le forme attraverso cui questo consenso viene manifestato dal paziente;

 (ii) dall'altro lato, le forme attraverso cui esso viene documentato dal medico e dalla struttura sanitaria.

Relativamente al primo aspetto, non sembra che la norma richieda una forma particolare ai fini della validità e dell'efficacia della manifestazione del consenso del paziente e quindi della sua acquisizione da parte del personale sanitario. La norma, infatti, precisa che **il consenso può essere acquisito (e quindi manifestato) nei modi e con gli strumenti più consoni alle condizioni del paziente: pertanto, con qualsiasi modalità**. In altri termini, la norma non richiede alcuna forma *ad substantiam* per la validità. A sostegno di tale ricostruzione milita, altresì, la circostanza che il successivo comma quinto, nel disciplinare il diritto di revoca del consenso, precisa che tale revoca può avvenire nelle stesse forme di cui al comma quarto. Ebbene, l'imposizione di una forma scritta o di altro genere, ai fini della validità della revoca del consenso sarebbe evidentemente incostituzionale, in quanto lesiva del diritto alla salute e alla autodeterminazione del paziente (anche la revoca del consenso alla prosecuzione di un trattamento sanitario espresso con un gesto della mano, infatti, deve essere ritenuto sufficiente ad imporre al medico la cessazione del trattamento medesimo). Inoltre, anche l'ultimo periodo del comma 4 sembra riconoscere che il consenso può essere espresso in qualunque forma. In particolare, la disposizione, nel prevedere che il consenso venga inserito nella cartella clinica e nel fascicolo sanitario elettronico, fa riferimento al *"consenso informato, in qualunque forma espresso"*.

Tuttavia, sul punto ricordiamo – rimandando alla prima parte del presente lavoro dove la questione è stata più diffusamente trattata – che una recente Cassazione intervenuta in materia di consenso informato, prima dell'entrata in vigore della Legge in esame aveva affermato l'inidoneità del consenso manifestato oralmente a configurare un valido consenso.[128]

Per quanto riguarda il secondo aspetto, invece, **la norma richiede la documentazione del consenso nelle forme scritte, videoregistrate, o attraverso altri dispositivi che permettono al disabile di comunicare.**

È evidente, quindi, che i due profili sono nettamente distinti dalla norma: infatti, una cosa è esprimere la volontà da parte del paziente e quindi acquisirla da parte degli operatori sanitari (aspetto che viene lasciato dalla Legge chiaramente libero nella sua forma). Altra cosa, invece, è documentare tale manifestazione del pensiero, rispetto alla quale, la Legge richiede un requisito di forma (scritta, videoregistrata o attraverso altri dispositivi comunicativi per il disabile).

---

[128] Cass. Civ., Sez. III, 29.09.2015, n. 19212, cit.

1.4.2. Posto, quindi, che la Legge non richiede la forma scritta sostanziale per l'espressione del consenso, vi è da chiedersi se, invece, essa - con il riferimento al fatto che il consenso debba essere documentato - pretenda la forma scritta o videoregistrata o comunque contenuta in altri dispositivi, *ad probationem*, cioè ai fini di poter provare in giudizio la sussistenza del consenso informato.

A tal proposito, è opportuno dire sin da subito che la norma si presta a molti dubbi interpretativi, non essendo chiaro il tenore letterale della sua formulazione.

A parere di chi scrive, **l'utilizzo dell'espressione "documentato" (anziché provato) impiegata dal Legislatore, induce a pensare che le forme ivi indicate non siano richieste ai fini della possibilità di provare in giudizio tale elemento**. Appare più corretto, infatti, ritenere che tali forme siano richieste per poter inserire il consenso manifestato dal paziente all'interno della sua documentazione sanitaria ai fini di una migliore consultabilità della medesima e quindi per esigenze di buona amministrazione. Se così non fosse, infatti, si dovrebbe ritenere che la norma abbia escluso la possibilità per il medico di provare in giudizio, attraverso presunzioni o addirittura attraverso testimonianze, l'avvenuta acquisizione del consenso informato del paziente ed anche della sua revoca. Ebbene, oltre che un'eccessiva forzatura del tenore letterale del termine "documentato", tale ricostruzione appare totalmente contraria ai principi e alle finalità della Legge nonché agli obiettivi di politica legislativa in materia di responsabilità sanitaria perseguiti nell'ultimo anno dal Parlamento (il riferimento è alla Legge Gelli-Bianco), con la quale il nostro Legislatore ha cercato di individuare degli strumenti di limitazione della responsabilità del medico che gli potessero garantire di lavorare con maggiore serenità e quindi gli permettessero di abbandonare la medicina difensiva che negli ultimi decenni ha improntato le condotte degli esercenti la professione sanitaria.

Tuttavia, il fatto che il tenore letterale della norma

(attraverso la locuzione "è documentata") sembra imporre al medico e alla struttura sanitaria che il consenso al trattamento o la sua revoca siano contenuti all'interno di un documento scritto o di una videoregistrazione oppure in un qualche dispositivo che permetta al disabile di comunicare[129], **potrebbe far pensare che si tratti di forme richieste ai fini della prova** (con l'introduzione di una sorta di forma *ad probationem* videoregistrata oppure tramite dispositivi di comunicazione per disabili).

Il fatto, poi, che il successivo periodo del comma in esame preveda espressamente l'inserimento del consenso informato nella cartella clinica (*"il consenso informato, in qualunque forma espresso, è inserito nella cartella clinica e nel fascicolo sanitario elettronico"*), non aiuta a chiarire se le forme di cui sopra sono richieste ai fini della prova oppure semplicemente per questioni di buona tenuta e di migliore intellegibilità della documentazione sanitaria del paziente. Infatti, da un lato, la previsione di un periodo autonomo dedicato alla conservazione del consenso, separato da quello precedente in cui si parla delle forme del consenso, potrebbe portare a pensare che è proprio il secondo periodo del comma quello dedicato a indicare le modalità di tenuta del consenso, mentre il precedente periodo indicherebbe le forme richieste per la sua prova. Dall'altro lato, tuttavia, tale circostanza potrebbe far pensare al fatto che l'intero comma debba essere letto in maniera unitaria, quindi nel

---

[129] Anche in questo caso la norma non pare chiarissima nel suo tenore letterale laddove sostiene che *"il consenso informato ... è documentato ... , per la persona con disabilità, attraverso dispositivi che le consentano di comunicare"*. Infatti, attraverso detti dispositivi (pensiamo al puntatore oculare che permette a un malato di SLA di scrivere nel computer attraverso il movimento degli occhi oppure ancora di più al semplice comunicatore acustico anch'esso spesso usato dai malati di SLA) il disabile potrebbe manifestare il proprio consenso piuttosto che documentarlo, posto che non è detto che tutti i dispositivi di comunicazione per disabili siano in grado di memorizzare l'espressione comunicativa del disabile stesso. Allora in tal caso, lo strumento sarebbe necessario, da un punto di vista tecnologico, per la manifestazione del consenso, ma potrebbe non essere in grado di documentare detta manifestazione nel senso di cristallizzarla all'interno di un supporto fisico.

senso che le forme di "documentazione" del consenso indicate dal primo periodo sono finalizzate proprio a permettere l'inserimento del consenso all'interno della cartella clinica e del fascicolo sanitario per una migliore conservazione, secondo quanto previsto dall'ultimo periodo del comma.

In conclusione, quindi, posto che sembra abbastanza agevole sostenere che il consenso ed il dissenso informati (oltre che la loro revoca) possono essere manifestati in ogni modo e con ogni forma e che pertanto la loro manifestazione scritta o con le altre modalità previste dalla Legge 219/2017 non sia necessaria per la validità del consenso informato del paziente, appare più controverso ritenere che tali forme siano necessarie per provarne in giudizio la sussistenza oppure ritenere al contrario che esse debbano essere adottare solo per ragioni di buona amministrazione e di migliore conoscenza dei documenti sanitari.

1.4.3. Nella sua ultima parte, infine, come abbiamo appena detto, la norma stabilisce, onerando in questo senso il medico e la struttura sanitaria, che **il consenso informato, in qualunque forma esso sia stato espresso dal paziente, _"deve"_ essere inserito all'interno della cartella clinica e del fascicolo sanitario elettronico.**

Sussiste, quindi, un vero e proprio obbligo a carico degli operatori sanitari e della struttura di garantire che all'interno della cartella clinica e del fascicolo informatico relativo al paziente sia sempre presente un documento attestante la sussistenza del consenso informato ai sensi di legge. Conseguentemente, è possibile ritenere che la mancanza di tale documento determini un inadempimento dei medici e della struttura sanitaria presso il quale il paziente ha svolto l'accertamento diagnostico o il trattamento sanitario.

Inadempimento che, però, è bene precisare, non potrà mai, per ciò solo, determinare la responsabilità del medico o della struttura per la lesione del diritto all'autodeterminazione del paziente: infatti, tale lesione si verificherà soltanto allorquando il medico non avrà correttamente acquisito il consenso informato del paziente o comunque quando non sarà in grado di provarne in giudizio la sua acquisizione, non essendo sufficiente ad escludere la sua acquisizione la circostanza che all'interno della cartella clinica del fascicolo informatico non sia presente il relativo documento. In altri termini, la mancanza del relativo documento all'interno del fascicolo potrebbe comportare una responsabilità del sanitario o della struttura, con eventuali profili risarcitori, soltanto se sussistono danni che siano conseguenza diretta ed immediata di tale mancato inserimento del documento nella cartella clinica.

1.5. IL DIRITTO DEL PAZIENTE A RIFIUTARE LE CURE.

Il quinto comma dell'articolo 1 si compone di due parti: nella prima, viene ribadito - ancora una volta - che l'autodeterminazione del paziente prevale rispetto alla cura della malattia in quanto la salute deve essere intesa anche nella sua accezione negativa ovvero come rifiuto, totale o parziale, delle cure nonché nella sua accezione dinamica, ovvero come revoca del consenso precedentemente prestato; nella seconda parte, il Legislatore qualifica e disciplina come trattamenti sanitari le due pratiche della nutrizione e dell'idratazione artificiale.

1.5.1. Per quanto riguarda la prima parte del quinto comma, essa sancisce espressamente **il diritto del paziente a rifiutare, in tutto o in parte, qualsiasi accertamento diagnostico o trattamento sanitario che il medico abbia indicato per la sua patologia o anche singoli atti del suddetto trattamento.**

Accanto a tale diritto di rifiutare le cure, la disposizione riconosce, altresì, al paziente il diritto di revocare in qualsiasi momento il consenso che avesse già prestato in precedenza e quindi **il diritto ad interrompere l'accertamento diagnostico o il trattamento sanitario in ogni momento e senza alcuna motivazione.**

In primo luogo, appare opportuno evidenziare che il diritto

di rifiutare le cure viene riconosciuto dal comma in esame a qualsiasi persona che sia capace di agire. È evidente, quindi, che la Legge richiede che il soggetto sia in grado di comprendere effettivamente la portata della propria decisione e quindi di poter scegliere consapevolmente. La cosa che, però, salta agli occhi è la differenza rispetto al precedente comma quattro, che – come abbiamo visto – allorquando parla dell'acquisizione del consenso, non precisa che esso debba essere prestato da una persona capace di agire. Posto che il successivo articolo 3 disciplina - attraverso una norma specifica - proprio il consenso informato dei soggetti privi della capacità di agire (minori e incapaci), prevedendo le modalità attraverso cui possano essere espressi sia il consenso che il rifiuto ai trattamenti sanitari che riguardano tali soggetti, è evidente che la differenza è una semplice dimenticanza del Legislatore. Infatti, si deve ritenere che, sia per la manifestazione del rifiuto alle cure che per la manifestazione del consenso, il paziente debba essere capace di agire, mentre allorquando egli non lo sia si applicherà la disciplina prevista dall'art. 3 della Legge in esame (per il cui commento si rimanda al relativo capitolo).

In secondo luogo, si ribadisce che la norma, riconoscendo al paziente il diritto di rifiutare "qualsiasi accertamento diagnostico o trattamento sanitario" o anche soltanto una parte di essi, introduce **il principio generale per cui ogni e qualsiasi tipologia di atto a carattere sanitario, sia essa anche una semplice prescrizione medica, impone l'obbligo al medico e alla struttura sanitaria di acquisire il consenso informato del paziente** nel modo indicato nei precedenti paragrafi.

In terzo luogo, è importante evidenziare come la norma precisi che il rifiuto possa riguardare tutte le cure in corso di esecuzione nei confronti del paziente o anche soltanto una parte di esse: quindi, l'interessato può legittimamente indicare in maniera selettiva quali parti dell'accertamento diagnostico o del trattamento sanitario non vuole che vengano eseguite sulla sua persona e quali invece acconsente.

Inoltre, la norma prosegue disciplinando anche tipologie di trattamenti sanitari che si sostanziano in atti plurimi, siano essi compiuti istantaneamente o a distanza temporale gli uni dagli altri. In particolare, al paziente viene riconosciuto il diritto di rifiutare anche i singoli atti dei trattamenti sanitari che si compongono di più atti distinti.

Ebbene, le suddette facoltà riconosciute al paziente generano una importante riflessione: la mancata esecuzione della parte o del singolo atto del trattamento sanitario complesso che il paziente ha rifiutato potrebbero determinare l'insuccesso dell'intero trattamento oppure, peggio ancora, l'originarsi di una nuova patologia che proprio il singolo atto terapeutico rifiutato mirava ad impedire (si pensi, per esempio, ad un intervento chirurgico al cuore per l'inserimento di un bypass coronarico, rispetto al quale il paziente acconsentisse a detto trattamento, ma rifiutasse la trasfusione di sangue che si rendesse necessaria in corso di trattamento: l'intervento relativo al bypass potrebbe non riuscire oppure potrebbe riuscire perfettamente, ma il paziente potrebbe morire per la mancata trasfusione). In ragione di ciò, appare opportuno per il medico e per la struttura sanitaria informare adeguatamente il paziente di eventuali tali possibilità ed acquisire in maniera specifica sul punto il consenso del paziente, annotando il tutto all'interno della cartella clinica.

1.5.3. La previsione della possibilità per il paziente di revocare il proprio consenso al trattamento sanitario, a parere di chi scrive, impone al medico e alla struttura sanitaria un dovere di informazione costante per tutto il periodo in cui la persona è sottoposta al trattamento.

Infatti, siccome per poter iniziare un trattamento sanitario il consenso deve essere "informato", allo stesso modo anche **la revoca di detto consenso deve essere altrettanto "informata"**, nel senso che il paziente, prima di esercitare il proprio diritto a revocare il consenso al trattamento sanitario, deve conoscere gli sviluppi della propria patologia e dei benefici e dei rischi del trattamento che sta eseguendo e delle ulteriori possibili alternative (ivi comprese quelle nuove, non prospettate in precedenza, che siano frutto dell'evoluzione della scienza medica).

Ebbene, per essere "informata", la revoca deve essere frutto di informazione costante e aggiornata, anche in relazione alle informazioni, ai dubbi e alle richieste di chiarimenti avanzate dal paziente durante lo svolgimento del trattamento sanitario.

Appare, pertanto, non in linea con la nuova normativa la prassi che prevede l'acquisizione del consenso informato soltanto prima del trattamento sanitario, mentre sembrerebbe più conforme una prassi con cui viene aggiornato costantemente il consenso informato del paziente nei termini già esposti nei precedenti paragrafi, documentandolo sempre all'interno della cartella clinica.

Inoltre, la precisazione per cui tale diritto di revoca è comunque esercitabile "anche quando la revoca comporti l'interruzione del trattamento", è un'ulteriore elemento che connota l'intenzione del Legislatore di superare la visione paternalistica della cura, come imposta dall'alto dal medico al paziente in quanto finalizzata alla migliore tutela della sua salute in senso scientifico, nonché di riaffermare ancora una volta il diritto di autodeterminazione del paziente che si spinge fino al punto di poter anche decidere di interrompere il trattamento sanitario.

1.5.4. In conclusione, la prima parte della disposizione in esame si occupa anche di stabilire **le forme attraverso le quali possono essere manifestati il rifiuto delle cure oppure la revoca del consenso precedentemente prestato.** In particolare, il quinto comma rinvia alle **stesse forme che sono previste dal precedente comma quattro.** Pertanto sul punto si rimanda alle considerazioni già svolte al precedente paragrafo sulle forme di manifestazione del consenso ai trattamenti.

1.5.5. La più alta affermazione, da parte del Legislatore, della supremazia del principio di autodeterminazione del paziente si ritrova, però, nella seconda parte del quinto comma in esame, laddove viene precisato che **la nutrizione artificiale e l'idratazione artificiale sono considerati dei trattamenti sanitari**, conseguentemente:

    (i)   **per poter essere praticate debbono essere anch'esse necessariamente acconsentite;**

    (ii)   **possono essere rifiutate;**

    (iii)   **debbono essere interrotte in caso di revoca del consenso precedentemente espresso.**

Si tratta di una presa di posizione epocale da parte del Legislatore, il quale ha accolto la tesi portata avanti fino ad oggi negli ambienti medico-scientifici e, come abbiamo visto nella Parte Prima del presente lavoro, già fatta propria anche dalla giurisprudenza prevalente secondo cui la nutrizione e l'idratazione artificiale hanno natura sanitaria in quanto *"integrano un trattamento che sottende il sapere scientifico, che è posto in essere da medici, anche se poi proseguito da non medici"*[130]. L'argomentazione, infatti, adottata dal Legislatore per giustificare la propria presa di posizione, si fonda sul fatto che la nutrizione artificiale e l'idratazione artificiale si sostanziano nella somministrazione, su prescrizione medica, di nutrienti attraverso dei dispositivi medici e quindi – aggiungiamo – sono il risultato di un trattamento che comporta il necessario coinvolgimento del medico e che il paziente non potrebbe mai compiere autonomamente e senza l'ausilio ed il coinvolgimento del medico stesso.

Così facendo, il Legislatore ha riconosciuto al paziente il diritto di rifiutare l'alimentazione e l'idratazione artificiale, proprio perché trattamenti sanitari, e conseguentemente imposto ai medici e alle strutture sanitarie di rispettare la decisione del paziente interrompendo, a sua richiesta, detti trattamenti, anche se da ciò

---

[130] Cass. Civ., Sez. I, 16.10.2007, n. 21748, in *Banca Dati Pluris*.

dovesse derivare la morte certa del paziente stesso.

La disposizione normativa in esame prosegue, poi, precisando che in tali casi il medico prospetta al paziente (e con il suo consenso ai suoi familiari) le conseguenze di tale decisione e le possibili alternative, in modo che la scelta sia pienamente consapevole. Inoltre, sempre in tali casi, il medico deve porre in essere "*ogni azione di sostegno al paziente medesimo, avvalendosi dei servizi di assistenza psicologica*". In tal modo si riconosce **un obbligo a carico del medico di dare il massimo sostegno e la migliore assistenza possibili al malato**, anche nel caso in cui egli abbia rifiutato le cure necessarie per la sua sopravvivenza. Ciò significa che il paziente non deve essere abbandonato a se stesso, allorquando rifiuti dei trattamenti sanitari necessari per la sua sopravvivenza, ma, al contrario, la relazione di cura e i principi ispiratori della Legge impongono al medico di seguirlo anche in tale momento e di curarlo nel rispetto della sua decisione.

La disposizione è poi integrata dal successivo articolo 2 della Legge in esame, nella parte in cui tratta della terapia del dolore e delle cure palliative: in tale situazione, quindi, il medico può essere obbligato ad interrompere i suddetti trattamenti salvavita (perché richiesto dal paziente) e poi (ai sensi dell'art. 2) a praticare le cure palliative, in quanto azione di sostegno del malato per far fronte al dolore connesso alla sua situazione.

In ragione di ciò da alcune parti, anche durante l'iter legislativo della norma, è stato segnalato che così facendo si sarebbe introdotta nel nostro ordinamento **l'eutanasia**.

Senza voler scendere in aspetti etici, religiosi, sociali o politici, dal punto di vista giuridico, sembra di poter affermare che **l'interruzione della nutrizione artificiale e dell'idratazione artificiale da parte del medico su richiesta del paziente e l'eutanasia configurano due fattispecie nettamente distinte l'una dall'altra**.

Infatti, se è vero che il medico che interrompe

l'alimentazione dei macchinari che permettono la nutrizione e l'idratazione artificiale tiene un comportamento attivo (appunto, di distacco delle macchine) e non omissivo, è altrettanto vero però che non è questo comportamento che determina causalmente, dal punto di vista giuridico, la morte del paziente, quanto piuttosto l'impossibilità di nutrirsi e di bere dovuta alla propria condizione fisica determinata dall'avanzato stato della malattia. Come si può ben vedere, l'eutanasia, in cui il comportamento attivo del medico determina causalmente la morte del paziente (ad esempio iniettando del medicinale), si distingue nettamente dal comportamento, pur esso attivo, di cui sopra. Nel primo caso, si tratta di una richiesta del paziente di un trattamento che pone fine la propria vita, nel secondo caso si tratta di una rinuncia da parte del paziente a un trattamento in grado di salvargli la vita.

Sul punto è recentemente intervenuta, come già accennato nella Prima Parte del presente lavoro, la Corte di Appello di Milano cui era stata sottoposta la questione in ordine alla sussistenza del reato di istigazione al suicidio per la vicenda venuta alla ribalta negli scorsi mesi legata all'eutanasia da parte di Dj Fabo in una clinica svizzera. Nell'analizzare la vicenda, la Corte di secondo grado milanese dedica un paio di pagine alla nuova Legge 219 del 2017, che secondo i giudici milanesi avrebbe introdotto nel nostro ordinamento, a favore di ogni soggetto, un *"diritto a morire, rifiutando i trattamenti sanitari"*. Analizzando l'art. 1, comma 5, i Giudici milanesi hanno interpretato la disposizione normativa come un diritto di ogni soggetto capace di "lasciarsi morire", escludendo che ciò possa essere inteso come un diritto al "suicidio assistito": il Legislatore ha riconosciuto ad ogni soggetto capace la possibilità di disporre della propria vita nel senso di poter scegliere di non curarsi, ma non nel senso di poter richiedere ed ottenere dal medico e dal Servizio Sanitario Nazionale in generale l'applicazione di un trattamento o anche solo la prescrizione di un farmaco che procuri la morte (comportamento, anzi, vietato dalla stessa Legge 219/2017, in quanto contrario a norme di legge). Tra l'altro, a conferma di tale ricostruzione – secondo la Corte milanese – militano anche gli stessi lavori parlamentari da cui è nata la Legge: infatti, *"dai lavori preparatori della legge e dalle discussioni parlamentari emerge che il Parlamento era consapevole che il prevedere per il paziente la possibilità di rifiutare la nutrizione artificiale comportava di fatto riconoscere il suo diritto di scegliere di morire non già a causa della malattia, ma per la privazione di sostegni vitali (ovvero per una cosiddetta eutanasia indiretta omissiva)"*.[131]

In secondo luogo, appare opportuna una precisazione (tra l'altro, già formulata in precedenza relativamente alla possibilità per il paziente di indicare dei soggetti terzi aventi il potere di esprimere il consenso in sua vece): anche in questo caso, la norma, disciplinando l'obbligo del medico di prospettare al paziente le conseguenze della sua decisione in ordine alla nutrizione e idratazione artificiali nonché le possibili alternative, riconosce il coinvolgimento - col consenso del paziente - soltanto dei suoi familiari, non facendo riferimento, invece, anche alla parte dell'unione civile e al convivente.

In base al tenore letterale la disposizione, si dovrebbe intendere che il medico, anche in caso di consenso del paziente, non è obbligato a fornire tali informazioni o comunque a coinvolgere la parte dell'unione civile e il convivente del paziente. Tuttavia, appare più corretto ritenere che il termine "familiari" sia riassuntivo ed espressivo della pluralità di soggetti che sono indicati nel comma 2 dell'articolo 1 (quindi comprensivo anche delle due suddette parti apparentemente escluse). Se così non fosse, l'impianto normativo apparirebbe illogico e contraddittorio in sé, nella misura in cui la relazione di cura può essere estesa anche a tali soggetti, ma le conseguenze delle scelte compiute del paziente non dovrebbero poi essere loro illustrate.

---

[131] App. Milano, Ordinanza, 14.02.2018 in *Banca Dati Pluris*.

Infine, la norma si chiude ribadendo ancora una volta, da un lato, la possibilità per il paziente di modificare la propria scelta, dall'altro lato, la necessità di annotare all'interno della cartella clinica e del fascicolo sanitario elettronico detta scelta. Anche circa tali aspetti, ci si riporta a quanto già detto nei precedenti paragrafi.

1.6. L'OBBLIGO DEL MEDICO DI OSSERVARE LA VOLONTÀ DEL PAZIENTE E IL SUO ESONERO DI RESPONSABILITÀ.

Il sesto comma dell'articolo 1 riconosce la natura e la forza vincolante della volontà del paziente nei confronti del sanitario.

Infatti, **la norma esordisce affermando chiaramente che** *"il medico è tenuto a rispettare la volontà espressa dal paziente di rifiutare il trattamento sanitario o di rinunciare al medesimo"*.

In ragione di ciò, la norma prosegue precisando che, proprio in quanto il medico è obbligato a rispettare il volere del paziente, egli andrà esente da qualsiasi forma di responsabilità, sia essa civile o penale.

La seconda parte della norma, poi, ha cura di limitare, comunque, le richieste e le volontà del paziente che il medico è tenuto a rispettare. Infatti, viene precisato che il primo non può esigere, e conseguentemente il secondo non è obbligato ad eseguire, trattamenti sanitari che siano contrari a norma di legge, alla deontologia professionale o alle buone pratiche clinico-assistenziali, anche qualora essi siano richieste dal paziente stesso. La norma si conclude, infatti, precisando che a fronte di tale richieste, il medico non ha alcun obbligo professionale e - aggiungeremmo - neanche alcun obbligo giuridico.

1.6.1. Il primo aspetto da evidenziare, riguarda il fatto che la norma fa riferimento esclusivamente al medico, quale soggetto tenuto a rispettare la volontà espressa dal paziente. Alcun riferimento, invece, è contenuto relativamente agli altri membri dell'équipe sanitaria.

Nonostante il tenore letterale della norma non lasci spazi per estendere l'obbligo ad altri soggetti diversi dal medico, è comunque evidente che, poiché il comma 5 del medesimo articolo riconosce il diritto del paziente a rifiutare il trattamento sanitario, **appare illogico e contraddittorio prevedere che tale diritto possa essere esercitato soltanto nei confronti del medico e non nei confronti di chiunque sia coinvolto nell'attività di cura**. Una simile interpretazione, infatti, determinerebbe, di fatto, la possibilità di aggirare agevolmente il rifiuto del paziente (e quindi di violare legittimamente il diritto affermato dal precedente comma cinque). Basti pensare, per esempio, che, a fronte del rifiuto alla trasfusione sanguigna manifestato dal paziente al medico, quest'ultimo sarebbe tenuto ad astenersi dalla suddetta trasfusione, ma questa potrebbe essere invece legittimamente eseguita dall'infermiere. Una tale possibilità è, quindi, da escludere.

A parere di chi scrive, sarebbe stata opportuna da parte del Legislatore una precisazione sul punto, visto che l'omissione determina dei dubbi interpretativi sui soggetti che siano effettivamente obbligati in tal senso. Nella situazione attuale, comunque, pare che il termine "medico" debba essere inteso come riassuntivo dei soggetti coinvolti nella cura del paziente. Pertanto, **l'obbligo di rispetto della volontà del paziente e la correlata responsabilità devono essere intesi come riferiti a tutta l'équipe sanitaria**, compresi tutti gli altri esercenti la professione sanitaria coinvolti (OSS, infermieri, ferristi ecc.).

In secondo luogo, è opportuno evidenziare che la norma utilizza il termine "tenuto".

L'impiego di tale termine configura, quindi, **un vero e proprio obbligo a carico del medico e dell'équipe sanitaria**. Non vi è, quindi, spazio per ritenere che il medico possa avere alcuna discrezionalità in ordine all'assecondare o meno la scelta del paziente di rifiutare il trattamento sanitario. D'altra parte, la configurabilità di un vero e proprio obbligo a carico dei sanitari è confermata proprio dal precedente comma cinque che riconosce il diritto della persona di rifiutare le cure.

Infine, si ritiene opportuno precisare che il riferimento contenuto nella norma, circa il fatto che il medico, poiché è gravato da un obbligo di rispettare la volontà del paziente, andrà esente da responsabilità civile o penale per i comportamenti che non ha tenuto in osservanza di detto obbligo, appare probabilmente pleonastico. Infatti, in casi del genere, l'omissione terapeutica del medico non configura di per sé un inadempimento, né un fatto illecito risarcibile civilisticamente, né tanto meno potrebbe configurare una fattispecie penale. Tuttavia, si può ritenere che il Legislatore, in considerazione del contesto sociale e politico in cui ha avuto vita la presente Legge e forse per ribadire la diversità tra l'interruzione dei trattamenti sanitari e l'eutanasia, abbia comunque voluto insistere, anche se in maniera superflua, sulla legittimità dell'astensione del medico.

1.6.2. Per quanto riguarda la seconda parte del comma sesto, la norma non fa altro che chiarire che **il paziente non può obbligare il medico e gli altri membri dell'équipe a compiere dei trattamenti sanitari in violazione della legge oppure di regole deontologiche oppure delle buone pratiche clinico-assistenziali.** In altri termini, il paziente non può chiedere, o meglio non può imporre, al medico e agli altri membri dell'équipe l'applicazione di trattamenti sanitari che lo portino, per esempio, alla morte oppure a subire delle mutilazioni (perché contrari alla legge), né può imporre ai sanitari che gli vengano applicate terapie sperimentali non validate scientificamente (perché contrari alle buone pratiche clinico-assistenziali).

La norma non precisa le conseguenze che potrebbe subire il medico nel caso in cui desse comunque seguito alle richieste del paziente di ricevere trattamenti sanitari contrari alla legge, alle regole deontologiche oppure alle buone pratiche clinico-assistenziali. Tuttavia si può tranquillamente ritenere che, posto che il medico non solo non è tenuto a porre in essere il trattamento richiesto, ma anzi è obbligato ad astenersi, le conseguenze di un eventuale violazione di tale obbligo di astensione non possono che sostanziarsi nella responsabilità penale del sanitario (esempio omicidio del consenziente) nonché nella sua responsabilità civile (e quindi nel risarcimento del danno). Pertanto, come in ogni caso di violazione di obblighi di legge e di conseguente possibile sussistenza di responsabilità penale o civile di un soggetto, sarà naturalmente il giudice a valutare l'eventuale responsabilità e se del caso a sanzionare il sanitario.

A tale ultimo proposito, con un evidente difetto di coordinazione rispetto alla Legge 24/2017 di pochi mesi prima, la norma non fa riferimento alle linee guida emanate dagli enti accreditati (cui la Legge Gelli-Bianco dedica l'intero articolo 5), ma alle buone pratiche clinico-assistenziali, che, ai sensi della suddetta Legge 24/2017, dovrebbero indicare agli esercenti la professione sanitaria i comportamenti da seguire - al fine di escluderne o diminuirne la responsabilità - soltanto in maniera residuale, allorquando mancano le suddette linee guida (che, pertanto, prevalgono rispetto alle buone pratiche). Il rischio è che qualsiasi buona pratica o supposta tale potrebbe essere rilevante per autorizzare il sanitario a non eseguire le richieste terapeutiche del paziente.

È difficile dire, oggi, se tale mancato coordinamento potrà creare delle problematiche in ordine ai profili di responsabilità dei sanitari e quindi dei dubbi circa i comportamenti che gli stessi dovranno tenere. Tuttavia, sarebbe stato probabilmente più opportuno che anche la Legge 219 del 2017 si fosse riferita alle linee guida di cui alla Legge Gelli-Bianco o comunque avesse realizzato un maggiore coordinamento con la suddetta Legge che soltanto pochi mesi prima aveva riformato la responsabilità medico-sanitaria.

1.6.3. Ciò premesso, il grande profilo di riflessione che impone la seconda parte del comma in esame riguarda l'**obiezione di coscienza**.

Da più parti, durante l'iter parlamentare che ha condotto

all'approvazione del testo in commento, è stato richiesto l'inserimento di una norma che garantisse ai medici ed addirittura anche alle strutture sanitarie (specie quelle di natura religiosa) il diritto all'obiezione di coscienza.

Non solo. Anche subito dopo la pubblicazione del testo definitivo, da più parti si è cercato di individuare qualche appiglio all'interno del testo dal quale far discendere il riconoscimento dell'obiezione di coscienza e in alcuni casi si è fatto proprio riferimento a questa seconda parte del comma sesto, nella misura in cui si precisa che **il medico non ha obblighi professionali di fronte alle richieste del paziente contrari alla legge, alla deontologia, alle buone pratiche.**

A parere di chi scrive, la Legge in esame non prevede l'obiezione di coscienza.

Anzi, nella misura in cui riconosce, da un lato, il diritto del paziente a rifiutare il trattamento sanitario anche qualora ciò lo conduca alla morte e, dall'altro lato l'obbligo del medico di astenersi dall'eseguire il trattamento salvavita fronte di una volontà espressa in tal senso dal paziente, senza prevedere alcuna espressa eccezione, sembra che la Legge escluda in maniera chiara l'obiezione di coscienza. Infatti, posto che tale istituto, invocabile per rifiutarsi di sottostare a un dovere giuridico imposto dall'ordinamento, perché in contrasto inconciliabile con un'altra regola della propria coscienza, necessita di un'espressa previsione, non può trovare spazio di fronte al riconoscimento sostanzialmente assoluto dei diritti all'autodeterminazione ed alla salute del paziente.

D'altra parte, vi è anche da rilevare come la situazione disciplinata dalla norma in esame (cioè non praticare o interrompere un trattamento sanitario rifiutato dal paziente) e l'obiezione di coscienza riguardano due fattispecie differenti tra di loro. Infatti, permettere al sanitario di poter praticare un trattamento sanitario rifiutato dal paziente oppure di rifiutarsi di interromperlo, non riguarderebbe l'astenersi dal tenere un comportamento che si è obbligati a tenere, ma si sostanzierebbe nell'imporre al paziente qualcosa che lui non vuole (per esempio, se pensiamo ai trattamenti salvavita dell'idratazione e della nutrizione artificiale, queste sono pratiche attive ed invasive della sfera personale del paziente). E' evidente, quindi, che il Legislatore non avrebbe neanche potuto prevedere un'ipotesi di obiezione di coscienza – come fatto per esempio nella Legge sull'interruzione di gravidanza – in quanto sarebbe stata ontologicamente non configurabile.

Se si ragionasse diversamente ritenendo configurabile nel caso di specie un'obiezione di coscienza per i sanitari ed addirittura ritenendola implicitamente riconosciuta nella Legge in esame, dietro la maschera dell'obiezione di coscienza, si farebbe rientrare il potere del medico di decidere in base alle proprie personali convinzioni morali, imponendo al paziente l'inizio o la prosecuzione di un trattamento che egli non vuole, violando in tal modo la sua libertà di scelta e la sua volontà nonché il suo stesso corpo. Soluzione che sarebbe totalmente in contrasto con tutto l'impianto normativo e le sue stesse finalità.

Chiudiamo sul punto, evidenziando come **quanto sopra non apra in alcun modo le porte all'eutanasia**. Infatti, proprio la previsione per cui il medico non è obbligato a porre in essere trattamenti sanitari contrari alla legge (art. 1 comma 6), ci porta a ritenere che in tutti i casi in cui il paziente richieda la somministrazione di sostanze in grado di interrompere la vita di un organismo vivo e vitale e quindi che lo conducano alla morte, si rientrerà proprio nella fattispecie prevista dalla seconda parte del comma sesto in esame e pertanto il medico non sarà obbligato ad assecondare la richiesta del paziente.

1.7. LE SITUAZIONI DI EMERGENZA O DI URGENZA.

Il settimo comma dell'articolo 1 introduce un'eccezione alla regola di fondo su cui sono stati costruiti tutti i commi precedenti (appunto, il consenso del paziente): cioè le situazioni di emergenza e quelle di urgenza.

1.7.1. Nello specifico, la norma disciplina le situazioni in cui il medico e i componenti dell'équipe sanitaria si possono trovare allorquando hanno di fronte un paziente che non è in grado di esprimere un consenso informato che sia valido, ma l'intervento sanitario deve essere compiuto nell'immediatezza per poter permettere al paziente di non subire dei danni irreparabili. In tal caso, la norma prevede che il medico e i componenti dell'équipe sanitaria assicurino al paziente le cure necessarie, ma devono comunque rispettare la volontà del paziente nel caso in cui sia possibile acquisirla, tenendo conto delle sue condizioni cliniche e delle circostanze in cui si versa.

In altri termini, **nel caso in cui vi sia un'emergenza o un'urgenza di intervenire e non sia possibile acquisire un valido consenso del paziente, i medici e i componenti dell'équipe sanitaria sono obbligati a prestare le cure adeguate alla situazione emergenziale in cui si trova il paziente stesso.**

Si tratta, con tutta evidenza, di un'eccezione alla regola generale per cui il trattamento sanitario è possibile solo in presenza del consenso del paziente. Nella fattispecie oggetto del settimo comma, infatti, i sanitari devono eseguire il trattamento anche se non c'è un consenso del paziente.

I requisiti per l'applicabilità della fattispecie in esame sono due, i quali devono sussistere cumulativamente:

(i)   la sussistenza di una situazione di emergenza o di urgenza;

(ii) l'impossibilità per il paziente di prestare un valido consenso o un rifiuto del trattamento terapeutico.

Per quanto riguarda il significato di **situazione di emergenza o di urgenza**, detti termini, per il contesto in cui si trovano, devono essere interpretati facendo riferimento alle rispettive categorie utilizzate in medicina. Pertanto, la situazione di emergenza deve essere intesa come quella in cui sussistono delle condizioni patologiche ad insorgenza improvvisa e di rapida evoluzione, in cui le condizioni vitali del paziente sono talmente critiche da comprometterne la sopravvivenza e che, pertanto, necessitano di interventi repentini. La situazione di urgenza, invece, è quella in cui le condizioni patologiche del paziente, pur avendo insorgenza improvvisa, determinano un pericolo di vita calcolato in ore, non in minuti, per le quali è comunque necessario intervenire nel minor tempo possibile. In presenza di una delle due suddette situazioni, quindi, il medico e l'équipe sanitaria sono legittimati a prestare al paziente le cure necessarie.

Per quanto riguarda, invece, il secondo requisito, seppure la norma non menziona espressamente il fatto che **il paziente debba versare in una condizione tale da non essere in grado di prestare un valido consenso o rifiuto al trattamento**, la necessarietà di tale requisito emerge da due considerazioni: in primo luogo, dalla stessa impostazione dell'articolo 1 e dai principi dal medesimo sanciti, i quali mettono al centro della legittimità del trattamento sanitario proprio il consenso del paziente; dall'altro lato, dal fatto che la norma si preoccupa di precisare che l'intervento di urgenza debba comunque essere effettuato dal medico rispettando la volontà del paziente, ove sia possibile recepirla in considerazione delle sue condizioni cliniche e delle circostanze in cui ci si trova. Ciò significa, quindi, che, se il paziente fosse in grado di esprimere un valido rifiuto del trattamento (in considerazione delle sue condizioni e delle circostanze in cui si trova), i medici non sarebbero tenuti ad intervenire, se pur in presenza di una situazione di emergenza, ma dovrebbero rispettare la volontà del paziente, astenendosi dall'intervento ove questa fosse la sua volontà. Per l'applicabilità di questa eccezione non rimane, pertanto, che l'ipotesi in cui il paziente non sia in grado di esprimere un consenso in maniera valida, in modo che i sanitari (non sussistendo una valida volontà da rispettare) possano e debbano eseguire le cure necessarie per far fronte alla patologia di cui è affetto il paziente.

La *ratio* della disposizione può essere rinvenuta nella volontà del legislatore di far fronte a quelle situazioni, del tutto eccezionali, in cui un intervento tempestivo è necessario per tutelare la salute o addirittura la stessa vita del paziente, ma comporta l'impossibilità di attendere il tempo necessario perché il paziente possa trovarsi nelle condizioni cliniche di rendere un valido consenso. In questi casi, il Legislatore ha, correttamente, ritenuto che fosse legittimo ed anzi doveroso comprimere, temporaneamente, il diritto di autodeterminazione del paziente procedendo comunque all'esecuzione del trattamento necessario a tutelare la salute o la vita di quest'ultimo.

1.7.2. Naturalmente, **questa eccezione non opererà nel caso in cui il paziente abbia provveduto in precedenza a predisporre delle disposizioni anticipate di trattamento** che - come vedremo - vincoleranno il medico e l'équipe sanitaria a rispettare la volontà e la scelta del paziente in ordine ai trattamenti sanitari da ricevere, anche nelle situazioni d'urgenza, in cui egli, in quello stesso momento, non abbia la capacità di manifestare un valido consenso. Tuttavia, c'è da rilevare che, nel caso in cui la situazione di emergenza o di urgenza fosse tale da addirittura impedire anche il semplice esame preventivo delle DAT eventualmente rilasciate dal paziente che si trova in stato di incapacità (in quanto non ci sarebbe il tempo necessario per reperirle e poterle consultare), la norma in esame permetterebbe comunque al medico e all'équipe di intervenire per assicurare al paziente incapace le cure necessarie, salvo, poi, cessata la situazione emergenziale, reperire e analizzare le disposizioni anticipate di trattamento redatte da detto paziente e quindi darne immediata esecuzione (eventualmente, anche interrompendo i trattamenti sanitari praticati in ragione della situazione emergenziale, ma che sono stati rifiutati dal paziente all'interno delle sue DAT).

1.7.3. Un altro aspetto da evidenziare riguarda il fatto che **l'eccezione ha un carattere temporaneo**.

Infatti, si deve ritenere che, nel momento in cui sarà venuto meno uno dei due suddetti requisiti, in conseguenza della cessazione della situazione di urgenza/emergenza oppure della incapacità del paziente a manifestare un valido consenso, il medico e l'équipe sanitaria saranno obbligati ad informare il paziente circa le proprie condizioni e circa il trattamento sanitario che stanno eseguendo e poi ad acquisire il suo consenso per la sua eventuale prosecuzione.

In altri termini, appena il paziente è in grado di esprimere validamente il proprio consenso sulla prosecuzione o sulla cessazione del trattamento sanitario, si ritiene che sia cessata la situazione emergenziale che legittima l'eccezione, e tornerà a prevalere la volontà del paziente.

1.7.4. Infine, è opportuno evidenziare come, anche in tali situazioni, la volontà del paziente abbia comunque un ruolo importante. Infatti, la norma richiede che i medici e i componenti dell'équipe sanitaria, nell'eseguire le prestazioni sanitarie necessarie per salvaguardare la salute e la vita del paziente nelle emergenze/urgenze, debbano comunque rispettare la sua volontà ove le sue condizioni cliniche e le circostanze consentano di acquisirla. Ciò significa che i medici debbano agire nell'esclusivo interesse dell'incapace, inteso non come interesse alla cura ad ogni costo della patologia, ma come interesse a ricevere un trattamento sanitario in linea col proprio sentire ed adeguato alla propria persona: pertanto, **i medici in dette situazioni emergenziali non dovranno unilateralmente decidere il trattamento dagli stessi ritenuto opportuno, ma dovranno comunque cercare di coinvolgere il paziente nella massima misura possibile in considerazione delle sue condizioni e delle circostanze in cui si trova.**

La scelta del Legislatore è ancora una volta abbastanza chiara, si mette al primo posto l'autodeterminazione del paziente anche nelle situazioni di urgenza: si applicano le cure necessarie, cercando di salvaguardare in ogni caso la volontà della persona da curare.

1.8. Il tempo della comunicazione tra medico e paziente.

L'ottavo comma contiene una disposizione abbastanza oscura ed isolata nel contesto complessivo dell'articolo 1, la quale stabilisce che *"il tempo della comunicazione tra medico e paziente costituisce tempo di cura"*.

Si tratta di un'affermazione di principio, che si fonda sull'idea che la relazione tra il medico e il paziente possa essere un fondamentale strumento per curare quest'ultimo, per cui anche il tempo che il medico dedica a tenere viva ed effettiva la comunicazione con il paziente costituisca di per sé una parte dello stesso trattamento sanitario necessario per contrastare la patologia. In altri termini, si tratta di un invito rivolto ai sanitari a dedicare più tempo possibile al paziente, a raccoglierne le informazioni, i sintomi della patologia, le sue aspirazioni e bisogni, nonché alla comunicazione della diagnosi, della prognosi, degli effetti del trattamento proposto e dei trattamenti alternativi.

Probabilmente il testo è frutto dell'intenzione del Legislatore di stigmatizzare i comportamenti dei sanitari che, spesso, gestiscono il rapporto con il paziente in maniera troppo frettolosa, minando in tal modo le fondamenta della relazione di cura tanto cara alla Legge in esame.

Tuttavia, il Legislatore pecca nuovamente di scarsa visione d'insieme, non avendo pensato ai riflessi che questo breve comma potrebbe avere dal punto di vista della responsabilità professionale, contrattuale o extracontrattuale, dell'esercente la professione sanitaria

Infatti, la problematica che investe la disposizione in esame riguarda, anche in questo caso, il rapporto con le nuove norme in tema di responsabilità degli esercenti la professione sanitaria previste dalla Legge Gelli-Bianco.

In particolare, posto che il Legislatore ha espressamente previsto che il tempo impiegato per la comunicazione tra medico e paziente sostanzia un vero e proprio tempo di cura e pertanto è oggetto del rapporto (contrattuale) che si instaura tra il paziente ed il medico, bisogna chiedersi se, qualora detto tempo di comunicazione non sia sufficiente rispetto alle esigenze del paziente o rispetto alla tipologia di malattia, sia possibile configurare ciò come un inadempimento contrattuale oppure un illecito extracontrattuale del sanitario ai sensi della Legge Gelli-Bianco.

1.9. LE STRUTTURE SANITARIE E L'OBBLIGO DI ATTUAZIONE DELLA LEGGE.

Il comma 9 dell'art. 1 **impone a tutte le strutture sanitarie, siano esse pubbliche o private, di organizzarsi al proprio interno in modo tale da dare piena e corretta attuazione ai principi contenuti nella Legge in esame.** Inoltre, la norma **obbliga dette strutture ad assicurare ai pazienti l'informazione necessaria per comprendere il contenuto della Legge ed infine a fornire al personale un'adeguata formazione.**

La disposizione non sembra presentare difficoltà interpretative.

La circostanza che appare opportuno rilevare in questa sede riguarda il fatto che la struttura sanitaria risponderà anche dei comportamenti dei singoli sanitari che lavorano all'interno della struttura stessa. Infatti, posto che il sanitario che non rispettasse tutti gli obblighi ed i doveri imposti dai commi esaminati nei precedenti paragrafi sarebbe personalmente responsabile (civilmente o penalmente a seconda dei casi), **la struttura è comunque obbligata a garantire che vi siano dei medici e dei sanitari in generale che possano permettere l'applicazione dei principi introdotti dalla Legge in esame e quindi che siano in grado di adempiere agli obblighi e ai doveri dalla medesima imposti.** A titolo esemplificativo, se un paziente chiedesse l'interruzione dell'idratazione o della nutrizione artificiale ed i medici di una struttura sanitaria rifiutassero di dare seguito a tale richiesta, al di là della responsabilità personale di ognuno di detti medici, anche la struttura sanitaria risponderebbe di tali inosservanze qualora non riuscisse a garantire la presenza di almeno un medico disponibile ad interrompere i suddetti trattamenti sanitari.

Per quanto riguarda l'obbligo delle strutture sanitarie di assicurare ai pazienti l'informazione necessaria in ordine ai contenuti della legge in esame, ci limitiamo a rilevare soltanto come la disposizione sia molto generica e lasci volutamente alla stessa struttura sanitaria l'individuazione delle modalità attraverso le quali fornire dette informazioni.

Per quanto riguarda, infine, gli obblighi di formazione del personale posti a carico della struttura, ci si riporta a quanto verrà esposto nel successivo paragrafo.

1.10. LA FORMAZIONE DEGLI ESERCENTI LE PROFESSIONI SANITARIE.

Il decimo comma è dedicato alla formazione degli esercenti le professioni sanitarie. In particolare, la disposizione stabilisce che **nella formazione iniziale e continua dei medici e degli altri esercenti le professioni sanitarie debba essere inserita anche la formazione in materia di relazione e di comunicazione con il paziente nonché in materia di terapia del dolore e di cure palliative**.

Si tratta, evidentemente, di una norma programmatica rivolta, non tanto ai singoli medici ed agli esercenti la professione sanitaria, quanto agli organismi ed agli enti cui è devoluta l'attività di formazione dei sanitari nonché, attraverso la previsione finale contenuta nel precedente comma 9 (di cui si è detto in precedenza), alle stesse strutture sanitarie pubbliche e private (alle quali, come visto, è imposto un obbligo di adeguata formazione del personale in ordine alla piena e corretta applicazione della Legge in esame). La norma, infatti, non prevedendo alcuna sanzione, non sembra poter imporre alcun obbligo a carico dei singoli medici di inserire all'interno dei propri programmi formativi anche la formazione in materia di relazioni e di comunicazione con il paziente nonché di terapia del dolore di cure palliative. Essa sembra, invece, destinata ad orientare le scelte programmatiche, non soltanto dei vari Consigli dell'Ordine dei Medici dislocati nel territorio, ma anche delle stesse Università di medicina e delle varie strutture sanitarie (pubbliche e private) italiane, invitandoli ad inserire nei loro programmi formativi tali materie e quindi ad insegnare ai medici e agli esercenti le professioni sanitarie le modalità di relazione e di comunicazione con il paziente, la terapia del dolore e le cure palliative.

D'altra parte, per permettere alla Legge in esame di raggiungere i propri obiettivi, soprattutto in tema di consenso informato, garantendo che il paziente riceva un'informazione effettivamente comprensibile sulle proprie condizioni, sulla sua malattia e sui trattamenti sanitari proposti dal medico, sarà evidentemente necessario modificare il rapporto medico-paziente e quindi le modalità di comunicazione tra di essi nonché, soprattutto, l'approccio del medico rispetto al proprio paziente. Infatti, molto spesso i conflitti tra paziente e l'esercente la professione sanitaria sorgono e si alimentano, non tanto (o comunque non soltanto) per gli inadempimenti professionali dei sanitari nell'individuazione o nell'esecuzione del trattamento, quanto piuttosto a causa di problemi relazionali tra le parti, dai quali deriva, normalmente, una insoddisfazione del paziente e conseguentemente una sua sfiducia nei confronti del professionista.

La norma in esame, quindi, invita gli attori del sistema medico-sanitario a dare vita ad un cambiamento epocale di mentalità dei sanitari, in un'ottica di maggiore valorizzazione del paziente messo al centro della vita professionale del medico.

1.11. LA PREVALENZA DELLE NORME SPECIALI.

L'undicesimo e ultimo comma dell'art. 1 configura la classica norma di chiusura del sistema. Infatti, il Legislatore, dopo aver enucleato tutte le regole che vanno a disciplinare il consenso informato del paziente relativamente ad ogni trattamento sanitario, da intendersi quindi come norme generali, fa salva l'applicazione delle norme speciali che disciplinano l'acquisizione del consenso informato per determinati specifici atti o trattamenti sanitari.

Le norme esaminate nei precedenti paragrafi, quindi, sono applicabili per tutti i tipi di trattamenti sanitari e accertamenti diagnostici, tranne per quelli che risultano disciplinati specificatamente da qualche altra disposizione di legge, per i quali, pertanto, la disciplina prevalente e da applicare sarà quella prevista proprio da dette disposizioni normative speciali.

1.12. L'applicabilità del nuovo consenso informato ad ogni trattamento sanitario o accertamento diagnostico.

A chiusura del capitolo dedicato al consenso informato, appare opportuno ribadire – come già accennato nelle precedenti pagine – che dalla lettura globale e sistematica dell'intero articolo 1, ma soprattutto dei primi suoi tre commi in combinato con il successivo comma 5[132], si può quindi legittimamente ritenere che **il**

---

[132] Art. 1: "1. La presente legge, nel rispetto dei principi di cui agli articoli 2, 13 e 32 della Costituzione e degli articoli 1, 2 e 3 della Carta dei diritti fondamentali dell'Unione europea, tutela il diritto alla vita, alla salute, alla dignità e all'autodeterminazione della persona e stabilisce che nessun trattamento sanitario può essere iniziato o proseguito se privo del consenso libero e informato della persona interessata, tranne che nei casi espressamente previsti dalla legge.
2. E' promossa e valorizzata la relazione di cura e di fiducia tra paziente e medico che si basa sul consenso informato nel quale si incontrano l'autonomia decisionale del paziente e la competenza, l'autonomia professionale e la responsabilità del medico. Contribuiscono alla relazione di cura, in base alle rispettive competenze, gli esercenti una professione sanitaria che compongono l'équipe sanitaria. In tale relazione sono coinvolti, se il paziente lo desidera, anche i suoi familiari o la parte dell'unione civile o il convivente ovvero una persona di fiducia del paziente medesimo.
3. Ogni persona ha il diritto di conoscere le proprie condizioni di salute e di essere informata in modo completo, aggiornato e a lei comprensibile riguardo alla diagnosi, alla prognosi, ai benefici e ai rischi degli accertamenti diagnostici e dei trattamenti sanitari indicati, nonché riguardo alle possibili alternative e alle

Legislatore, con la nuova Legge 219 del 2017 abbia inteso introdurre una generale disciplina del consenso informato per ogni tipologia di intervento o trattamento sanitario, sia esso a carattere terapeutico o a carattere diagnostico, ivi compresa la somministrazione di un qualsiasi farmaco.

Non può avere inoltre altro significato, infatti, la circostanza che la stessa Legge sia titolata genericamente "norme in materia di consenso informato" e che sia stato dedicato un intero ed estremamente dettagliato articolo proprio a detto istituto.

D'altra parte, come approfonditamente analizzato nella Prima Parte del presente lavoro, nel nostro ordinamento, già prima dell'introduzione della Legge in commento, pur non esistendo una disciplina generale del consenso informato, esso era preso in considerazione, oltre che da numerose sentenze giurisprudenziali (le quali ne avevano comunque imposto la presenza per ogni atto terapeutico e ne avevano delineato i caratteri), anche da alcune leggi speciali, quali: le norme sulla procreazione medicalmente assistita,

---

conseguenze dell'eventuale rifiuto del trattamento sanitario e dell'accertamento diagnostico o della rinuncia ai medesimi. Può rifiutare in tutto o in parte di ricevere le informazioni ovvero indicare i familiari o una persona di sua fiducia incaricati di riceverle e di esprimere il consenso in sua vece se il paziente lo vuole. Il rifiuto o la rinuncia alle informazioni e l'eventuale indicazione di un incaricato sono registrati nella cartella clinica e nel fascicolo sanitario elettronico.
5. Ogni persona capace di agire ha il diritto di rifiutare, in tutto o in parte, con le stesse forme di cui al comma 4, qualsiasi accertamento diagnostico o trattamento sanitario indicato dal medico per la sua patologia o singoli atti del trattamento stesso. Ha, inoltre, il diritto di revocare in qualsiasi momento, con le stesse forme di cui al comma 4, il consenso prestato, anche quando la revoca comporti l'interruzione del trattamento. Ai fini della presente legge, sono considerati trattamenti sanitari la nutrizione artificiale e l'idratazione artificiale, in quanto somministrazione, su prescrizione medica, di nutrienti mediante dispositivi medici. Qualora il paziente esprima la rinuncia o il rifiuto di trattamenti sanitari necessari alla propria sopravvivenza, il medico prospetta al paziente e, se questi acconsente, ai suoi familiari, le conseguenze di tale decisione e le possibili alternative e promuove ogni azione di sostegno al paziente medesimo, anche avvalendosi dei servizi di assistenza psicologica. Ferma restando la possibilità per il paziente di modificare la propria volontà, l'accettazione, la revoca e il rifiuto sono annotati nella cartella clinica e nel fascicolo sanitario elettronico".

quelle relative all'attività trasfusionali e quelle sulla sperimentazione clinica dei medicinali, oltre che dalla Legge istitutiva del servizio sanitario nazionale, la quale, all'art. 33, recita espressamente che *"gli accertamenti di trattamenti sanitari sono di norma volontari"*.

È evidente che tale soluzione rischia un'esasperata burocratizzazione del sistema, con il conseguente sovraccarico e rallentamento del lavoro del medico, il quale, per ogni intervento ed addirittura per ogni tipo di accertamento diagnostico (per esempio, anche gli esami del sangue) o anche solo per una prescrizione di un medicinale, deve non solo acquisire ma anche documentare il consenso informato del paziente, nell'accezione di cui si è detto (tutto ciò, con il correlato rischio di causare dei ritardi e dei danni alla attività clinica di tutti i giorni). Tuttavia, appare difficile una differente interpretazione del testo normativo.

Il consenso informato, quindi, si configura come un requisito di legittimità per l'inizio e/o per la prosecuzione di ogni accertamento diagnostico o trattamento sanitario. La sua mancanza, simmetricamente, determina una illegittima violazione del corpo del paziente, con conseguenti riflessi di carattere civilistico-risarcitorio.

Capitolo 2
La terapia del dolore e il divieto di accanimento terapeutico.

2.1. La terapia del dolore.

2.1.1. L'articolo 2 della Legge 219 del 2017 rubricato *"terapia del dolore, divieto di ostinazione ragionevole nelle cure e dignità nella fase finale della vita"*, nel suo primo comma contiene le norme che disciplinano la terapia del dolore, indicando al medico un principio di fondo che deve guidarlo nella cura del paziente, anche nei casi in cui quest'ultimo rifiuti il trattamento sanitario suggerito dal medico stesso oppure, dopo averlo accettato, successivamente revochi il consenso a detto trattamento.

In particolare, la norma stabilisce che **il sanitario debba fare il possibile per alleviare le sofferenze del paziente, utilizzando degli strumenti e dei mezzi che siano appropriati rispetto alla condizione in cui versa il paziente stesso.**

Nella seconda parte, poi, la disposizione in esame si preoccupa di precisare che la suddetta finalità indicata nella sua prima parte (cioè alleviare le sofferenze del paziente), deve essere garantita attraverso l'uso della terapia del dolore, anche con l'ausilio del medico di medicina generale ed attraverso le cure palliative previste e disciplinate dalla Legge 38/2010.

L'obiettivo cui mira la norma è quello di fare sì che, anche di fronte ad un rifiuto terapeutico del paziente, quest'ultimo non sia abbandonato alla propria malattia, ma il medico continui comunque a fornirgli assistenza, finalizzandola, però, non alla eliminazione della patologia, bensì alla riduzione delle sofferenze del paziente.

2.1.2. Il primo aspetto da evidenziare relativamente all'articolo in esame, riguarda il fatto che la norma utilizzi il termine "dovere": il primo comma stabilisce, infatti, che *"il medico, avvalendosi di mezzi appropriati allo stato del paziente, **deve** adoperarsi per alleviarne le sofferenze"*.

L'uso di detto termine da parte del Legislatore rivela la volontà di quest'ultimo di imporre un vero e proprio obbligo a carico del medico.

Ciò significa, quindi, che **il medico è obbligato a valutare e proporre al paziente delle terapie che siano in grado di alleviare le sue sofferenze.**

2.1.3. Il secondo aspetto da evidenziare riguarda il fatto che la norma menziona soltanto il medico, quale soggetto tenuto ad attuare la terapia del dolore. Si pone, quindi, il problema di capire se l'intenzione del Legislatore fosse proprio quella di limitare soltanto al medico il novero dei soggetti obbligati a garantire una terapia del dolore al paziente oppure se, come nel caso dell'articolo 1, si può attribuire al termine impiegato dal Legislatore un carattere riassuntivo, ricomprendendo al suo interno anche gli altri soggetti esercenti la professione sanitaria in qualche modo coinvolti nella relazione di cura con il paziente.

In questo caso, a parere di chi scrive, **non essendoci alcun precedente riferimento né alla relazione di cura né ad altri sanitari coinvolti** (a differenza di quanto previsto nell'articolo 1 della Legge in esame), **non pare che il termine "medico" sia estensibile a soggetti diversi dal medico con cui il paziente ha la relazione di cura e al medico di medicina generale eventualmente coinvolto nella terapia del dolore.**

Probabilmente sarebbe stato più opportuno che il Legislatore avesse previsto quest'obbligo a carico di tutti gli esercenti le professioni sanitarie coinvolte in qualche modo nella relazione di cura con il paziente (per esempio, infermieri, OSS ecc.) oppure, quanto meno, avesse precisato in maniera espressa la propria intenzione di limitare l'obbligo di cui sopra esclusivamente al medico. Tuttavia, il tenore letterale sembra abbastanza univoco e difficilmente, pertanto, potrà essere interpretato in maniera estensiva coinvolgendo altre figure.

2.1.4. In terzo luogo, la norma non individua con precisione l'ambito in cui il medico deve adoperarsi per alleviare le sofferenze del paziente. Essa, infatti, si limita a prevedere che il medico debba adoperarsi avvalendosi di mezzi appropriati allo stato del paziente. Il silenzio del Legislatore su tale aspetto fa ritenere che l'obbligo del medico sussista in ogni fattispecie. In altri termini, **in tutti i casi in cui il medico ha una relazione di cura con il paziente e quindi si trova a fornire le proprie prestazioni professionali a favore di un soggetto, il sanitario deve sempre adoperarsi per alleviare le sofferenze del proprio paziente**.

Appare opportuno precisare che non si tratta naturalmente, di un'obbligazione di risultato, nel senso che il medico non deve necessariamente essere in grado di alleviare le sofferenze del proprio paziente, ma si tratta di un'obbligazione di mezzi e pertanto il professionista deve soltanto impegnarsi nel cercare di alleviarne le sofferenze, ma non è tenuto a riuscirci.

Il medico, inoltre, non può impiegare qualsiasi mezzo o strumento per cercare di raggiungere questo risultato, ma - secondo quanto espressamente indicato dalla norma - **può utilizzare soltanto i mezzi che, secondo le** *leges artis* **della professione medica, si possano considerare appropriati rispetto alle condizioni e alla situazione in cui versa il paziente**.

2.1.5. L'ultimo aspetto da evidenziare riguarda il fatto che la norma in esame stabilisce che **le cure palliative, previste dalla Legge 15 marzo 2010, n. 38, debbano essere garantite al paziente da qualsiasi medico, anche con il coinvolgimento del medico di medicina generale, e non solo in ambito ospedaliero**. Ciò significa che tutti i medici, siano essi ospedalieri o meno e qualsiasi specializzazione essi abbiano, debbano avere almeno delle nozioni di base sulle cure palliative. La questione è più problematica di quanto potrebbe apparire, posto che, ad oggi, non risulta che le Università di medicina italiane prevedano dei corsi sulle cure palliative, pertanto la stragrande maggioranza dei medici italiani potrebbero non avere alcuna conoscenza della materia.

2.1.6. In conclusione, riteniamo opportuno e doveroso un chiarimento. L'obbligo del medico di adoperarsi per alleviare le sofferenze del malato, anche quando quest'ultimo abbia rifiutato o revocato il consenso al trattamento sanitario che gli era stato proposto o già applicato, non può mai prevalere rispetto allo stesso rifiuto o revoca del consenso. Ciò significa che, in tali casi, il medico dovrà limitare la propria attività esclusivamente a quella necessaria per cercare di alleviare le sofferenze del paziente, ma non potrà mai curarlo dalla sua patologia se questi non abbia prestato il proprio consenso al relativo trattamento sanitario. In altri termini, **il dovere del medico di alleviare le sofferenze del paziente non può essere considerato come un elemento in grado di far venir meno la sua responsabilità nel caso in cui egli abbia eseguito un qualunque trattamento sanitario volto alla cura della patologia, allorquando il paziente non abbia acconsentito a tale trattamento.**

Inoltre, la volontà del paziente prevale, ovviamente, anche nei confronti dello stesso dovere di applicare la terapia del dolore e dei mezzi proposti dal medico per alleviarne la sofferenza sotto un altro aspetto: quello della stessa applicazione della terapia del dolore. In altri termini, **se il paziente non presta il proprio consenso alla terapia del dolore, così come alle cure palliative, o a qualsiasi altro mezzo per alleviare le sue sofferenze, anche se appropriati al suo stato, il medico non solo non sarà tenuto ad eseguire tali terapie, ma anzi, qualora le eseguisse ugualmente, sarebbe evidentemente responsabile per la violazione del diritto di autodeterminazione del paziente stesso.**

2.2. Il divieto di ostinazione nelle cure ed il ricorso alla sedazione palliativa profonda.

2.2.1. Il successivo secondo comma dell'articolo 2 sancisce il divieto di ostinazione irragionevole delle cure nei confronti di soggetti che si trovano nella fase finale della loro vita, introducendo così delle disposizioni a tutela della dignità della persona umana anche in questa drammatica fase terminale irreversibile, nonché la possibilità di utilizzare in questi casi la sedazione palliativa profonda.

In particolare, detti commi disciplinano la fattispecie del paziente che abbia una prognosi infausta a breve termine o comunque si trovi in una situazione di imminenza di morte, prevedendo che "*il medico debba astenersi da ogni ostinazione irragionevole nella somministrazione delle cure e dal ricorso a trattamenti inutili o sproporzionati*" e che "*in presenza di sofferenze refrattarie ai trattamenti sanitari, il medico può ricorrere alla sedazione palliativa profonda continua in associazione con la terapia del dolore, con il consenso del paziente*".

Il Legislatore ha così espressamente vietato al medico il c.d. accanimento terapeutico ed ha riconosciuto la possibilità di praticare la sedazione palliativa profonda continua in associazione con la terapia antalgica.

Anche in questo caso appare opportuno evidenziare che tali attività di sedazione profonda possono essere praticate sempre soltanto con il consenso del paziente.

2.2.2. Prima di esaminare le problematiche interpretative delle suddette disposizioni, è opportuno evidenziare in cosa si sostanzia la pratica della **sedazione palliativa profonda continua**. Si tratta, infatti, come già evidenziato nella Prima Parte della presente opera, della somministrazione al paziente di un dosaggio minimo di un medicinale ipnotico in grado di ridurre il livello di coscienza del paziente fino ad annullarla, in modo da dargli il maggior sollievo possibile, nel minor tempo possibile, rispetto a uno o più sintomi che il trattamento sanitario consueto per la patologia *de quo* non riesce ad eliminare o ridurre significativamente sotto una soglia che possa essere sopportabile per il paziente medesimo.[133]

Già la Legge n. 38 del 2010 ha introdotto nel nostro ordinamento il diritto a favore dei pazienti di accedere alle cure palliative e alla terapia del dolore, all'interno dei livelli essenziali di assistenza. Si tratta, quindi, di una pratica già valutata e riconosciuta, non solo come lecita dal Legislatore sin dal 2010, ma addirittura come un vero e proprio diritto esercitabile dal paziente nel nostro ordinamento.

2.2.3. La prima problematica che salta immediatamente agli occhi dalla lettura del secondo comma è che questo limita espressamente l'obbligo del medico, di astenersi dal somministrare in maniera ostinata le cure al paziente e dal praticare trattamenti inutili o sproporzionati, soltanto nei casi clinici in cui si è in presenza di una malattia a prognosi infausta a breve termine o di una imminenza di morte.

Tale limitazione soltanto alle situazioni cliniche terminali ed irreversibili sembrerebbe riguardare anche l'utilizzo della sedazione palliativa profonda continua, visto che il riferimento a detta terapia è contenuto nello stesso comma (anche se nella frase successiva), con la ulteriore limitazione che il ricorso alla palliazione profonda può avvenire soltanto se le sofferenze del paziente sono resistenti rispetto ai trattamenti sanitari (i quali, quindi, non hanno alcun efficacia limitativa di dette sofferenze).

Ebbene, quanto meno con riferimento al divieto di accanimento terapeutico, appare opportuno interpretare estensivamente la disposizione normativa in esame ampliando tale divieto ad ogni tipologia di trattamento sanitario e accertamento diagnostico. **Il medico, infatti, dovrebbe astenersi dalla somministrazione di cure inutili e sproporzionate nonché dall'ostinarsi in maniera irragionevole a curare un paziente in**

---

[133] G. RAZZANO, *Sedazione palliativa profonda continua nell'imminenza della morte o sedazione profonda e continua fino alla morte. La differenza tra un trattamento sanitario e un reato*, in *BioLaw Journal – Rivista di BioDiritto*, 2016, 3, 149.

qualunque condizione clinica lo stesso si trovi, sia essa infausta, irreversibile o guaribile anche in brevissimo tempo.

Tale conclusione appare opportuna per due ragioni:

(i) in primo luogo, perché soltanto una siffatta interpretazione estensiva risulta rispettosa dei principi costituzionali in materia, richiamati dal precedente articolo 1 della Legge in esame nonché della stessa disciplina sul consenso informato introdotta da detto articolo 1;

(ii) in secondo luogo, perché il divieto di accanimento terapeutico e di somministrazione di cure inutili e sproporzionate sono principi su cui deve basarsi ogni tipo di cura, dovendo la stessa essere evidentemente appropriata ad ogni paziente, in base alla sua situazione clinica ed a tutte le circostanze personali del caso. D'altra parte, anche l'art. 16 del Codice di deontologia medica[134] stabilisce che i trattamenti terapeutici inutili e sproporzionati sono contrari alla deontologia professionale.

Per quanto riguarda la sedazione palliativa continua profonda, invece, tale limitazione ai soli casi infausti a breve termine ed irreversibili appare più giustificata ed ammissibile.

---

[134] Art. 16 Codice Deontologico Medico, in *https://portale.fnomceo.it/wp-content/uploads/2018/03/CODICE-DEONTOLOGIA-MEDICA-2014.pdf.*
"Art. 16
Procedure diagnostiche e interventi terapeutici non proporzionati.
Il medico, tenendo conto delle volontà espresse dal paziente o dal suo rappresentante legale e dei principi di efficacia e di appropriatezza delle cure, non intraprende né insiste in procedure diagnostiche e interventi terapeutici clinicamente inappropriati ed eticamente non proporzionati, dai quali non ci si possa fondatamente attendere un effettivo beneficio per la salute e/o un miglioramento della qualità della vita.
Il controllo efficace del dolore si configura, in ogni condizione clinica, come trattamento appropriato e proporzionato.
Il medico che si astiene da trattamenti non proporzionati non pone in essere in alcun caso un comportamento finalizzato a provocare la morte".

Tuttavia, c'è da rilevare che anche su tale aspetto non vi è certezza, in considerazione del fatto che il Legislatore ha diviso il secondo comma in due parti, due periodi separati da un punto (come abbiamo visto, il primo periodo dedicato al divieto di accanimento terapeutico ed il secondo alla sedazione palliativa profonda continua), inserendo però la limitazione ai casi clinici infausti a breve termine o irreversibili soltanto nel primo periodo del comma[135].

In ogni caso, rispetto alla sedazione palliativa, vi è da evidenziare un ulteriore aspetto. Come abbiamo già detto, la norma introduce (in maniera certa, questa volta) una limitazione all'uso di detta terapia soltanto in presenza di sofferenze refrattarie ai trattamenti sanitari. Ebbene, in considerazione del fatto che tale limitazione appare molto generica (parlando di "sofferenze", senza specificare la loro natura), è corretto ritenere che la sedazione palliativa profonda continua possa essere utilizzata non solo in presenza di sofferenze di carattere fisico (quindi di dolore corporeo), ma anche in presenza di sofferenze psicologiche, ciò ovviamente a condizione che anche tali sofferenze siano resistenti rispetto ai trattamenti sanitari.

2.2.4. Per quanto riguarda l'ambito applicativo della disposizione in esame, infine, vi è da rilevare come **la sua disciplina si applica alle situazioni in cui il paziente abbia acconsentito oppure abbia richiesto al medico la somministrazione di cure irragionevoli, sproporzionate o inutili.**

Infatti, posto che – in base a quanto stabilito dal precedente articolo 1 – ogni e qualsiasi tipo di trattamento sanitario che non sia consentito dal paziente è vietato e non può essere praticato dal

---

[135] Art. 2 comma 2: *"Nei casi di paziente con prognosi infausta a breve termine o di imminenza di morte, il medico deve astenersi da ogni ostinazione irragionevole nella somministrazione delle cure e dal ricorso a trattamenti inutili o sproporzionati. In presenza di sofferenze refrattarie ai trattamenti sanitari, il*

medico, l'ambito applicativo del secondo comma dell'articolo 2 non può che restringersi ai casi in cui il paziente abbia prestato il proprio consenso alla somministrazione della cura irragionevole, sproporzionata o inutile. In tali casi, quindi, nonostante la volontà favorevole del paziente, il medico non deve comunque procedere alla somministrazione (neanche se richiesta dallo stesso paziente). D'altra parte, difficilmente si può ritenere che un trattamento sproporzionato oppure inutile per il paziente e la sua malattia non configuri un trattamento contrario alla deontologia o quanto meno alle buone pratiche clinico-assistenziali (rispetto al quale, quindi, anche l'art. 1 comma 6 ne esclude l'obbligo di esecuzione a carico del medico a fronte di una richiesta proveniente dal paziente).

2.2.5. Un ulteriore aspetto problematico riguarda l'utilizzo, da parte del Legislatore, del termine "ostinazione", associato al termine "irragionevole".

A parere di chi scrive sarebbe stato più opportuno limitarsi a dire che il medico deve astenersi dal somministrare cure irragionevoli, eliminando il riferimento alla sua "ostinazione".

A ben vedere, infatti, **il medico deve astenersi dal compiere ogni somministrazione terapeutica che non sia ragionevole, anche senza che essa sia ostinata**. Ragionando al contrario, infatti, si potrebbe ritenere lecito ed ammissibile che il medico somministri al paziente una cura irragionevole se tale somministrazione avviene una volta soltanto. Evidentemente ciò non può essere ammissibile. Inoltre, il concetto di "ostinazione" appare estremamente soggettivo e si presta ad un'eccessiva discrezionalità interpretativa da parte del giudicante (a differenza dell'irragionevolezza, che è legata a valutazioni di carattere tecnico scientifico): quando è che la somministrazione di una cura può ritenersi ostinata ? quante volte deve essere stata somministrata tale

---

cura ? in quali quantità ogni volta ? in quale quantità complessiva ?

2.2.6. La seconda parte del secondo comma in esame, prevede che il medico "possa" ricorrere alla sedazione palliativa profonda continua in associazione con la terapia del dolore nei casi di sofferenze refrattarie ai trattamenti sanitari. Ebbene, si pone la problematica di interpretare il termine "potere" utilizzato dal Legislatore.

A tal proposito, sono possibili due diverse interpretazioni:

(i) che il Legislatore abbia voluto riconoscere al medico la facoltà di scegliere se applicare o meno la sedazione palliativa profonda continua in associazione con la terapia del dolore, nel caso in cui ci sia il consenso del paziente, escludendo quindi che, a fronte di una richiesta in tal senso proveniente dal paziente, il medico sia obbligato ad effettuare detto trattamento (quindi potere inteso come facoltà di scelta);

(ii) che il Legislatore abbia voluto semplicemente dire che, se c'è una richiesta del paziente, la pratica della sedazione palliativa profonda continua in associazione con la terapia del dolore è legittimamente compiuta dal medico senza che egli possa incorrere in alcuna responsabilità (quindi, potere inteso come esonero di responsabilità); in questo modo evidenziando che **la condotta del medico sarebbe lecita, ma la scelta di detto trattamento non sarebbe lasciata alla sua totale discrezionalità, in quanto dovuta in caso di richiesta dal paziente.**

Fra le due interpretazioni la più plausibile sembrerebbe la seconda , in quanto seppure la valutazione medico-scientifica se praticare o meno la sedazione palliativa profonda continua in associazione con la terapia del dolore è una questione tecnica e pertanto deve essere rimessa alla decisione del medico, tuttavia, se egli la ritiene adatta, da un punto di vista medico-scientifico, nonché conforme alla legge, alla deontologia professionale e alle buone pratiche clinico-assistenziali, e la sottopone al paziente, nel momento in cui quest'ultimo la acconsente obbliga il medico ad eseguirla. In altri termini, si ritiene che anche in questo caso la strada da seguire sia quella della relazione di cura tra il medico e paziente, in cui la scelta sull'applicazione di detto trattamento sanitario passa sempre da un coordinamento tra le due suddette figure, in cui il medico deve proporre le scelte terapeutiche che ritiene adeguate da un punto di vista medico-scientifico ed il paziente sceglie vincolando il sanitario che dovrà attenersi a tale scelta.

D'altra parte, riconoscere una facoltà del medico ad applicare o meno la terapia antalgica, qualora nel caso concreto sia un trattamento adeguato e non contrario alla legge, ma soprattutto alla deontologia e alle buone pratiche, comporterebbe il ritorno ad una visione paternalistica della cura e una grave limitazione al diritto all'autodeterminazione del paziente.

2.2.7. Un ulteriore aspetto interpretativo problematico riguarda il fatto che la norma limita soltanto alla figura del paziente il soggetto che deve manifestare il consenso alla somministrazione della sedazione palliativa profonda continua.

A differenza di quanto previsto dall'articolo 1, comma 3, circa la possibilità per il paziente di indicare un terzo che possa esprimere, in sua vece, il consenso informato al trattamento sanitario, nel caso del consenso alla sedazione palliativa profonda continua, l'art. 2 comma 2 stabilisce espressamente che essa possa essere somministrata *"con il consenso del paziente"*, senza aggiungere altro circa la possibilità di quest'ultimo di farsi sostituire nella espressione di tale consenso.

Ebbene, in considerazione del fatto che appare indiscutibile che anche la sedazione palliativa profonda continua sia un trattamento sanitario, si ritiene applicabile la disciplina dell'art. 1, comma 3, anche alla somministrazione della suddetta terapia palliativa: pertanto, **il paziente potrà farsi sostituire da un "familiare" o da un terzo di sua fiducia anche nel prestare il consenso o il rifiuto alla somministrazione della sedazione palliativa profonda.**

Si ritiene, infine, opportuna una precisazione in ordine alla circostanza che il paziente si trovi in situazione di incapacità di esprimere il consenso alla sedazione palliativa profonda continua. Anche in tale caso, per la stessa ragione appena esposta, appare corretto applicare la disciplina generale prevista per ogni tipologia di trattamento sanitario e quindi il rispetto della volontà eventualmente espressa dal paziente nel caso in cui abbia redatto una Disposizione Anticipata di Trattamento ai sensi dell'art. 4 della Legge in esame (che sarà trattata nel prosieguo in apposito capitolo).

2.3. L'ANNOTAZIONE NELLA CARTELLA CLINICA E NEL FASCICOLO SANITARIO.

Il terzo comma, infine, prevede l'annotazione, all'interno della cartella clinica e del fascicolo sanitario elettronico del paziente, del fatto che si sia ricorso alla pratica della sedazione palliativa continua oppure che la stessa sia stata rifiutata dal paziente nonché delle motivazioni che hanno indotto all'applicazione o al rifiuto di tale terapia.

In particolare, stabilisce la norma che *"il ricorso alla sedazione palliativa profonda continua o il rifiuto della stessa sono motivati e sono annotati nella cartella clinica e nel fascicolo sanitario elettronico".*

Per quanto riguarda tale disposizione, quindi, si pongono le stesse problematiche della manifestazione del consenso informato in generale e al valore della sua annotazione nella cartella clinica e nel fascicolo informatico, di cui si è già detto nel precedente capitolo, esaminando l'articolo 1 della Legge 219/2017. Pertanto, sul punto, si rimanda alla lettura delle pagine precedenti.

Capitolo 3
La disciplina prevista per i minori e gli incapaci.

3.1. I principi generali del consenso dei minori e degli incapaci.

L'articolo 3 della Legge 219 del 2017, rubricato *"minori e incapaci"*, disciplina le modalità attraverso cui i soggetti che, secondo il nostro ordinamento, non sono in grado di prendere decisioni autonome, possono esprimere il consenso informato ad un trattamento sanitario o ad un accertamento diagnostico. In particolare, il Legislatore prevede l'utilizzo degli istituti disciplinati dal nostro ordinamento giuridico a protezione di detti soggetti (la potestà genitoriale, l'interdizione, l'inabilitazione e l'amministrazione di sostegno), quindi la partecipazione dei rispettivi rappresentanti nella scelta relativa al consenso o al rifiuto del trattamento sanitario o dell'accertamento diagnostico (cioè esercenti la potestà genitoriale, tutore ed eventualmente anche dall'amministratore di sostegno oppure solo da quest'ultimo, a seconda delle situazioni concrete).

La disposizione esordisce affermando il principio generale per cui il minore e l'incapace hanno diritto a che le proprie capacità di comprensione e di decisione vengano valorizzate anche in materia di decisione sui trattamenti sanitari.

A tal fine, il primo comma in esame prosegue precisando che detti soggetti devono essere messi in condizione di poter esprimere la loro volontà. Per tale motivo viene previsto che essi debbano comunque ricevere le informazioni sulle scelte che riguardano la loro salute e che tali informazioni, ovviamente, devono essere fornite in modo consono alle capacità che tali soggetti possiedono proprio in considerazione della loro condizione.

Il Legislatore, quindi, ha voluto introdurre, in materia di scelte sanitarie, il principio per cui il soggetto della cui salute si tratta, anche se non è capace di agire e/o di intendere e di volere,

deve comunque essere coinvolto nella decisione nella maniera più ampia possibile. Inoltre, il Legislatore ha tenuto a precisare espressamente che sussiste un vero e proprio diritto del minore o dell'incapace a ricevere le informazioni e ad essere messo in condizione di esprimere la propria volontà in ordine alla decisione diagnostico/terapeutica.

Ciò significa che tali soggetti hanno il diritto a partecipare al processo decisionale che li riguarda, anche se le modalità di tale partecipazione sono ovviamente strettamente connesse alle loro condizioni psico-fisiche e pertanto rimesse, in eventuale ultima istanza, alla discrezionale valutazione del giudice.

3.2. Il consenso informato dei minori di età.

Il secondo comma dell'articolo 3 riguarda, appunto, le modalità con cui è manifestata la scelta diagnostica o terapeutica da parte del minore di età.

In questi casi, la disposizione ha previsto che **il consenso informato venga espresso o rifiutato da coloro i quali esercitano la responsabilità genitoriale sul minore oppure dal tutore**. Tuttavia, essa precisa altresì che tale scelta deve essere presa:

(i) **tenendo conto della volontà del minore, in base alla sua età e al suo grado di maturità;**

(ii) **mirando alla tutela della salute psicofisica e della vita del minore stesso nel pieno rispetto della sua dignità.**

Pertanto, conformemente ai principi generali sanciti nel primo comma dello stesso articolo, la manifestazione esteriore del consenso o del rifiuto è resa dal soggetto che, in base alle disposizioni normative del codice civile, ha la rappresentanza del minore e quindi è in grado di esprimere nei confronti dei terzi la volontà di quest'ultimo. Tuttavia, il minore non riveste un ruolo meramente passivo all'interno della vicenda decisionale, ma anzi acquista per legge una posizione attiva, dovendo esprimere la propria volontà sulla scelta sanitaria ed avendo diritto a che tale sua volontà venga tenuta in considerazione da chi lo rappresenta e deve esprimere per suo conto il consenso o il rifiuto al trattamento sanitario.

Naturalmente non si poteva arrivare a riconoscere al minore il diritto di decidere autonomamente e quindi ad ammettere che la sua volontà fosse sufficiente in ordine alle scelte sanitarie o fosse addirittura prevalente rispetto a quella del rappresentante, ciò proprio in considerazione della situazione anagrafica del minore e della sua conseguente non sufficiente maturità per compiere le attività negoziali quotidiane (aspetto che da sempre ha portato il Legislatore - non solo italiano - a prevedere che il minore non potesse prendere, in maniera autonoma, decisioni aventi effetti giuridici). Pertanto, lo strumento più adeguato a garantire comunque un certo rilievo all'autodeterminazione del minore è stato proprio quello di riconoscere che la sua volontà deve essere tenuta in considerazione dal rappresentante in relazione all'età e al grado di maturità del minore stesso. Ciò significa che **la decisione del minore sarà tanto più vincolante rispetto al rappresentante, quanto più sarà elevata la sua età e soprattutto il suo grado di maturità**. D'altra parte, pare ragionevole ritenere che un soggetto di 17 anni e 10 mesi, per esempio, con una elevata cultura scolastica, possa avere un peso importante, magari quasi determinante, nella scelta sanitaria, mentre un infante di un paio di anni non possa e non debba avere alcuna influenza nella scelta decisionale.

In secondo luogo, sempre al fine di tutelare il minore anche da un punto di vista della sua autodeterminazione, la norma impone che la scelta del rappresentante debba essere finalizzata non solo a tutelare la salute e la vita del minore ma anche a rispettare la sua dignità. Pertanto, anche in questo caso il minore sembra assumere un ruolo importante nella scelta decisionale, nella misura in cui, per poter rispettare la sua dignità, il rappresentante dovrà necessariamente tenere in considerazione le idee del minore, i suoi principi, i suoi valori, il suo stile di vita, le sue aspirazioni.

Il Legislatore si pone dunque sostanzialmente in linea con gli orientamenti già espressi dai giudici italiani sull'argomento, come già analizzati nella Prima Parte del presente lavoro.

3.3. IL CONSENSO INFORMATO DEGLI INCAPACI.

Per quanto riguarda i soggetti, in tutto o in parte, incapaci di intendere e di volere, l'articolo 3 della Legge 219 del 2017 si occupa, al comma terzo, del consenso informato della persona interdetta e, al comma quattro, del consenso informato della persona inabilitata oppure sottoposta ad amministrazione di sostegno.

3.3.1. Rispetto alla **persona interdetta** ai sensi dell'art. 414 c.c., la disposizione ha previsto che **il consenso informato venga espresso o rifiutato da colui il quale è stato nominato tutore**, secondo la citata disposizione del codice civile. Tuttavia, anche in questo caso la disposizione precisa che tale scelta deve essere presa:

(i)   **sentendo l'interdetto ove possibile;**

(ii)   **mirando alla tutela della salute psicofisica e della vita dell'interdetto nel pieno rispetto della sua dignità.**

Pertanto, anche con riferimento alla figura dell'interdetto, il terzo comma, conformemente ai principi generali sanciti nel primo comma dello stesso articolo, stabilisce che la manifestazione esteriore del consenso o del rifiuto è resa del soggetto che, in base alle disposizioni normative del codice civile, ha la rappresentanza dell'interdetto e quindi è in grado di esprimere nei confronti dei terzi la volontà di quest'ultimo.

Tuttavia, in questo caso, a differenza che nella disciplina del minore, il ruolo dell'interdetto nella scelta sanitaria è posto ancora più in secondo piano, in quanto può essere semplicemente sentito, nel caso in cui ciò sia possibile. Si tratta, all'evidenza, di una scelta più drastica e maggiormente limitativa dell'autodeterminazione dell'interdetto rispetto alla posizione del minore, ma necessitata dalla condizione particolare di elevata incapacità che riveste il primo. In ogni caso, vi è da rilevare che i Tribunali italiani, ormai, applicano l'istituto dell'interdizione come misura residuale, in casi rari ed assolutamente estremi in cui al soggetto non può applicarsi la misura meno afflittiva dell'amministrazione di sostegno.[136]

Pertanto, i casi che si potranno configurare saranno probabilmente limitati.

Circa, infine, la prescrizione che la scelta del rappresentante debba essere finalizzata non solo a tutelare la salute e la vita dell'interdetto ma anche a rispettare la sua dignità, valgono le stesse considerazioni fatte per il minore.

3.3.2. Per quanto riguarda **i soggetti inabilitati**, invece, la prima parte del quarto comma stabilisce che **il consenso informato venga espresso dallo stesso inabilitato.**

In questo caso, quindi, l'autodeterminazione del soggetto incapace è portata dal Legislatore fino al massimo livello possibile, in quanto è l'inabilitato a decidere se il trattamento sanitario possa essere effettuato o meno.

In tal modo, il Legislatore, in materia di scelte sanitarie, ha, di fatto, parificato la posizione dell'inabilitato a quella di qualunque persona capace di intendere e di volere.

In conclusione, è opportuno evidenziare che, a differenza delle altre persone menzionate nella Legge (sia quelle capaci, che gli altri incapaci), **la disposizione fa riferimento soltanto al consenso informato che può essere "espresso" dall'inabilitato, mentre non fa alcun riferimento al rifiuto di detto consenso.**

---

[136] Trib. Ascoli Piceno, Sez. I, 24.07.2017, in *Banca Dati Pluris*: *"a seguito della entrata in vigore della legge 9 gennaio 2004 n. 6, l'interdizione e l'inabilitazione sono misure di protezione di carattere residuale, da applicarsi quando è esclusa la possibilità di fare ricorso alla meno afflittiva misura dell'amministrazione di sostegno, la cui finalità è quella di "tutelare con la minore limitazione possibile della capacità di agire, le persone prive in tutto o in parte di autonomia, nell'espletamento delle funzioni della vita quotidiana, mediante interventi di sostegno temporaneo o permanente".*

A prima vista sembrerebbe trattarsi semplicemente di una distrazione del Legislatore, il quale potrebbe aver inteso riconoscere all'inabilitato la possibilità non solo di esprimere il consenso al trattamento sanitario, ma anche di rifiutarlo. Tale soluzione interpretativa, inoltre, sembra più conforme ai principi costituzionali richiamati dall'art. 1 della Legge 219/2017 e all'intera disciplina del consenso informato. Tuttavia, ad un'analisi più approfondita della disposizione, letta in combinato disposto con il successivo quinto comma - che disciplina l'ipotesi in cui vi sia un contrasto tra il rifiuto alle cure espresso dal rappresentante dell'incapace e la contraria valutazione positiva espressa del medico (che vedremo meglio al prossimo paragrafo) - e tenendo in considerazione il fatto che tale disciplina del quinto comma è stata prevista anche per la fattispecie dell'inabilitazione, si potrebbe ritenere che l'inabilitato possa effettivamente esprimere soltanto il consenso positivo alle cure, mentre il loro rifiuto possa essere manifestato soltanto dal curatore suo rappresentante.

Forse il Legislatore ha voluto disciplinare in maniera diversa le due situazioni in considerazione dei valori tutelati dal consenso informato: infatti, visto che, a seguito del consenso alla prestazione sanitaria, il diritto alla salute e alla vita dell'inabilitato è comunque tutelato anche se la scelta dell'incapace potrebbe non essere pienamente consapevole (in quanto egli non è totalmente in grado di intendere di volere), il Legislatore permette all'inabilitato di compiere la scelta in maniera autonoma; invece, visto che, a seguito del rifiuto alla prestazione sanitaria, il diritto alla salute e alla vita dell'inabilitato non verrebbe tutelato, tale scelta viene rimessa al rappresentante proprio perché l'incapace non è totalmente in grado di intendere.

In conclusione, però, si ritiene opportuno rilevare come quest'ultima soluzione appaia comunque poco convincente. Infatti, non sembra possibile attribuire due manifestazioni di volontà, contrapposte l'una all'altra e quindi delle quali una esclude l'altra, a due soggetti distinti. In tal modo, si potrebbero creare delle situazioni paradossali: cosa succederebbe se l'inabilitato esprimesse il proprio consenso al trattamento sanitario e invece il suo rappresentante lo rifiutasse?

Forse si potrebbe applicare analogicamente la soluzione prevista dal quinto comma dell'articolo in esame per il caso di contrasto – in ordine all'applicazione o meno del trattamento – tra rappresentante dell'incapace e medico, che prevede il ricorso al Giudice tutelare per dirimere detto contrasto. Tuttavia, si tratterebbe di una soluzione non prevista espressamente dal Legislatore.

In ragione di ciò, non è facile decidere quale delle due interpretazioni sia quella conforme alla volontà del Legislatore. In ogni caso, soltanto il tempo e l'applicazione che ne faranno i giudici ci potranno indicare la disciplina concreta.

3.3.3. Per quanto riguarda **i soggetti sottoposti ad amministrazione di sostegno**, nel caso in cui la nomina disposta dal giudice preveda che per l'ambito sanitario vi sia l'assistenza necessaria dell'amministratore o la sua rappresentanza esclusiva del beneficiario, la seconda parte del quarto comma stabilisce che **il consenso informato venga espresso o rifiutato insieme dal beneficiario e dall'amministratore di sostegno oppure soltanto da quest'ultimo** - tenendo, però, in questo caso, conto della volontà del beneficiario - **in base al grado di capacità di intendere e di volere del beneficiario stesso.**

In questo caso, la disposizione è ancora più a favore del beneficiario e mira a garantire la sua autodeterminazione in materia sanitaria, perché riconosce alla volontà di quest'ultimo un ruolo primario:

    (i) **nel caso in cui abbia una sufficiente capacità di intendere e di volere, egli partecipa alla scelta sanitaria insieme all'amministratore di sostegno;**

    (ii) nel caso in cui il grado di capacità di intendere e di volere del beneficiario non sia sufficiente per farlo partecipare alla **decisione, questa sarà presa soltanto dall'amministratore di sostegno, il quale però dovrà tenere in considerazione e valutare la volontà che il beneficiario ha comunque manifestato.**

Con riferimento alla figura dell'amministrazione di sostegno, quindi, il quarto comma, conformemente ai principi generali sanciti nel primo comma dello stesso articolo, valorizza nella misura massima possibile la volontà del beneficiario, attribuendogli – come per il minore – un ruolo proporzionato alla sua effettiva capacità di intendere e volere. Anche in questo caso, infatti, il Legislatore non poteva arrivare fino al punto di riconoscere al beneficiario il diritto di decidere autonomamente e di prevedere che la sola volontà di quest'ultimo fosse sufficiente in ordine alle scelte sanitarie o addirittura fosse prevalente rispetto a quella dell'amministratore, ciò proprio in considerazione del fatto che si tratta comunque di *"persone prive in tutto o in parte di autonomia, nell'espletamento delle funzioni della vita quotidiana"*[137]. Pertanto, lo strumento più adeguato a garantire comunque un certo rilievo all'autodeterminazione del beneficiario è stato proprio quello di riconoscere che la sua volontà avesse un peso sempre maggiore in considerazione dell'aumentare del grado della sua capacità di intendere e di volere: anche in questo caso, quindi, come per il minore, la decisione del beneficiario sarà tanto più vincolante rispetto all'amministratore di sostegno, quanto più elevato sarà il grado della sua capacità di intendere e di volere. In tali ultimi casi, però, è necessario precisare che, qualora si verifichino dei contrasti tra la volontà del beneficiario (con un grado elevato di capacità di intendere e di volere) e quella dall'Amministratore di sostegno, il ricorso al Giudice appare inevitabile.

---

[137] Trib. Ascoli Piceno, Sez. I, 24.07.2017, in *Banca Dati Pluris*.

3.4. IL CONTRASTO DI VALUTAZIONE TRA IL MEDICO E IL RAPPRESENTANTE.

3.4.1. Il quinto comma dell'articolo 3 della Legge in esame è, infine, dedicato a disciplinare l'ipotesi in cui il soggetto che rappresenta il minore incapace rifiuti il trattamento sanitario proposto dal medico, mentre quest'ultimo ritenga che detto trattamento sia appropriato e necessario rispetto alla situazione del paziente. La norma stabilisce che, in questi casi, **il rappresentante del minore o dell'incapace o lo stesso beneficiario dell'amministrazione di sostegno e gli altri soggetti previsti dall'articolo 406 del codice civile[138] nonché il medico o il rappresentante legale della struttura sanitaria debbano proporre ricorso al Giudice tutelare affinché questi prenda la decisione nell'interesse della persona di cui si tratta**, risolvendo così il conflitto di valutazione tra il medico e il rappresentante.

La norma, inoltre, ha cura di precisare che tale disciplina vale soltanto nel caso in cui non siano presenti delle disposizioni anticipate di trattamento (per la cui trattazione, si rimanda al successivo capitolo). Pertanto, nel caso in cui l'incapace, in un momento precedente rispetto a quando si è verificata la sua situazione di incapacità, avesse espresso, attraverso delle disposizioni anticipate di trattamento (secondo le modalità prescritte dal successivo articolo 4), le proprie volontà in ordine ai trattamenti sanitari autorizzati e/o rifiutati, il medico, così come anche il

---

[138] Art. 406 c.c.: *"Il ricorso per l'istituzione dell'amministrazione di sostegno può essere proposto dallo stesso soggetto beneficiario, anche se minore, interdetto o inabilitato, ovvero da uno dei soggetti indicati nell'articolo 417. Se il ricorso concerne persona interdetta o inabilitata il medesimo è presentato congiuntamente all'istanza di revoca dell'interdizione o dell'inabilitazione davanti al giudice competente per quest'ultima.*
I responsabili dei servizi sanitari e sociali direttamente impegnati nella cura e assistenza della persona, ove a conoscenza di fatti tali da rendere opportuna l'apertura del procedimento di amministrazione di sostegno, sono tenuti a proporre al giudice tutelare il ricorso di cui all'articolo 407 o a fornirne comunque notizia al pubblico ministero".

rappresentante o l'eventuale amministratore di sostegno, sarebbero vincolati al rispetto di tali disposizioni e pertanto non si avrebbe in radice la possibilità di un contrasto tra le volontà di tali soggetti. Tale eccezione, invece, non può valere per il minore, in quanto è espressamente previsto che egli, ai sensi dell'articolo 4 della Legge in esame, non possa esprimere delle disposizioni anticipate di trattamento.

Attraverso questa norma, quindi, il Legislatore cerca di fare in modo che la decisione finale in ordine al trattamento sanitario dell'incapace o del minore venga presa garantendo il miglior interesse di quest'ultimo. Per tale motivo, si rimette la decisione al Giudice tutelare, al quale, ripetutamente nel nostro ordinamento, viene affidato il compito di tutelare gli interessi, sia economici che non economici, dei minori e degli incapaci.

3.4.2. La prima problematica che si pone, riguarda il fatto se i soggetti sopra menzionati abbiano la facoltà di proporre il ricorso al Giudice tutelare per risolvere il contrasto oppure siano obbligati in tal senso. La formulazione della norma, infatti, non precisa tale aspetto: si dice soltanto che, in caso di contrasto, *"la decisione è rimessa al giudice tutelare sul ricorso del rappresentante ..."*. Nonostante ciò, sembra potersi ritenere che **tali soggetti siano obbligati ad introdurre il ricorso al Giudice tutelare.** Di fronte al contrasto, infatti, l'unico modo per dirimerlo previsto dalla norma è quello di far decidere sul punto il Giudice tutelare, pertanto se non fosse esperito il ricorso si creerebbe una situazione di stallo che andrebbe a ledere i diritti alla vita e alla salute del paziente incapace o minore, svilendo così le stesse finalità dell'articolo 3 e dell'intera Legge.

Un secondo aspetto, riguarda la possibilità di applicare la disciplina in esame anche alle ipotesi contrarie: cioè quelle in cui sia il rappresentante del minore o dell'incapace o l'amministratore di sostegno a ritenere certe cure appropriate e necessarie, mentre sia il medico a rifiutarle, evidentemente ritenendole non appropriate. In tali casi, le parti in contrasto dovrebbero rivolgersi al Giudice tutelare perché questi decida? Oppure il medico è tenuto ad assecondare le richieste di tali soggetti (e, conseguentemente, se non lo facesse sarebbe esposto ad una responsabilità professionale)?

In questo caso, all'univoco significato letterale della norma, che menziona soltanto l'ipotesi di contrasto tra il rifiuto del rappresentante e il parere favorevole del medico, si affianca anche lo spirito dell'articolo 3 e dell'intera Legge in esame, che vietano i trattamenti inutili ed impongono al medico di non praticare trattamenti sanitari contrari a norme di legge, alla deontologia professionale o alle buone pratiche clinico assistenziali, precisando che a fronte di tale richieste il medico non ha obblighi professionali.

In ragione di ciò, si può ritenere che un siffatto tipo di contrasto (il rappresentante favorevole a una cura e il medico contrario) si potrebbe configurare soltanto riguardo a cure contrarie alla Legge, alla deontologia o alle buone pratiche clinico-assistenziali oppure al massimo riguardo a cure che sarebbero tecnicamente inappropriate o non necessarie. Pertanto, il medico sarebbe normativamente obbligato a non eseguire detta prestazione di cura e quindi il Giudice tutelare non potrebbe comunque intervenire per sostituirsi al medico. Probabilmente il Giudice tutelare potrebbe intervenire nella misura in cui la valutazione del medico circa la contrarietà alla legge, deontologia e buone pratiche oppure circa la non appropriatezza o la non necessarietà delle cure fosse sbagliata, ma in questo caso saremmo in una fattispecie diversa da quella disciplinata dal comma cinque dell'articolo in esame, con profili di applicazione generale che non è possibile trattare in questa sede.

CAPITOLO 4
LE DISPOSIZIONI ANTICIPATE DI TRATTAMENTO (DAT).

4.1. LA NOZIONE E LA RATIO DELLE DISPOSIZIONI ANTICIPATE DI TRATTAMENTO.

L'articolo 4 della Legge 219 del 2017, rubricato *"disposizioni anticipate di trattamento"*, disciplina le modalità attraverso cui qualsiasi soggetto maggiorenne e capace di intendere e di volere può esprimere le proprie volontà e scelte circa gli accertamenti diagnostici ed i trattamenti sanitari che potrà ricevere nel caso in cui, in futuro, non avesse più la capacità di autodeterminarsi e quindi di scegliere consapevolmente.

La nuova Legge nomina l'istituto in esame con il termine disposizioni anticipate di trattamento (DAT).

Se volessimo dare una definizione a questa figura, in base ai requisiti che emergono dalla stessa Legge, potremmo dire che una disposizione anticipata di trattamento non è altro che una **manifestazione di volontà di un soggetto, che sia maggiorenne e capace di intendere e di volere, il quale, per l'ipotesi in cui in futuro dovesse perdere tale propria capacità di intendere e di volere per qualsiasi ragione, stabilisce, ora per allora, quali accertamenti diagnostici e trattamenti sanitari accetta che, in tale momento futuro, potranno essere eseguiti nei suoi confronti oppure designa una persona che lo sostituisca in tale decisione.**

Trattandosi di una manifestazione di volontà, la disposizione anticipata di trattamento rientra a pieno titolo nella categoria del negozio giuridico. Inoltre, poiché la dichiarazione è resa da un soggetto ed è di per sé idonea a produrre effetti giuridici in un momento temporale successivo rispetto quando la stessa viene esternata, la si può classificare fra **i negozi giuridici unilaterali condizionati**, circa la propria efficacia, al verificarsi di un evento futuro ed incerto (cioè la perdita di capacità di intendere e di volere del dichiarante).

Le ragioni che stanno dietro l'introduzione di questo istituto, possono essere rinvenute nella volontà del Legislatore di riconoscere ad ogni soggetto, maggiorenne e capace, il diritto di scegliere della propria salute e della propria qualità di vita anche nel momento in cui non sarà più in grado di prendere tali decisioni. Si tratta, a ben vedere, della identica ratio e delle stesse finalità che hanno mosso il Legislatore nella costruzione della disciplina del consenso informato di cui all'articolo 1 della Legge in esame. Con l'articolo 4, infatti, il Legislatore ha voluto estendere tale disciplina, quindi il ruolo centrale del paziente e della sua volontà, anche ai casi in cui questi non è più in grado di ricevere le informazioni sanitarie che gli vengano rese dai medici e conseguentemente di decidere consapevolmente le proprie cure.

Così come per il consenso informato, anche per le disposizioni anticipate di trattamento, la finalità dell'istituto è quella di tutelare **il diritto all'autodeterminazione del paziente**.

In tal modo, il Legislatore vuole evitare che il venire meno delle capacità cognitive o fisiche di un soggetto possa impedirgli di poter prendere, in modo autonomo, le decisioni sulla propria salute e addirittura sulla propria vita e possa comportare l'imposizione a detto soggetto di trattamenti sanitari che siano contrari alle sue idee, determinando quindi un peggioramento della sua qualità di vita.

4.2. IL CONTENUTO E I REQUISITI DELLE DISPOSIZIONI ANTICIPATE DI TRATTAMENTO.

Come già detto, l'articolo 4 della Legge 219 del 2017 stabilisce il contenuto che deve avere una disposizione anticipata di trattamento e quindi i requisiti per la sua validità.

In particolare, l'articolo in esame prevede che *"ogni persona maggiorenne e capace di intendere e di volere, in previsione di un'eventuale futura incapacità di autodeterminarsi e dopo aver acquisito adeguate informazioni mediche sulle conseguenze delle sue scelte, può, attraverso le DAT, esprimere le proprie volontà in materia di trattamenti sanitari, nonché il consenso o il rifiuto rispetto ad accertamenti diagnostici o scelte terapeutiche e a singoli trattamenti sanitari"*.

4.2.1. In primo luogo, quindi, le DAT devono essere rese da un soggetto che abbia compiuto **la maggiore età** e che sia **capace di intendere e di volere**.

Tali requisiti non sembrano presentare particolari problematicità, se non quelle legate all'accertamento e alla verifica che il soggetto sia capace di intendere e di volere nel momento in cui redige le DAT. Ma questa è una problematica che investe qualsiasi negozio giuridico.

Sul punto, si può precisare che la disposizione normativa non fa alcun riferimento al fatto che colui il quale redige le DAT debba essere già affetto o meno da una malattia. La questione assume rilevanza nella misura in cui il soggetto già malato ha, evidentemente, una consapevolezza maggiore e probabilmente anche più matura della propria condizione e quindi delle scelte che vorrà compiere in ordine al consenso o al rifiuto dei trattamenti sanitari. Una persona sana, invece, non conosce gli effetti della malattia e pertanto non può comprendere le sue ripercussioni sullo svolgimento della propria vita allo stesso livello di profondità che invece può comprendere il soggetto che vive già la patologia.

Siffatta riflessione potrebbe portare a ritenere che la malattia sia un elemento che deve sussistere in capo a colui il quale predispone le DAT, tuttavia il silenzio della norma sul punto nonché la specifica previsione dell'istituto della pianificazione condivisa delle cure per il soggetto affetto da una malattia cronica o irreversibile, stabilita nel successivo articolo 5, porta a ritenere che **le DAT possano essere redatte sia da soggetti che già vivono in uno stato patologico**, naturalmente purché capaci di intendere e di volere, **sia da soggetti perfettamente sani**.

4.2.2. In secondo luogo, **il soggetto che redige le disposizioni anticipate di trattamento deve aver acquisito**

"adeguate" informazioni mediche circa le conseguenze delle scelte sanitarie che egli compie all'interno di dette DAT.

Preliminarmente, per quanto riguarda il significato da attribuire al termine "adeguate", si può ritenere che, dal tenore complessivo dell'articolo in esame, anche secondo una sua interpretazione sistematica con le altre norme della Legge e in particolare con l'articolo 1, **l'informazione per essere "adeguata"** debba avere le stesse caratteristiche di quella prevista all'articolo 1, comma 3, e pertanto debba **essere completa, aggiornata e comprensibile per il soggetto che predispone le DAT.**

Ciò premesso, per quanto attiene invece alla finalità della disposizione in esame, è evidente come, attraverso la necessità che il redigente abbia preventivamente acquisito dette informazioni mediche, il Legislatore voglia garantire - in armonia con i principi su cui si basa il consenso informato di cui all'articolo 1 della Legge in esame - al paziente di poter prendere una decisione consapevole, avendo chiari tutti gli effetti che potranno derivare alla propria salute ed addirittura anche alla propria vita a seconda delle scelte sanitarie che egli decide di rendere, oggi, per il momento in cui non sarà più in grado di prendere una decisione.

Si tratta di una posizione del Legislatore assolutamente condivisibile, ma che rischia di essere più un'enunciazione di principio destinata a rimanere astratta, piuttosto che un elemento che potrà incidere in maniera significativa da un punto di vista pratico-operativo.

Sul punto, infatti, posto che le modalità di forma delle DAT stabilite dal successivo comma 6 prevedono la presenza del notaio o di un dipendente di un ufficio comunale di stato civile, non si vede come tali soggetti possano concretamente verificare che colui il quale sta redigendo o ha già redatto le DAT, abbia effettivamente acquisito e compreso le informazioni mediche relative alle scelte contenute in detto documento e soprattutto che tali informazioni siano adeguate a fargli acquisire una piena ed effettiva consapevolezza delle conseguenze di tale scelta.

L'effettività e l'adeguatezza delle informazioni mediche ricevute dal redigente assumono un'importanza centrale, posto che, evidentemente, **se il soggetto non avesse ricevuto adeguate informazioni, le DAT mancherebbero di un loro requisito essenziale e quindi il medico potrebbe non rispettarle**. In altri termini, il medico, allorquando si dovesse trovare ad applicare le DAT, potrebbe ritenere, in base alle circostanze concrete del caso, che il paziente le abbia redatte senza avere avuto un'adeguata informazione medica.

Tale situazione, peraltro, potrebbe porre il medico in una difficilissima posizione da un punto di vista della sua responsabilità professionale: infatti, l'applicazione o meno delle scelte terapeutiche contenute nelle DAT lo potrebbe esporre alle richieste risarcitorie del paziente, tornato capace di intendere e di volere, oppure del suo rappresentante o dei suoi eredi o familiari, per violazione del diritto di autodeterminazione del paziente stesso.

Il problema è che la Legge non individua alcuno strumento che permetta, al momento in cui un soggetto redige le DAT, di verificare che il redigente abbia effettivamente ricevuto le adeguate informazioni mediche previste dalla norma. Ciò anche in considerazione del fatto che i soggetti che partecipano alla redazione o comunque all'acquisizione delle DAT non posseggono le competenze medico-sanitarie per poter valutare se il soggetto abbia acquisito adeguate informazioni sulle proprie scelte sanitarie contenute in detto documento.

La verifica, quindi, dovrebbe essere compiuta dal medico al momento dell'applicazione delle DAT di quel paziente ed essere effettuata solo sulla base del contenuto delle DAT medesime.

Ebbene, se si vuole evitare che l'acquisizione di adeguate informazioni si risolva in una mera clausola di stile inserita all'interno di ogni singola DAT, circostanza che, invece, in considerazione dello spirito della Legge, deve necessariamente escludersi, appare opportuno trovare delle soluzioni diverse.

Preliminarmente appare opportuno precisare che la norma in esame non stabilisce che il redigente debba dare atto all'interno delle disposizioni anticipate di trattamento delle informazioni mediche che ha ricevuto, ma richiede soltanto che il redigente abbia ricevuto dette informazioni. Pertanto, **la loro mancata indicazione all'interno del testo non può determinare alcuna conseguenza sulla validità e sull'efficacia delle DAT. L'unico profilo che potrebbe incidere sulla validità e l'efficacia delle disposizioni è soltanto la sostanziale mancanza di tali informazioni.**

Ciò detto, è evidente che il problema potrebbe essere risolto predisponendo le DAT anche alla presenza di un medico nonché proprio dando conto, all'interno del testo del documento, di tale presenza e delle informazioni mediche che il redigente ha concretamente ricevuto: in altri termini, **nelle DAT si potrebbero descrivere le modalità concrete con cui il redigente ha acquisito le informazioni mediche e si potrebbe indicare il medico che lo sta assistendo nella redazione di detto documento e che garantisce che egli abbia ricevuto un'informazione adeguata della sua condizione di salute e delle conseguenti scelte sanitarie compiute, evidenziando altresì quali informazioni siano state fornite.**

Tale soluzione potrebbe, inoltre, essere utile anche per limitare la discrezionalità del medico nella successiva applicazione delle disposizioni contenute nelle DAT. Infatti, la discrezionalità di detto medico - che è chiamato ad intervenire allorquando il paziente è ormai diventato incapace - nel valutare ex post l'effettiva acquisizione e l'adeguatezza delle informazioni mediche ricevute all'epoca da detto soggetto è più o meno ampia a seconda del fatto che sussista un documento scritto all'interno del quale sono indicate dette precedenti informazioni mediche.

Senza contare che la presenza del medico in sede di redazione garantisce, altresì, la correttezza terminologica-tecnica delle disposizioni anticipate di trattamento, in modo che in futuro non possano emergere dubbi sulla volontà che è stata espressa dal soggetto.

Naturalmente tali riflessioni valgono tanto più quanto più specifiche e dettagliate risultano le disposizioni anticipate di trattamento e quindi le scelte sanitarie ivi contenute. Infatti, se colui il quale ha redatto il documento ha indicato degli specifici trattamenti che intenderà accettare o rifiutare, è evidente che ciò comporterà la necessità di dare prova di aver avuto e compreso delle informazioni medico-sanitarie specifiche. Invece, nel caso in cui tale soggetto abbia formulato delle disposizioni generiche e delle scelte terapeutiche di principio, la specificità delle adeguate informazioni dovrebbe essere meno stringente. Anche in considerazione di ciò, si ritiene opportuno che all'interno delle DAT il redigente indichi le ragioni che sostengono le sue scelte sanitarie, ivi contenute, in modo da facilitare una corretta ricostruzione postuma della sua volontà.

Certo vi è da dire che una siffatta procedura che prevede una specifica ed analitica indicazione, all'interno del testo delle DAT, delle informazioni mediche acquisite dal redigente, determinerebbe un appesantimento dell'iter formativo di dette disposizioni. Tuttavia, è altrettanto vero che in assenza di ciò, si lascerebbe un compito assai gravoso e molto discrezionale al medico che interviene nel momento di incapacità del redigente: quello di valutare ex post, soltanto in base al tipo di disposizioni previste nel documento, l'effettiva acquisizione e l'adeguatezza delle informazioni mediche in capo al redigente. Compito che appare pieno di insidie per il medico, perché eccessivamente discrezionale, oltre che rischioso anche per il paziente in ordine ad una possibile mancata attuazione della sua effettiva volontà.

Si può comunque immaginare che, in qualunque modo le DAT verranno redatte (in maniera molto analitica oppure come delle indicazioni di principio), non si elimineranno le problematicità interpretative che si potranno avere sulle singole disposizioni anticipate di trattamento (problematicità che appaiono connaturate al fatto che le DAT vengono redatte in un momento in cui il predisponente si trova in una condizione fisica e psicologica di salute rispetto al successivo verificarsi della malattia e quindi in un momento precedente rispetto a quando le stesse produrranno la loro efficacia), né si ridurranno i conseguenti rischi di controversie giuridiche fra i vari soggetti coinvolti.

4.2.3. Un altro requisito, o meglio condizione, perché le DAT possano produrre i propri effetti riguarda il fatto che, successivamente alla redazione del documento, si verifichi una incapacità di autodeterminazione da parte del soggetto che ha predisposto le DAT stesse.

In altri termini, **perché le DAT siano vincolanti per il medico, il paziente deve trovarsi in condizione di incapacità di intendere e di volere nel momento in cui viene sottoposto ad un accertamento diagnostico o ad un trattamento sanitario**. In tali casi, quindi, il medico, non potendo acquisire il consenso attuale del paziente in quanto incapace, dovrà - come vedremo nei successivi paragrafi - attenersi alle scelte terapeutiche che il paziente aveva stabilito all'epoca in cui ha predisposto le DAT.

Si tratta di una condizione, eventuale e futura, che deve sussistere perché la volontà manifestata dal soggetto all'interno delle disposizioni anticipate di trattamento possa essere rispettata dal medico.

4.2.4. L'ultimo requisito delle DAT riguarda il contenuto della manifestazione di volontà del paziente, il quale deve avere ad oggetto il consenso o il rifiuto ad effettuare *"accertamenti diagnostici o scelte terapeutiche e singoli trattamenti sanitari"*.

Il Legislatore ha, in tal modo, tipizzato il contenuto della manifestazione di volontà con riferimento soltanto alle decisioni in materia di salute.

Il riferimento, però, alle "scelte terapeutiche", accanto agli accertamenti diagnostici e ai singoli trattamenti sanitari, sembra lasciare qualche spazio anche a dichiarazioni più ampie, legate non soltanto a specifici trattamenti, ma anche a prese di posizioni, indicazioni di principio, anche a carattere non sanitario. D'altra parte, **non c'è dubbio che eventuali riferimenti circa i principi, le idee, le convinzioni o gli stili di vita del soggetto, anche se non hanno un valore sostanziale ai fini delle DAT, se inserite nel documento, avranno un'importante ruolo interpretativo**, nel senso che potranno ed anzi dovranno essere utilizzate per interpretare le scelte sanitarie del soggetto che ha redatto le DAT.

4.3. IL FIDUCIARIO.

La seconda parte del primo comma dell'articolo 4 della Legge 219 del 2017 introduce la figura del fiduciario, stabilendo che il soggetto che redige le DAT *"indica altresì una persona di fiducia, di seguito denominata fiduciario, che ne faccia le veci e la rappresenti nelle relazioni con il medico e con le strutture sanitarie"*, mentre i successivi tre commi disciplinano detta figura, stabilendo le caratteristiche che deve avere il fiduciario, le modalità con cui deve avvenire l'accettazione della sua nomina, la possibilità e le modalità della revoca di detta nomina e anche cosa succede nel caso in cui manchi il fiduciario.

4.3.1. In primo luogo, quindi, la nuova Legge – al citato primo comma dell'art. 4 – fornisce una descrizione della figura del fiduciario, individuandolo nella **persona che** (ovviamente, nel momento in cui le DAT produrranno i loro effetti) **sostituisce il paziente che ha redatto le DAT nell'acquisizione delle informazioni sanitarie necessarie e nella successiva manifestazione del consenso o del diniego all'accertamento diagnostico o al trattamento sanitario proposto dal medico.**

In linea di principio, secondo l'impostazione prevista dalla Legge in esame, si tratta, quindi, di un rappresentante diretto del paziente (cioè di un soggetto che esprime la propria volontà nell'interesse di un altro soggetto, il rappresentato, nella cui sfera giuridica si produrranno direttamente gli effetti della volontà manifestata dal rappresentante), anche se sembra ammissibile che, laddove i poteri decisionali del fiduciario siano limitati dal disponente al punto tale da essere annullati, ci si possa trovare di fronte alla figura di un *nuncius*.

Tra l'altro, detta rappresentanza, da un lato, è limitata dal punto di vista dell'ambito di operatività, in quanto riguarda soltanto le decisioni a carattere sanitario e i rapporti con il medico e con la struttura sanitaria, ma, dall'altro lato, è potenzialmente illimitata circa la tipologia di scelte da prendere in tale ambito.

Infatti, il compito del fiduciario è proprio quello di collaborare con il medico e con la struttura sanitaria, sostituendosi al paziente nella relazione di cura con i professionisti medici, per attuare le scelte che lo stesso paziente ha indicato all'interno delle sue DAT. Pertanto, il potere rappresentativo del fiduciario circa la tipologia di decisioni a carattere sanitario che egli può prendere, viene stabilito e quindi limitato soltanto dal soggetto che ha redatto le DAT. **Nel caso in cui quest'ultimo non abbia previsto alcun limite, il fiduciario potrà prendere qualsiasi decisione (di consenso o di diniego) circa qualsiasi accertamento diagnostico o trattamento sanitario (finanche sull'idratazione o l'alimentazione artificiale, o qualsiasi trattamento dal quale dipenda la sopravvivenza del paziente)** (ed allora il fiduciario sarà un vero e proprio rappresentante). Nel caso in cui, invece, **il redigente abbia dettato delle disposizioni specifiche in ordine alle proprie volontà sanitarie, il fiduciario dovrà soltanto dare esecuzione alla volontà del disponente garantendo che detta volontà sia rispettata dal medico e dalla struttura sanitaria** (ed in questo caso il fiduciario sarà più vicino alla figura del *nuncius* che a quella del rappresentante).

In altri termini, il fiduciario dovrà permettere l'applicazione delle scelte compiute dal paziente all'interno delle DAT, operando nel miglior interesse di quest'ultimo anche attraverso l'interpretazione della sua volontà, oppure potrà spingersi fino a integrare con la propria volontà una mancata scelta del redigente, pur sempre operando nel miglior interesse di quest'ultimo, ma mai potrà sostituire la propria volontà a quella contraria di colui il quale ha predisposto le DAT.

In conclusione, quindi, si può ritenere che con la nuova disposizione in esame, nel caso in cui il paziente abbia disposto nelle proprie DAT una nomina fiduciaria "in bianco" (cioè senza specifiche indicazioni circa i trattamenti da consentire e quelli da rifiutare), il fiduciario potrà decidere al posto del paziente e quindi il medico dovrà rispettare la volontà espressa dal fiduciario (anche se si tratta di decisioni su trattamenti salva vita). D'altra parte, lo spirito che anima la Legge in esame è proprio questo: mettere al centro la volontà del paziente, riconoscendogli il diritto di decidere i trattamenti sanitari che vuole e quelli che non vuole ed anche riconoscendogli il diritto di scegliere quale soggetto possa decidere al suo posto. La diversa e contraria volontà del medico in ordine all'effettuazione o meno del trattamento sanitario non rileva[139].

4.3.2. Un aspetto problematico che emerge dal primo comma dell'art. 4 riguarda la **necessarietà o meno della nomina del fiduciario** all'interno delle DAT.

Il comma in esame, infatti, esordisce con l'inciso che colui che redige le DAT *"indica"* il fiduciario: l'uso del verbo

---

[139] Soltanto nelle tre ipotesi eccezionali previste dal quinto comma dell'art. 4 - per il cui più approfondito esame si rimanda ad un paragrafo successivo - in cui le disposizioni anticipate di trattamento previste dal paziente possono essere disattese dal medico, la volontà di quest'ultimo assume un certo rilievo, nella misura in cui, qualora egli non sia d'accordo con il fiduciario circa la mancata osservanza di dette DAT, il medico stesso potrà rivolgersi al giudice tutelare affinché questi decida se rispettare o disattendere le DAT. Inoltre, la volontà del medico riemergerà, in maniera prevalente rispetto a quella di qualsiasi altro soggetto, allorquando nelle DAT il paziente abbia chiesto l'esecuzione di trattamenti contrari alla legge, alla deontologia medica o alle buone pratiche (sul punto si rimanda al precedente capitolo in cui è stato trattato il comma 6 dell'art. 1 della Legge in esame): in questo caso, infatti, il medico sarà tenuto a disattendere le DAT e quindi la sua volontà prevarrà su quella del disponente o del suo fiduciario.

all'indicativo, invece dell'uso dell'infinito preceduto dal verbo modale potere (cioè *"può nominare"*), potrebbe far pensare che la nomina di un fiduciario sia un elemento necessario del contenuto delle DAT.

Tuttavia, la lettura del successivo comma 4, che disciplina espressamente l'ipotesi in cui le DAT non contengano l'indicazione del fiduciario, nonché gli stessi principi che stanno alla base dell'intera Legge e la disciplina propria della figura del fiduciario prevista dai commi in esame (dove, per esempio, è prevista anche la possibilità di revocare la nomina oppure che lo stesso fiduciario rinunci, senza che sia stabilito un correlato obbligo di indicare un nuovo fiduciario), fanno propendere per l'esclusione della necessarietà di tale indicazione e per farla ritenere un elemento accidentale della DAT, che quindi il redigente può scegliere se inserire o meno all'interno del documento.

In altri termini, **colui il quale redige le DAT ha la facoltà di scegliere se nominare un fiduciario oppure se non nominare alcun fiduciario.**

Partendo da tale presupposto, poi, ci si può chiedere se il redigente possa nominare all'interno delle proprie DAT due o più fiduciari ed eventualmente se tali nomine plurime siano sempre ammissibili o lo siano soltanto se compiute in modalità subordinata per il caso in cui il primo fiduciario sia venuto meno per qualsiasi ragione.

La soluzione che appare preferibile è quella di ammettere la possibilità per colui il quale redige una DAT di nominare più fiduciari, ma soltanto in posizione subordinata gli uni agli altri, nel senso che le nomine successive alla prima acquistino efficacia soltanto nel caso in cui il precedente nominato non abbia accettato la nomina oppure sia comunque venuto meno per qualsiasi altra ragione.

Spingono per questa soluzione almeno tre ordini di ragioni. In primo luogo, il tenore letterale della seconda parte del primo comma in esame, la quale stabilisce espressamente che il redigente le DAT possa indicare *"una"* persona che faccia da fiduciario. In secondo luogo, la previsione contenuta nel successivo quarto comma, che introduce una clausola di salvaguardia che garantisce che possa esserci sempre un soggetto che prenda le decisioni al posto del paziente incapace per l'ipotesi in cui non sia stato nominato oppure sia venuto a mancare il fiduciario nominato dal soggetto che ha redatto la DAT (in particolare prevedendo che il giudice tutelare, in caso di necessità, nomini un amministratore di sostegno). In tal modo, introducendo proprio un sistema di integrazione o di sostituzione del fiduciario per le ipotesi in cui il soggetto nominato venga a mancare. Infine, ragioni di opportunità e di corretto e semplice funzionamento del sistema: infatti, se il redigente avesse la possibilità di nominare due o più soggetti come fiduciari, si creerebbero quasi certamente delle situazioni di contrasto tra questi fiduciari in ordine alle decisioni da prendere, con il conseguente rischio di creare delle situazioni di stallo decisionale assolutamente dannose per il paziente.

4.3.3. Una ulteriore problematicità, infine, riguarda **il momento in cui possa avvenire nomina del fiduciario**.

La seconda parte del primo comma, infatti, stabilisce che il disponente *"indica altresì"* il fiduciario, ma senza prevedere se tale nomina debba essere contestuale alla redazione delle DAT oppure possa avvenire anche successivamente.

La soluzione che appare preferibile è quella di permettere che il disponente possa provvedere alla nomina di un fiduciario anche successivamente alla redazione delle DAT.

Sussistono, infatti, anche in questo caso almeno tre ordini di ragioni per cui tale soluzione appare preferibile: in primo luogo, il fatto che il successivo comma 3 attribuisce al disponente il diritto di revocare in qualsiasi momento l'incarico del fiduciario (pertanto, per non lasciare le DAT senza un fiduciario, che lo stesso disponente voleva e aveva previsto, bisogna riconoscere a quest'ultimo il potere di nominarne uno nuovo in qualsiasi momento); in secondo luogo, il fatto che il secondo comma attribuisca allo stesso fiduciario il potere di rinunciare all'incarico affidatogli dal disponente (pertanto, per le stesse ragioni viste al precedente punto, bisogna riconoscere al disponente il potere di nominare un nuovo fiduciario in qualsiasi momento); infine, la stessa ratio della figura delle DAT in cui gli elementi centrali sono la tutela del diritto di autodeterminazione e la tutela del diritto alla salute del disponente, diritti che verrebbero lesi nella misura in cui il disponente non potesse nominare un fiduciario successivamente alla redazione delle DAT (basti pensare all'ipotesi in cui, al momento in cui un soggetto rediga le proprie DAT non abbia vicino a sé una persona di cui si fida e che possa nominare come fiduciario e pertanto ritenga di attendere un momento successivo per individuare questa persona che dovrà dare attuazione alle sue volontà in materia sanitaria).

4.3.4. Per quanto riguarda **la forma** attraverso cui deve avvenire la nomina del fiduciario, posto che la norma in esame la prevede come collegata ovviamente alle disposizioni anticipate di trattamento (sia essa contenuta nello stesso documento o in un documento successivo) e tenuto conto del fatto che il fiduciario potrebbe in alcuni casi anche andare a sostituire il redigente le DAT in tutte le scelte sanitarie, è evidente che la nomina dovrà avere la stessa forma delle DAT come prevista dal comma 6 dell'articolo in esame. Quindi – come vedremo ai successivi paragrafi – la nomina del fiduciario dovrà avvenire attraverso una delle seguenti modalità:

(i)   **per atto pubblico;**

(ii)   **per scrittura privata autenticata;**

(iii)   **per scrittura privata consegnata personalmente dal disponente presso l'ufficio dello stato civile del suo Comune di residenza o presso le strutture sanitarie** che adottano modalità telematiche di gestione della cartella clinica del fascicolo sanitario elettronico o altre modalità informatiche di gestione dei dati del singolo iscritto al Servizio Sanitario Nazionale;

(iv) **attraverso videoregistrazioni o dispositivi che consentono alla persona con disabilità di comunicare**.

In conclusione, si evidenzia come anche una eventuale nomina del fiduciario successiva alla redazione delle DAT dovrà avere la stessa forma della nomina originaria e quindi quella prevista dal citato comma 6 dell'art. 4 per la redazione delle DAT.

4.3.5. Il secondo comma dell'art. 4 in esame indica – nella sua prima parte – le due **caratteristiche che deve necessariamente avere il fiduciario**. Questi deve essere:

(i) **maggiorenne**;

(ii) **capace di intendere e di volere**.

I due requisiti non presentano particolari problematicità.

4.3.6. La norma prosegue, poi, indicando le modalità con cui deve essere fatta l'accettazione della nomina da parte del soggetto indicato come fiduciario.

In particolare, la disposizione stabilisce che **detta accettazione avvenga tramite la sottoscrizione delle stesse disposizioni anticipate di trattamento oppure con un successivo atto che viene allegato a dette disposizioni**.

I problemi interpretativi di questa previsione sono almeno tre.

In primo luogo, il Legislatore non ha correttamente valutato che, se il soggetto abbia deciso di redigere le proprie DAT attraverso la forma dell'atto pubblico o della scrittura privata autenticata (due delle tre forme espressamente indicate dal successivo comma 6 come necessarie per la validità delle DAT), non sarà possibile una successiva sottoscrizione di detto atto pubblico da parte del fiduciario "per accettazione". Infatti, l'atto pubblico o la scrittura privata autenticata dopo la loro redazione non potranno più essere modificati. Così come all'atto pubblico e alla scrittura privata autenticata, dopo la loro redazione, non potrà essere allegato alcun successivo documento.

La seconda problematica, invece, riguarda il fatto che la norma si riferisce, in maniera generica, ad un *"atto successivo"* da allegare alle DAT, senza indicare in maniera precisa la forma che debba rivestire detto atto di accettazione. Allora sarà necessario anche qui un certo formalismo? Per esempio, un atto pubblico o una scrittura privata autenticata o acquisita dall'ufficiale comunale di stato civile, oppure basterà un semplice atto scritto in qualunque modalità? Oppure, ancora, sarà sufficiente un'accettazione orale o per fatti concludenti? Nel silenzio della Legge, si ritiene si debba propendere per la sufficienza di una forma semplice di atto, sia esso scritto o orale, purché rivesta la qualità di atto giuridico.

In terzo luogo, la norma non indica alcun termine entro il quale debba avvenire l'accettazione della nomina da parte del fiduciario. Il silenzio della norma, anche in considerazione del successivo comma quattro che disciplina le ipotesi in cui le DAT non contengano l'indicazione del fiduciario nonché quella in cui quest'ultimo sia venuto meno, porta a ritenere che **il nominando fiduciario possa accettare fintanto che il disponente non revochi o modifichi la sua nomina** e che, fintanto che il fiduciario non accetta, qualora dovesse sorgere la necessità di dare esecuzione alle DAT, si applicherà la disciplina di cui al successivo comma quarto (per il cui esame si rimanda al successivo paragrafo 4.3.10.).

4.3.7. Il secondo comma, inoltre, stabilisce che **una copia delle disposizioni anticipate di trattamento viene rilasciata al fiduciario.**

La norma si presta, quindi, a due possibili interpretazioni.

Secondo una prima, la copia delle DAT dovrebbe essere rilasciata soltanto dopo che il fiduciario abbia accettato la nomina.

Secondo l'altra interpretazione, invece, la copia delle DAT dovrebbe essere rilasciata al nominando fiduciario prima della sua accettazione.

A favore della prima tesi, depongono almeno tre ragioni:

(i) il tenore letterale della norma, la quale fa riferimento al fiduciario e non al nominando fiduciario (facendo, quindi, intendere che tale soggetto debba aver già accettato la carica);

(ii) l'impostazione strutturale della norma che si occupa prima di disciplinare le caratteristiche che deve avere il fiduciario, poi le modalità dell'accettazione e soltanto dopo prevede il rilascio della copia delle DAT;

(iii) il fatto che solo attraverso tale interpretazione si può garantire che soltanto il soggetto che svolga il ruolo di fiduciario possa conoscere le disposizioni di trattamento anticipate del disponente (evitando che queste siano conosciute da un soggetto che poi potrebbe non accettare di svolgere detto ruolo).

A favore della seconda tesi, invece, depone il fatto che soltanto permettendo al nominando fiduciario di prendere piena conoscenza del contenuto delle DAT egli potrebbe decidere in maniera consapevole se accettare o rinunciare a tale nomina. Posto, infatti, che egli è la persona di fiducia del redigente, quindi in qualche modo vicina e legata a quest'ultimo, conoscendo in anticipo il contenuto delle DAT si eviterebbe che il fiduciario sia portato ad accettare la nomina, proprio in ragione di tale rapporto, senza però conoscere le scelte sanitarie formulate dal redigente che poi egli (cioè il fiduciario) dovrà adoperarsi per attuare, rischiando così di trovarsi a dover prendere delle decisioni - in ossequio alla volontà del redigente - che gli creano forti conflitti interiori di carattere morale o affettivo (si pensi, ad esempio, alla moglie nominata fiduciaria che, accettando detta nomina senza poter conoscere il contenuto delle DAT, fosse costretta, nell'attuare le disposizioni anticipate di trattamento redatte dal marito, a rifiutare l'idratazione artificiale e conseguentemente a "determinarne" la morte, quando invece lei vorrebbe tenerlo in vita il più a lungo possibile). Tale interpretazione, quindi, tutelerebbe maggiormente la posizione del nominando fiduciario.

Ciò detto, la scelta fra l'una o l'altra impostazione, potrebbe, nei casi concreti, non creare grosse problematiche, vista sia la possibilità di un'accettazione contestuale alla predisposizione delle DAT sia comunque il rapporto di fiducia tra il disponente e il nominando fiduciario.

In ogni caso, la finalità della disposizione in esame è quella di permettere al fiduciario di prendere piena conoscenza del contenuto delle scelte terapeutiche del redigente, in modo da poterle attuare nel modo più fedele possibile.

4.3.8. L'ultima parte del secondo comma precisa che **il fiduciario può rinunciare alla nomina attraverso un atto scritto che viene comunicato a colui il quale ha redatto le DAT.**

Attraverso questa disposizione, quindi, il Legislatore lascia al fiduciario la libertà di scegliere se cambiare idea e astenersi dallo svolgere l'oneroso compito affidatogli dal redigente.

Per quanto riguarda la rinuncia vengono in rilievo due aspetti.

Il primo riguarda la forma di tale atto: a differenza dell'accettazione, per la quale, come abbiamo visto, la disposizione in esame richiede un "atto successivo" senza specificarne la forma, per quanto riguarda la rinuncia, la stessa norma specifica che deve trattarsi di un "atto scritto". In questo caso, quindi, il tenore letterale della disposizione non lascia alcun margine di interpretazione: **non sarà sufficiente un mero atto, qualunque forma esso rivesta, sia orale e scritta, ma sarà necessario un atto che abbia forma scritta.**

Ciò, inoltre, rafforza anche l'interpretazione esposta nel precedente paragrafo circa la forma libera dell' "atto successivo" con cui il fiduciario può accettare la nomina: infatti, ove come in questo caso, il Legislatore ha voluto che l'atto rivestisse forma scritta, lo ha espressamente precisato.

Il secondo aspetto riguarda il momento entro il quale può avvenire tale rinuncia. Le soluzioni possibili sono due: secondo una prima interpretazione, si potrebbe ritenere che il nominando fiduciario possa rinunciare alla nomina soltanto prima di averla accettata. Una seconda interpretazione, invece, porta a ritenere che **il fiduciario possa rinunciare alla propria nomina in qualsiasi momento e quindi anche dopo aver accettato la nomina e magari anche dopo aver già fatto le veci del paziente relativamente ad alcuni trattamenti sanitari.**

Il tenore letterale della norma ma anche la stessa disciplina della figura del fiduciario portano a ritenere come preferibile la seconda interpretazione.

La disposizione, infine, precisa che la rinuncia debba essere comunicata al disponente. In questo caso, il Legislatore ha ritenuto di attribuire al disponente il diritto di sapere se non c'è più un soggetto, appunto il fiduciario, che è deputato a garantire l'applicazione e l'osservanza delle disposizioni anticipate di trattamento che egli ha predisposto, in modo da poter eventualmente prendere le conseguenti decisioni.

4.3.9. Il terzo comma stabilisce che **il disponente può revocare l'incarico dato al fiduciario in qualsiasi momento senza obbligo di motivazione** nonché che **tale revoca deve avvenire con le stesse modalità con cui avviene la nomina.**

La revoca dell'incarico di svolgere il fiduciario, quindi, presenta i seguenti elementi:

(i) **deve avvenire per atto pubblico** oppure **per scrittura privata autenticata** ovvero **per scrittura privata consegnata personalmente dal disponente presso l'ufficio dello stato civile del suo Comune di residenza o presso le strutture sanitarie** che adottano modalità telematiche di gestione della cartella clinica del fascicolo sanitario elettronico o altre modalità informatiche di gestione dei dati del singolo iscritto al Servizio Sanitario Nazionale oppure **attraverso videoregistrazioni o dispositivi** che consentono alla persona con disabilità di comunicare**;

(ii) **può avvenire in qualsiasi momento** (sempre che, ovviamente, in tale momento il disponente si trovi in condizione di capacità di intendere e di volere);

(iii) **può avvenire senza alcuna motivazione.**

Anche in questo caso, il comma appare abbastanza chiaro e non presenta problematicità di rilievo.

L'unica perplessità riguarda la forma della revoca dell'incarico del fiduciario. Infatti, mentre, secondo quanto previsto dal comma 6, la redazione delle DAT (e quindi anche la nomina del fiduciario) deve rivestire una di quelle forme dettagliatamente descritte al punto (i) del precedente elenco, la revoca delle DAT, oltre che con le medesime modalità sopra descritte per la nomina, può avvenire, qualora vi siano ragioni di emergenza e urgenza che impediscono l'utilizzo di tali forme, anche attraverso una semplice dichiarazione verbale raccolta o videoregistrata da un medico con l'assistenza di due testimoni. Pertanto, posto che - come abbiamo visto poc'anzi, ai sensi del comma 3 dell'art. 4 - la revoca dell'incarico di fiduciario può avvenire soltanto con le modalità previste per la sua nomina, si dovrebbe ritenere che il disponente, di fronte a situazioni di emergenza e urgenza che impediscono di revocare la nomina del fiduciario in una delle forme previste dal citato punto (i) dell'elenco precedente, non potrà procedere con la revoca del fiduciario espressa attraverso dichiarazione verbale raccolta o videoregistrata da un medico con l'assistenza di due testimoni. In altri termini, secondo il tenore letterale della norma qualora il disponente, in situazioni di emergenze e urgenza, volesse semplicemente sostituire o comunque revocare il fiduciario con una dichiarazione verbale senza modificare il contenuto delle disposizioni, egli non potrebbe limitarsi a revocare la nomina del fiduciario, mantenendo in essere le DAT per il resto, ma dovrebbe necessariamente revocare tutte le disposizioni anticipate di trattamento e quindi implicitamente anche la nomina del fiduciario, per poi riformulare, con una scrittura privata consegnata personalmente alla struttura sanitaria, delle nuove ed analoghe disposizioni sostituendo semplicemente il fiduciario oppure non prevedendo affatto detta figura. Tale ricostruzione appare eccessivamente farraginosa e inutilmente complicata. Pertanto è preferibile ritenere che il disponente possa utilizzare tra le forme di revoca della nomina del fiduciario **anche quella della dichiarazione verbale raccolta o videoregistrata da un medico con l'assistenza di due testimoni, ovviamente qualora sussistano le ragioni di emergenza e urgenza che impediscono di utilizzare le altre forme previste dalla disposizione.**

4.3.10. Il quarto *comma*, infine, nell'ultima disposizione che disciplina la figura del fiduciario stabilisce che, nel caso in cui il disponente non abbia indicato all'interno delle disposizioni anticipate di trattamento alcun fiduciario oppure quest'ultimo abbia rinunciato alla nomina o sia deceduto o sia diventato incapace, **le DAT mantengono comunque la propria efficacia circa le volontà del disponente.** Inoltre, **in caso di necessità, il giudice tutelare provvede a nominare un amministratore di sostegno.**

Si tratta, quindi, di una clausola di salvaguardia che il Legislatore ha inserito per garantire comunque, anche in caso di mancanza di un fiduciario per qualsiasi ragione:

(i)   da un lato, che la volontà del paziente contenuta nelle disposizioni anticipate di trattamento sia comunque efficace;

(ii)   dall'altro lato, la presenza di un soggetto, diverso dal paziente incapace ma che comunque astrattamente debba fare il suo interesse, il quale possa compiere le scelte terapeutiche sulla persona del paziente qualora sia sopravvenuta l'incapacità di quest'ultimo.

Una prima problematicità riguarda la condizione in presenza

della quale il Giudice tutelare ha la possibilità di nominare un amministratore di sostegno: in particolare, ci si può chiedere se il magistrato possa procedere con la nomina dell'amministratore di sostegno soltanto se sussiste una DAT ma manca il fiduciario per qualsiasi ragione oppure possa procedervi in ogni circostanza, quindi anche in assenza di DAT (qualora, ovviamente, il paziente sia incapace di intendere e di volere). La collocazione sistematica di tale previsione all'interno del comma 4 dell'art. 4, che disciplina l'ipotesi di mancanza del fiduciario e in generale l'istituto delle disposizioni anticipate di trattamento, porta a ritenere che **essa sia applicabile soltanto nel caso in cui vi sia una DAT e non anche nel caso in cui il paziente non abbia redatto detto documento**. In assenza di DAT, quindi, la norma in esame non si potrà applicare, anche se, evidentemente, si potrebbe comunque ricorrere al Giudice per la nomina di un Amministratore di sostegno ai sensi del codice civile (in questo caso, però, il Giudice dovrebbe valutare non solo l'opportunità, ma anche l'ammissibilità della richiesta ai sensi del codice civile).

In linea con tale interpretazione si è recentemente espresso il Tribunale di Modena, sezione seconda civile, con l'ordinanza 18 gennaio 2018, con la quale, in una ipotesi in cui il paziente non era in grado di intendere e di volere e non aveva redatto alcuna disposizione anticipata di trattamento, il giudice ha ritenuto che il consenso informato del paziente non potesse essere sostituito e surrogato dall'amministratore di sostegno proprio in ragione di quanto previsto dall'articolo 4 comma 4 della Legge n. 219 del 2017.[140]

Tuttavia, come già evidenziato nella Prima Parte del presente lavoro, è vero che tale istituto, introdotto qualche anno fa

---

[140] Trib. Modena, Sezione seconda civile, Ordinanza 18.01.2018, richiamata da L. BIARELLA, *Consenso informato in ipotesi di stato di necessità: tra deontologia medica e parere dell'amministratore di sostegno*, in *Diritto 24* del 16.02.2018, 24-25.

all'interno del codice civile, già prima dell'entrata in vigore della Legge sulle DAT veniva utilizzato dai Giudici tutelare per nominare dei soggetti che potessero esprimere la volontà del paziente in materia di scelte sanitarie, allorquando quest'ultimo non fosse in una piena situazione di capacità di intendere e di volere. Pertanto, si può ritenere che i giudici continueranno ad utilizzare tale figura anche nelle ipotesi in cui il paziente incapace non abbia precedentemente redatto le DAT.

Una seconda problematica riguarda il significato da dare all'inciso "in caso di necessità" con cui esordisce la seconda parte del comma 4, laddove prevede che il giudice, in tale situazione, nomini un amministratore di sostegno.

A tal proposito, si può ritenere che **la norma conceda al Giudice un potere discrezionale di valutare la sussistenza di una situazione in cui allo stesso appaia necessaria la presenza di un soggetto che si relazioni con il medico e con la struttura sanitaria al fine di dare attuazione alle disposizioni indicate dal paziente all'interno delle sue DAT**, al quale segue, in caso di esito positivo di tale valutazione, la nomina della figura dell'amministratore di sostegno.

4.4. L'efficacia delle DAT: una vincolatività relativa? La generale cogenza delle disposizioni anticipate di trattamento e la possibile elevata applicazione delle eccezioni.

Il comma 5 dell'articolo 4 della Legge 219 del 2017 disciplina l'efficacia delle DAT, da un punto di vista della necessarietà o meno della loro osservanza da parte degli operatori e delle strutture sanitari, stabilendo, in linea generale, che il medico è obbligato a rispettare le disposizioni anticipate di trattamento indicate dal paziente (fatta salva la mancanza di obblighi ad eseguire trattamenti contrari alla legge, alla deontologia professionale e alle buone pratiche cliniche-assistenziali) e prevedendo, in via di eccezione, che il medico stesso, in accordo con il fiduciario, possa disattendere, anche soltanto parzialmente, dette disposizioni anticipate di trattamento del paziente qualora esse appaiano palesemente incongrue o non corrispondenti alla condizione clinica attuale del paziente ovvero qualora sussistano delle terapie concretamente migliorative delle condizioni di vita, le quali non erano prevedibili nel momento in cui il paziente ha sottoscritto le proprie DAT.

La parte finale della disposizione, infine, si occupa di disciplinare le ipotesi in cui non vi sia accordo tra medico e fiduciario circa la opportunità di disattendere le disposizioni anticipate di trattamento rese del paziente: in questo caso la norma, tramite il rinvio al quinto comma dell'art. 3 della Legge in esame, rimette la decisione al Giudice tutelare, che interviene su ricorso del rappresentante legale del paziente o del medico o del rappresentante legale della struttura sanitaria.

4.4.1. Il primo aspetto da analizzare riguarda **l'efficacia vincolante delle disposizioni anticipate del paziente** e l'individuazione dei soggetti nei confronti dei quali tale vincolatività si produce.

Come abbiamo già detto nel primo paragrafo del presente capitolo, le DAT rivestono il carattere di un negozio giuridico ed in particolare di una manifestazione di volontà, attraverso la quale il redigente esprime la propria decisione in ordine alla possibilità che il medico e la struttura sanitaria effettuino o meno un trattamento sanitario nel caso in cui in futuro se ne presenti l'opportunità e la necessità clinica, ma il paziente non sia in grado di esprimere la propria volontà in merito.

È evidente, quindi, che non si tratta di una semplice preferenza o opinione del paziente, che il medico deve solo tenere in considerazione, ma di una vera e propria scelta di curarsi o non curarsi rivolta al medico che quest'ultimo dovrà quindi osservare.

La norma, infatti, stabilisce espressamente che il medico è

tenuto al rispetto delle DAT.

Ciò significa che, **se all'interno del documento contenente le DAT il paziente dispone di acconsentire** (qualora dovesse trovarsi in una situazione di incapacità) **a determinati trattamenti sanitari oppure di rifiutare che gli stessi gli vengano praticati** (es. l'idratazione artificiale), **nel momento in cui si verificherà la condizione che permette alle DAT di produrre la loro efficacia (cioè la sopravvenuta incapacità del disponente) il medico sarà obbligato, nel primo caso, a praticare il trattamento sanitario acconsentito** (purché – come vedremo meglio al prossimo paragrafo – non sia contrario alla legge, alla deontologia e alle buone pratiche) **oppure, nel secondo caso, a non praticarlo.**

Naturalmente, al medico è rimessa la valutazione tecnica circa la corrispondenza medico-scientifica del contenuto delle DAT con: da un lato, la patologia concreta da cui è afflitto il paziente incapace e, dall'altro lato, l'accertamento diagnostico o il trattamento sanitario previsto dalle linee guida nel caso concreto. Pertanto, **se il medico ritiene che non vi sia coincidenza tra la malattia o il trattamento sanitario previsti nelle DAT e la effettiva situazione patologica in cui versa il paziente o la relativa terapia dettata dalle linee guida, non dovrà applicare le disposizioni anticipate di trattamento.**

Ma in questo caso, si badi bene, non si tratta di una possibilità per il sanitario di non rispettare le disposizioni anticipate di trattamento del paziente, bensì **si tratta di una valutazione tecnica circa il fatto che la fattispecie concreta non rientra nella fattispecie astratta descritta nella DAT**, che quindi determina la non applicabilità della regola stabilita dal paziente in quanto non corrispondente alla situazione concreta in cui egli si trova in quel momento. In altri termini, il medico non potrà discostarsi dalle disposizioni anticipate di trattamento perché ritiene che la scelta terapeutica ivi manifestata dal paziente sia inadeguata da un punto di vista medico-scientifico oppure non persegua la migliore soluzione tecnica per la guarigione dalla sua malattia. Il medico potrà, soltanto, valutare la situazione concreta in cui si trova il paziente (quindi quale patologia lo affligge e quale sarebbe l'accertamento o il trattamento sanitario praticabili secondo le linee guida) e poi decidere se detta situazione corrisponde a quella che il disponente aveva astrattamente previsto nelle proprie DAT (sia dal punto di vista della patologia, che dal punto di vista della terapia).

In considerazione di ciò, il ruolo del medico risulta particolarmente importante ed anche gravato dalla responsabilità di effettuare questa necessaria verifica. Un po' come il lavoro di sussunzione della fattispecie concreta all'interno della norma astratta che deve fare il giurista allorquando deve individuare quale normativa si applichi al caso che sta esaminando.

Per quanto riguarda **i soggetti destinatari dell'obbligo di rispettare le DAT**, l'art. 4 comma 5, da un punto di vista letterale, si riferisce soltanto al "medico".

Anche in questo caso, quindi, si ripropongono le stesse problematiche già viste sul capitolo dedicato al consenso informato in ragione del fatto che anche l'art. 1, comma 6, fa riferimento esclusivamente al "medico" quale soggetto tenuto a rispettare la volontà espressa dal paziente in ordine al trattamento sanitario. Pertanto, si rimanda alle osservazioni formulate in detto capitolo.

In questa sede, è sufficiente ribadire che appare irragionevole prevedere che soltanto il medico debba rispettare le DAT del paziente, mentre non lo debbano fare gli altri sanitari, i quali, quindi, potrebbero praticare il trattamento sanitario rifiutato preventivamente dal paziente all'interno delle sue DAT senza incorrere in alcun tipo di responsabilità. In ragione di ciò, anche in questo caso, **appare preferibile considerare il termine "medico" usato dal Legislatore come riassuntivo e quindi ritenere che anche gli altri operatori sanitari coinvolti nell'accertamento diagnostico o nel trattamento sanitario siano obbligati a rispettare le disposizioni anticipate di trattamento del paziente.**

Per quanto riguarda, infine, le conseguenze derivanti dal mancato rispetto delle DAT da parte del sanitario e/o della struttura sanitaria, non avendo la norma previsto alcuna sanzione speciale, si ritiene che siano applicabili le disposizioni previste dalla Legge Gelli-Bianco (Legge 24/2017) e quindi che **i sanitari risponderanno a titolo penale e/o civile e le strutture sanitarie a titolo civile per il mancato rispetto delle disposizioni anticipate di trattamento previste dal paziente**. Per quanto riguarda, poi, la responsabilità civile degli esercenti la professione sanitaria, questa avrà carattere contrattuale o extracontrattuale a seconda dei criteri previsti dalla citata Legge 24 del 2017.

4.4.2. Un aspetto importante da tenere in considerazione riguarda il fatto che il comma quinto esordisce con l'inciso *"fermo restando quanto previsto dal comma 6 dell'articolo 1"*.

Attraverso il suddetto rinvio, il Legislatore trasferisce nelle DAT gli stessi limiti previsti per il consenso informato. Ciò significa, quindi, che, **seppur il medico è obbligato a rispettare le disposizioni anticipate di trattamento e quindi le scelte sanitarie indicate dal paziente all'interno di tale documento, egli (il medico) sarà comunque obbligato a rifiutare i trattamenti sanitari contrari a norme di legge, alla deontologia professionale o alle buone pratiche clinico-assistenziali che dovessero essere stati eventualmente indicati dal paziente all'interno delle DAT.**

Pertanto, in un'ipotesi del genere, il medico non solo non sarebbe obbligato - in considerazione del rapporto professionale intercorrente con il paziente - a dare esecuzione alle richieste terapeutiche contenute nelle DAT, ma, anzi, su di lui graverebbe un opposto divieto, che, se non rispettato, determinerebbe la sua responsabilità civile e/o penale.

Le problematiche connesse a tale aspetto, sono identiche a quelle già esaminate nel relativo capitolo dedicato al consenso informato, pertanto si rimanda alla lettura delle precedenti pagine.

4.4.3. Il quinto comma, come detto, dopo aver previsto la regola generale sopra esaminata per cui i sanitari sono tenuti al rispetto delle DAT, immediatamente dopo prosegue precisando che **il medico, d'accordo con il fiduciario, ha la possibilità di non osservare dette disposizioni nel caso in cui ritenga che sussista una delle tre seguenti situazioni**:

(i) **le disposizioni anticipate di trattamento del paziente** *"appaiano palesemente incongrue"*;

(ii) **le disposizioni anticipate di trattamento del paziente** *"appaiano non corrispondenti alla condizione clinica attuale del paziente"*;

(iii) **al momento attuale vi siano delle terapie, che non potevano essere previste dal paziente nel momento in cui ha sottoscritto le DAT, che sono in grado di dare a quest'ultimo delle** *"concrete possibilità di miglioramento delle condizioni di vita"*.

Il Legislatore, prendendo spunto dalle indicazioni provenienti dalla giurisprudenza relativa ai casi di consenso informato, la quale richiedeva che il consenso fosse attuale (cioè fosse espresso proprio nel momento in cui doveva essere eseguito il trattamento sanitario), attraverso la norma in esame, ha attribuito al medico la facoltà di disattendere il contenuto delle DAT qualora le indicazioni contenute in detto documento non corrispondano alla condizione clinica attuale del paziente oppure qualora in quel momento vi siano delle terapie - migliorative delle sue condizioni di vita - che il paziente non poteva prevedere nel momento in cui ha redatto le DAT.

Si tratta, quindi, di una triplice eccezione alla vincolatività delle disposizioni anticipate di trattamento, finalizzata ad evitare la acritica osservanza di una volontà che potrebbe non essere attuale.

In altri termini, la necessità di garantire l'attualità di un consenso espresso in una fattispecie ad efficacia successiva come le DAT, cioè ora per allora, e pertanto ontologicamente non attuale, ha condotto il Legislatore a prevedere tre ipotesi in cui la vincolatività della disposizione cede, dando la possibilità al medico di disattenderla, allorquando per le ragioni sopra esposte **si può presumere che il consenso contenuto nelle DAT non corrisponde a quella che sarebbe, presumibilmente, la volontà attuale del paziente se egli fosse cosciente**.

Per quanto riguarda le tre ipotesi di eccezioni previste dal comma in esame, è opportuno evidenziare che:

(i) con riferimento alla prima fattispecie relativa alla presenza di **DAT incongrue**, il Legislatore non fornisce alcun elemento per aiutare l'interprete a dare un significato a tale termine e quindi ad individuare quali possano concretamente essere le ipotesi di DAT incongrue. Conseguentemente, viene lasciata un'ampia discrezionalità al medico nel compiere tale valutazione. Quello che, però, pare certo è che **l'incongruità non potrà mai consistere nel fatto che la disposizione del paziente sia in contrasto con la scelta terapeutica che, da un punto di vista medico-scientifico, appare preferibile per curare la malattia**. Se così non fosse, infatti, si attribuirebbe al medico il potere di decidere cosa è meglio per il paziente: situazione che l'intera Legge in esame mira proprio a evitare. Pertanto, si deve ritenere che la valutazione di incongruità debba essere effettuata esclusivamente sulle DAT del paziente, nel senso che le stesse debbano apparire confuse, contrastanti con loro stesse o comunque intrinsecamente incoerenti oppure tali da far emergere che il paziente non abbia ricevuto un'adeguata informazione sulle conseguenze delle proprie scelte prima di redigere la disposizione.

(ii)   Con riferimento alla seconda fattispecie relativa all'ipotesi in cui le DAT del paziente non appaiono corrispondenti alla sua situazione clinica attuale, **il Legislatore prevede che il medico compia una valutazione del caso concreto per verificare se lo stesso corrisponda alla fattispecie astratta prevista dal paziente all'interno delle sue DAT e in caso positivo applichi le disposizioni del paziente** (l'eccezione pone un rilevante problema - che sarà meglio esaminato tra qualche pagina - nel caso in cui la valutazione del medico sia negativa, cioè qualora egli ritenga che la condizione clinica attuale del paziente appaia non corrispondente alla fattispecie astratta descritta all'interno delle DAT: il medico dovrà applicare la scelta terapeutica dettata dalle linee guida oppure avrà la possibilità di applicare lo stesso le DAT ?).

Infine, si rileva come in entrambe le due eccezioni appena esaminate il Legislatore utilizzi il termine "apparire" ("*qualora esse appaiano palesemente incongrue o non corrispondenti...*"). Ciò significa, quindi, che **il medico potrà disattendere le disposizioni anticipate di trattamento del paziente anche quando non abbia la certezza che esse siano incongrue o che la fattispecie astratta e quella concreta non corrispondano, ma anche quando egli ritenga che ci sia una elevata probabilità in tal senso**.

(iii)   La terza fattispecie riguarda la sopravvenienza di nuovi trattamenti che permetterebbero al medico di non rispettare le disposizioni del paziente. Ebbene, la norma, nella parte in cui richiede che tali nuovi trattamenti debbano essere capaci di offrire concrete possibilità di miglioramento delle condizioni di vita del paziente, deve essere interpretata nel senso che **le DAT non possono essere disattese se dal nuovo trattamento derivi un qualunque beneficio terapeutico, ma soltanto se questo può dare al paziente un beneficio tale da assicurare un migliore livello di qualità della vita, rispetto a quello in cui egli si trova in quel momento.** Soltanto in presenza di tale situazione il Legislatore ritiene che il paziente, se fosse stato capace, probabilmente avrebbe accettato il nuovo trattamento. Anche in questo caso, quindi, il Legislatore lascia un'ampia discrezionalità al medico, al quale è demandata la valutazione circa il fatto che le nuove terapie non conoscibili al momento della redazione delle DAT siano in grado di migliorare le condizioni di vita del paziente. Infine, è opportuno precisare che l'eccezione in esame riguarda soltanto la scoperta di nuovi trattamenti sanitari, mentre non è prevista la possibilità per il medico di disattendere la DAT nel caso in cui sopraggiungano delle circostanze, non conosciute al paziente, di carattere diverso (per es. economico), e rispetto alle quali si potrebbe comunque presumere che – se il paziente fosse stato capace – lo avrebbero indotto a cambiare idea rispetto a quanto stabilito all'interno delle DAT.

Ciò detto in generale sulle eccezioni, si pongono almeno tre importanti problemi interpretativi.

In primo luogo, è opportuno evidenziare che la norma precisa che il medico "può" disattendere il contenuto delle DAT (*"le quali possono essere disattese"*).

Il problema è quindi il significato da attribuire all'utilizzo del verbo "potere": da un lato, infatti, esso potrebbe essere inteso come la concessione di una facoltà al medico; dall'altro lato, invece, potrebbe essere inteso come il riconoscimento della legittimità della inosservanza delle DAT da parte del medico (quindi come un esonero di responsabilità).

Secondo la prima interpretazione, **l'utilizzo del verbo potere, quindi, concederebbe al medico la facoltà di non osservare le disposizioni anticipate di trattamento**. Pertanto, a differenza delle DAT nelle quali il paziente richiedesse dei trattamenti contrari alla legge, alla deontologia o alle buone pratiche clinico-assistenziali, dove il medico sarebbe obbligato - come abbiamo visto - a disattendere tali richieste, in questo caso il medico non sarebbe obbligato a disattendere le disposizioni del paziente, ma potrebbe decidere discrezionalmente se applicarle o meno. Pertanto, anche qualora il medico non esercitasse tale facoltà e quindi desse esecuzione alle DAT del paziente, non dovrebbe essere ipotizzabile una sua responsabilità civile o penale. In altri termini, se anche le linee guida medico-scientifiche applicabili al caso concreto richiedessero l'applicazione di un determinato trattamento sanitario che è escluso dalle specifiche DAT del paziente e se dette disposizioni anticipate di trattamento apparissero palesemente incongrue oppure non corrispondenti alla situazione concreta del paziente, il medico che decidesse di dare comunque seguito alle richieste del paziente, non praticando il trattamento e violando in tal modo le linee guida, non dovrebbe rispondere per responsabilità civile o penale ai sensi della legge 24 del 2017.

Secondo la seconda interpretazione, invece, **l'utilizzo del termine potere da parte del Legislatore vorrebbe semplicemente dire che il medico**, se le DAT sono palesemente incongrue o non corrispondenti alla condizione clinica attuale del paziente o sono state scoperte delle nuove terapia "salvavita", **può legittimamente disattendere dette DAT senza incorrere in alcuna responsabilità di nessun tipo**. Tale soluzione, quindi, porterebbe in questi casi a considerare lecita la condotta del medico che disattende le DAT, ma, escludendo che il termine "potere" conceda al medico una discrezionalità circa tale disapplicazione, di fatto gli imporrebbe di non rispettare la disposizione palesemente incongrua o non corrispondente alla situazione attuale del paziente stabilita da quest'ultimo all'interno delle proprie DAT. Con conseguenti ricadute in termini di responsabilità professionale in caso, invece, di osservanza di tale disposizione (dovute al fatto che, probabilmente, l'applicazione della disposizione anticipata incongrua o non corrispondente alla situazione concreta del paziente porterebbe alla mancata somministrazione del trattamento sanitario consigliato dalle linee guida medico-scientifiche nel caso concreto).

La scelta fra le due soluzioni interpretative non appare semplice e sarà importante vedere la posizione che sarà tenuta dai giudici nelle varie situazioni concrete.

Tuttavia, la seconda interpretazione potrebbe essere preferita per due ragioni:

- il tenore letterale della norma (*"il medico è tenuto al rispetto delle DAT, le quali possono essere disattese ... qualora esse appaiano ..."*), che non si riferisce al medico allorquando utilizza il termine "potere" (cioè non dice che il medico può disattendere le DAT), ma si riferisce alle stesse disposizioni (cioè dice che le DAT possono essere disattese);
- i principi su cui si fonda l'intera Legge in esame e gli obiettivi cui essa tende (cioè non solo la tutela dell'autodeterminazione del paziente, basata su un'adeguata informazione medica, ma anche la tutela della salute e della vita di quest'ultimo), che sarebbero frustrati qualora il medico non fosse obbligato a rispettare le linee guida medico-scientifiche in situazioni in cui la scelta terapeutica contraria indicata dal paziente all'interno delle DAT

è frutto di una non corretta informazione o conoscenza medica e pertanto può essere dannosa della sua salute.

La seconda problematicità riguarda il fatto che **la disposizione, da un punto di vista letterale, riconosce tale facoltà di disattendere le DAT del paziente soltanto al medico**. Si ripropone, quindi, anche in questo caso il solito problema di capire se il termine "medico" debba essere inteso estensivamente a tutti i sanitari oppure riguardi soltanto la figura del medico. In questo caso, a differenza del termine utilizzato dallo stesso comma in esame per individuare i soggetti obbligati a rispettare le DAT, sembrerebbe preferibile limitare il riferimento soltanto alla figura del medico e quindi dare un'interpretazione letterale al termine.

Infatti, mentre per quanto riguarda i soggetti destinatari dell'obbligo di rispettare le disposizioni anticipate di trattamento redatte dal paziente sembra opportuno estendere la pletora dei destinatari a tutti i sanitari (e non soltanto al medico), **nel caso dell'individuazione dei soggetti che hanno la possibilità di disattendere le disposizioni del paziente, sembra preferibile limitare la pletora di tali soggetti soltanto al medico, che ha maggiori competenze medico-scientifiche per valutare se siamo in presenza o meno di una delle tre eccezioni previste dalla norma.**

Questa soluzione, d'altra parte, appare in linea con la ratio e le finalità dell'intera Legge 219 del 2017, perché concede maggiori garanzie di rispetto e tutela delle scelte del paziente.

La terza questione interpretativa riguarda il fatto che il comma 5 riconosce al medico la facoltà di disattendere le disposizioni anticipate di trattamento del paziente, **in maniera totale o in maniera parziale**.

Ciò significa che, nei casi eccezionali previsti dal comma in esame, il medico può non osservare integralmente le disposizioni anticipate di trattamento del paziente, ma può anche selettivamente individuare quali disposizioni non rispettare e quali, invece, rispettare, a seconda (evidentemente) di quali risultino rientrare in una delle tre eccezioni previste dalla norma.

4.4.4. Il quinto comma, infine, precisa che **la decisione del medico di disattendere le DAT debba essere presa in accordo con il fiduciario** e disciplina anche come risolvere eventuali situazioni di contrasto tra la posizione del medico e quella del fiduciario.

In particolare, **qualora il medico ritenesse di dover disattendere le disposizioni anticipate di trattamento del paziente e il fiduciario, invece, ritenesse che il medico dovrebbe darne esecuzione,** la norma stabilisce che **il rappresentante legale del paziente o i soggetti previsti dall'articolo 406 del codice civile**[141] oppure **lo stesso medico** o ancora **il rappresentante legale della struttura sanitaria possano presentare un ricorso al Giudice tutelare affinché questi decida** se le disposizioni anticipate di trattamento del paziente debbano o meno essere disattese nel caso concreto.

Sul punto, è opportuno rilevare come tale ricorso al Giudice tutelare sia applicabile soltanto nell'ipotesi in cui il medico voglia disattendere le disposizioni anticipate di trattamento ed il fiduciario abbia un'opinione contraria. Il tenore letterale della norma, infatti, esclude che tale ricorso possa essere utilizzato nel caso in cui, invece, sia il fiduciario a ritenere che le DAT sarebbero da

---

[141] Art. 406 c.c.: *"Il ricorso per l'istituzione dell'amministrazione di sostegno può essere proposto dallo stesso soggetto beneficiario, anche se minore, interdetto o inabilitato, ovvero da uno dei soggetti indicati nell'articolo 417. Se il ricorso concerne persona interdetta o inabilitata il medesimo è presentato congiuntamente all'istanza di revoca dell'interdizione o dell'inabilitazione davanti al giudice competente per quest'ultima.*
I responsabili dei servizi sanitari e sociali direttamente impegnati nella cura e assistenza della persona, ove a conoscenza di fatti tali da rendere opportuna l'apertura del procedimento di amministrazione di sostegno, sono tenuti a proporre al giudice tutelare il ricorso di cui all'articolo 407 o a fornirne comunque notizia al pubblico ministero".

disattendere (in quanto palesemente incongrue o non corrispondenti alla condizione clinica attuale del paziente ovvero in quanto sussistono nuove terapie migliorative), mentre il medico ritiene che non sussistano le condizioni per configurare la presenza di una delle eccezioni. Diverso, però, è il caso in cui il medico ritenesse configurabile una delle tre eccezioni, ma comunque decidesse di applicare ugualmente le DAT (qualora si ritenesse che il medico non sia obbligato a disattendere le DAT, ma abbia soltanto una facoltà in tal senso). In questo caso, si potrebbe ritenere che il fiduciario abbia la possibilità di ricorrere al Giudice tutelare.

4.4.5. Concludiamo, con una riflessione circa il ruolo che potrebbero rivestire le tre eccezioni appena esaminate.

È evidente, infatti, come le stesse siano abbastanza generiche e come comunque venga concessa al medico un'ampia discrezionalità nella valutazione della loro applicabilità. Le ragioni che hanno indotto il Legislatore a riconoscere una così ampia discrezionalità al medico sono riconducibili al fatto che ci potrebbe essere una distanza temporale molto elevata fra il momento in cui il paziente ha redatto le DAT e il momento in cui il medico si trova a doverle applicare: conseguentemente, la scelta fatta dal paziente giovane e in buona salute, potrebbe non corrispondere alla stessa scelta che quel paziente farebbe qualora fosse più anziano e malato, inoltre il passare del tempo potrebbe far scoprire nuove cure in grado di migliorare le condizioni di vita dei pazienti affetti da alcune patologie. La diversa condizione fisica e psicologica del paziente o il sopraggiungere di nuove cure, potrebbe indurre quel soggetto a decisioni diverse, che però egli non può più prendere in quanto incapace. Pertanto, l'ampia discrezionalità concessa al medico potrebbe garantire una maggior tutela della libertà di scelta del paziente, nei casi in cui si può presumere con ragionevole certezza che il paziente, se avesse potuto, successivamente avrebbe manifestato una volontà diversa da quella contenuta nelle DAT.

Tuttavia, il rovescio della medaglia di tale ampia

discrezionalità è che potrebbe accadere frequentemente che i medici ritengano di essere in presenza di una delle suddette eccezioni e quindi disattendano il contenuto delle DAT.

Ora, si capisce bene che la effettiva vincolatività delle disposizioni anticipate di trattamento del paziente è strettamente correlata e dipende dall'operatività concreta delle eccezioni. Intendiamo dire che, se è pur certamente vero che il Legislatore ha previsto come regola generale che il medico e tutti i sanitari sono tenuti a rispettare le scelte terapeutiche espresse dal paziente all'interno delle DAT, è altrettanto vero che qualora le eccezioni previste dal Legislatore fossero ampiamente utilizzate dai medici, ci si troverebbe in una situazione di fatto in cui sono più i casi dove vengono applicate le eccezioni e quindi disattese le DAT, che i casi in cui si applica la regola generale. Tale situazione, evidentemente, determinerebbe, di fatto, un'inversione del rapporto regola generale / eccezioni previsto dalla Legge. Soltanto il tempo e la verifica delle concrete applicazioni che nella pratica avrà questa norma ci potrà dire se tale scenario è soltanto un'ipotesi o potrebbe effettivamente configurarsi.

4.5. LA FORMA DELLE DAT: IL RILASCIO, LA MODIFICA E LA REVOCA.

Il sesto comma dell'articolo 4 della Legge 219 del 2017 disciplina le forme con cui la DAT devono essere redatte ed eventualmente possono essere modificate o revocate.

In particolare, la disposizione in esame stabilisce che **le DAT devono essere redatte attraverso una delle seguenti forme**:

(i)   **atto pubblico;**

(ii)   **scrittura privata autenticata;**

(iii)   **scrittura privata consegnata di persona dal disponente all'ufficio dello stato civile del suo Comune di residenza** (il quale, poi, provvede alla annotazione della DAT all'interno di un apposito registro);

<ul>
<li>(iv)   **scrittura privata consegnata di persona del disponente ad una struttura sanitaria** che adotti modalità telematiche di gestione della cartella clinica o che adotti il fascicolo sanitario elettronico oppure altre modalità informatiche di gestione dei dati degli iscritti al servizio sanitario nazionale;</li>
<li>(v)   **videoregistrazione o dispositivi che consentono alla persona con disabilità di comunicare** (però, la norma ha cura di precisare che quest'ultima forma può essere adottata soltanto **nel caso in cui le condizioni del paziente non consentano di utilizzare le precedenti forme**).</li>
</ul>

Da un punto di vista fiscale, la disposizione in esame stabilisce inoltre che le disposizioni anticipate di trattamento sono esenti dall'obbligo di registrazione, dall'imposta di bollo e da qualsiasi altro tributo, imposta, diritto e tassa.

Infine, nella sua seconda parte, il comma in esame individua il momento e le modalità attraverso cui le DAT possono essere rinnovate, modificate o revocate.

Per quanto riguarda l'aspetto temporale, è previsto che **le DAT possono essere rinnovate, modificate e revocate in qualsiasi momento.**

Per quanto riguarda **le forme attraverso cui ciò può avvenire,** la norma:

<ul>
<li>(i)   in primo luogo, rimanda alle **stesse forme attraverso cui le DAT possono essere redatte;**</li>
<li>(ii)   in secondo luogo, stabilisce che **qualora sussistano delle ragioni di emergenza e di urgenza che impediscano di revocare le DAT attraverso una delle forme suddette, la revoca può avvenire anche attraverso una dichiarazione verbale che viene raccolta o videoregistrata da un medico,**</li>
</ul>

con l'assistenza di due testimoni.

4.5.1. La scelta delle forme attraverso cui redigere, modificare e ritirare le disposizioni anticipate di trattamento è stata, per il Legislatore, un aspetto molto delicato da affrontare. Infatti, da un lato, egli avrebbe potuto seguire una strada estremamente formalistica (per es. soltanto atto pubblico e alla presenza di un medico) per poter garantire nella massima misura possibile che tali volontà anticipate fossero effettivamente riferibili a quella persona; ciò in considerazione del fatto che attraverso le stesse si decide della salute e della vita di un soggetto che, essendo incapace nel momento in cui saranno applicate, non è più in grado di manifestare la propria volontà. Dal lato radicalmente opposto, il Legislatore avrebbe potuto seguire la strada della totale libertà di forme, che avrebbe evitato di rendere eccessivamente complicata e burocratica la manifestazione di volontà anticipata del paziente, facilitando l'uso e la diffusione delle DAT.

La prima scelta avrebbe comportato il rischio che l'eccessivo formalismo avrebbe potuto portare le persone a rinunciare alla redazione delle DAT, mentre la seconda scelta avrebbe comportato il rischio di creare numerose situazioni in cui sarebbe stata messa in discussione l'autenticità del contenuto della DAT e la sua riferibilità al paziente.

Come si vede, quindi, il Legislatore ha cercato una soluzione di compromesso prevedendo un ventaglio di forme, con una graduale riduzione di rigidità, la cui scelta è rimessa alla discrezione di colui il quale è interessato a redigere le DAT, fra le quali prevalgono sicuramente quelle scritte (anche se, oltre alle forme più solenni dell'atto pubblico o della scrittura privata autenticata, vi sono delle forme più snelle di scrittura privata), ma è riconosciuta valida anche un'ipotesi di forma orale (anche se videoregistrata). Inoltre, per la sola ipotesi della revoca delle DAT, la disposizione ammette una forma orale ancor più snella, in quanto tale revoca non deve essere necessariamente videoregistrata dal medico, ma può anche essere semplicemente raccolta, quindi ascoltata, da detto soggetto, alla presenza di due testimoni.

4.5.2. Il primo aspetto da prendere in considerazione riguarda **la natura della forma** richiesta dal comma 6 dell'art. 4: ai fini della validità delle DAT o soltanto della loro prova?

Come noto, infatti, nel nostro ordinamento i requisiti di forma possono avere un valore sostanziale oppure un valore probatorio. Nel primo caso, la mancata osservanza della forma prevista determina l'invalidità dell'atto, mentre, nel secondo caso, l'atto non adottato secondo la forma prevista è comunque valido, ma non potrà essere provato in giudizio se non possiede la forma richiesta.

La Legge in esame non specifica in maniera espressa la natura del requisito di forma indicato nel sesto comma dell'articolo 4. Tuttavia, il tenore letterale dello stesso e quindi l'utilizzo del termine "dovere", nonché i principi e le finalità che stanno dietro l'intero impianto normativo in esame, conducono a ritenere che **le forme normativamente prescritte debbano essere rispettate a pena di invalidità delle disposizioni anticipate di trattamento espresse dal paziente.** Ciò significa che, se un soggetto redigesse delle disposizioni anticipate di trattamento in un foglio conservato all'interno del cassetto del proprio comodino, tali disposizioni non sarebbero valide e quindi non potrebbero avere alcuna efficacia, così come analoga sorte subirebbero quelle disposizioni anticipate di trattamento che fossero espresse in forma orale anche se alla presenza di un numero elevatissimo di testimoni.

4.5.3. Al di là delle forme dell'atto pubblico e della scrittura privata autenticata, le quali non richiedono alcun tipo di interpretazione, le altre due forme di scrittura privata richiedono la consegna personale del documento all'interno del quale sono contenute le DAT all'ufficio di stato civile comunale oppure alla struttura sanitaria. In questo caso, quindi, viene meno la solennità data dalla presenza del notaio, che garantisce la provenienza del documento dal paziente, ma, per fornire adeguate garanzie circa detta provenienza, si prevede che **il paziente stesso consegni personalmente questo documento**. La consegna personale è infatti ritenuta dal Legislatore una adeguata garanzia di autenticità.

Naturalmente, appare preferibile non interpretare il termine "personalmente" in maniera eccessivamente restrittiva, quindi si dovrà ammettere che **la consegna delle DAT possa avvenire anche attraverso soggetti diversi dal disponente, purché questi siano portatori di un legittimo potere sostitutivo di quest'ultimo.**

Per quanto riguarda la scrittura privata, poi, vi è da aggiungere che il comma in esame limita, da un punto di vista territoriale, gli uffici comunali di stato civile presso i quali poter consegnare detto documento **al solo ufficio del Comune dove ha la residenza il soggetto che ha redatto e sottoscritto la scrittura privata contenente le DAT**. La norma, invece, non prevede **alcuna limitazione territoriale per le strutture sanitarie dove poter consegnare detto documento**, ritenendo sufficiente che si tratti di una struttura che adotti modalità telematiche di gestione della cartella clinica o il fascicolo sanitario elettronico, ovunque essa si trovi. In altri termini, il disponente potrà consegnare la scrittura privata soltanto all'ufficio di stato civile del Comune dove ha la residenza, pertanto nel caso in cui tale documento fosse consegnato ad un ufficio di stato civile di un Comune diverso, le disposizioni anticipate di trattamento ivi contenute non sarebbero valide.

A tal proposito, il Ministero dell'Interno con la Circolare n.1 del 2018 ha fornito alcune indicazioni rivolte agli Uffici comunali di stato civile per disciplinare la raccolta delle scritture private contenenti le DAT e la loro annotazione in un apposito registro, come previsto dal comma 6 dell'art. 4 della Legge in esame.

In particolare, il Ministero ha stabilito che:

(i)   l'ufficio di stato civile non può ricevere scritture private contenenti DAT redatte da soggetti che non siano residenti in quel comune;

(ii)   l'ufficiale dello stato civile verifica soltanto l'identità e la residenza anagrafica all'interno del Comune di colui il quale ha redatto la scrittura privata e l'ha consegnata, non svolgendo alcun ruolo attivo nella redazione del documento né nel fornire informazioni circa il suo contenuto;

(iii)   dopo aver ricevuto la scrittura privata l'ufficiale di stato civile rilascia al disponente una ricevuta dove sono indicati i dati anagrafici del disponente, la data di consegna, la firma e il timbro dell'ufficio;

(iv)   poiché la Legge 219 del 2017 non ha istituito un nuovo registro dello stato civile, l'ufficio comunale deve registrare le scritture private contenenti le DAT in un elenco apposito, ordinato cronologicamente, e assicurare che detto registro e le relative scritture private siano conservate in maniera adeguata e conforme ai principi di riservatezza dei dati personali indicati nel codice privacy.

4.5.4. Per quanto riguarda **l'espressione di DAT attraverso la videoregistrazione oppure attraverso dispositivi che consentono al disabile di comunicare**, questa **è ammessa soltanto qualora sussistano delle condizioni fisiche che impediscano al paziente di redigere le DAT nelle forme scritte sopra esposte.**

Sul punto, è opportuno evidenziare come la norma faccia riferimento esclusivamente, ma anche genericamente, alle condizioni fisiche del paziente. Ciò significa, da un lato, che la forma orale videoregistrata potrà essere utilizzata in tutti i casi in cui il paziente abbia degli impedimenti di carattere fisico, ad utilizzare le forme ordinarie di redazione, non soltanto di carattere sanitario. In altri termini, il paziente potrà utilizzare questa forma non solo quando ha una malattia che gli impedisce di siglare di proprio pugno il documento in cui sono contenute le DAT, ma anche quando non è fisicamente in grado di recarsi da un notaio o all'Ufficio di stato civile del comune di residenza o presso una struttura sanitaria che adotti modalità telematiche di gestione della cartella clinica (per esempio, perché è molto anziano e tali "uffici" si trovano a notevole distanza dalla sua abitazione oppure perché è tenuto con la forza all'interno di una stanza e non può uscire). Dall'altro lato, significa che la forma orale videoregistrata non potrà essere utilizzata quando il soggetto abbia delle condizioni psichiche che impediscano l'uso di una delle forme ordinarie (si pensi, per esempio, a chi soffre di malattie psicologiche che non gli permettono di lasciare la propria abitazione e quindi di recarsi in uno dei luoghi deputati per la redazione o la consegna delle DAT).

4.5.5. Per quanto riguarda **la revoca delle DAT attraverso la forma della dichiarazione orale raccolta o videoregistrata dal medico, alla presenza di due testimoni,** questa è **ammessa soltanto qualora ricorrano delle ragioni di emergenza e urgenza che non permetterebbero di revocare le DAT attraverso le altre forme ordinarie.** Si tratta, quindi, di una procedura del tutto eccezionale, il cui presupposto è dato dalla sussistenza di una situazione di emergenza e urgenza. I due termini utilizzati dal Legislatore, per il contesto in cui si trovano, devono essere interpretati – analogamente a quanto già visto per il consenso informato al comma 7 dell'art. 1 della Legge in esame – facendo riferimento alle rispettive categorie utilizzate in medicina.

Pertanto, la situazione di emergenza deve essere intesa come quella in cui sussistono delle condizioni patologiche ad insorgenza improvvisa e di rapida evoluzione, in cui le condizioni vitali del paziente sono talmente critiche da comprometterne la sopravvivenza e che, pertanto, necessitano di interventi repentini. La situazione di urgenza, invece, è quella in cui le condizioni patologiche del paziente, pur avendo insorgenza improvvisa, determinano un pericolo di vita calcolato in ore, non in minuti, per le quali è comunque necessario intervenire nel minor tempo possibile.

Si tratta, quindi, di due situazioni abbastanza vicine, ma

comunque leggermente differenti tra di loro, pertanto, l'uso della "e" congiuntiva da parte del legislatore appare non corretto (in quanto, non sembra possibile che entrambe le situazioni possano verificarsi contestualmente). Appare preferibile interpretare tale congiunzione come se fosse una "o" disgiuntiva e pertanto come la possibilità di utilizzare la forma orale in esame al verificarsi anche di una soltanto delle due situazioni.

Infine, è opportuno precisare che **la forma orale in esame può essere utilizzata esclusivamente per revocare le DAT precedentemente redatte. Non può, invece, essere utilizzata né per modificare le DAT precedentemente redatte, né tanto meno per esprimere nuove e diverse DAT.** Il tenore letterale della norma, infatti, appare abbastanza chiaro, riferendosi soltanto alla revoca. Ciò esclude in radice la possibilità di estendere tale forma alla realizzazione di nuove disposizioni anticipate di trattamento, anche perché il comma in esame dedica la sua prima parte proprio ad individuare le modalità attraverso cui queste disposizioni vengono espresse. Riconoscere, poi, l'estensione di tale procedura orale oltre che alla revoca, anche alla modifica, significherebbe comunque permettere la creazione di nuove disposizioni anticipate di trattamento attraverso questa forma orale semplificata. Infatti, la modifica contiene anche una componente positiva, a differenza della revoca che contiene soltanto una componente negativa: attraverso la revoca, le disposizioni anticipate di trattamento vengono meno e perdono la loro efficacia; attraverso la modifica, invece, vengono meno le originarie dichiarazioni anticipate di trattamento o parti di esse, ma vengono altresì introdotte e producono effetti le nuove disposizioni. Pertanto la disciplina della revoca non pare estensibile anche alla modifica.

4.5.6. Per concludere il paragrafo dedicato alle forme delle DAT, appare opportuno accennare al **mancato coordinamento della Legge in esame con la precedente Legge n.76 del 2016 (c.d. Legge Cirinnà).**

Quest'ultima Legge, che disciplina le unioni civili, attraverso il combinato disposto di due commi, aveva introdotto (forse inconsapevolmente) una vera e propria figura di DAT:

- al comma 39, aveva, prima, equiparato in materia di salute i conviventi di fatto ai coniugi o ai partner di unioni civili;
- al successivo comma 40, aveva, poi, riconosciuto a ciascun convivente di fatto e (in ragione di quanto previsto al precedente comma 39) a ciascun coniuge e partner di unione civile, il potere di designare l'altro convivente, coniuge o partner quale suo rappresentante, con poteri pieni o limitati, perché prenda al suo posto le decisioni in materia di salute che lo riguardano per il caso in cui sopravvenisse una malattia che lo rendesse incapace di intendere e di volere.

In queste disposizioni molti avevano visto un'introduzione surrettizia, probabilmente non voluta, da parte del Legislatore, di una forma di disposizioni anticipate di trattamento.

La nuova legge sulle DAT non ha minimamente preso in considerazione l'esistenza nel nostro ordinamento della Legge Cirinnà e delle disposizioni sopra richiamate. Pertanto, si pone un serio problema di coordinamento tra le due normative. Anche perché la Legge Cirinnà non prevede alcuna forma particolare per la nomina del convivente, coniuge o partner che prenda le decisioni in materia di salute al posto del paziente nel frattempo divenuto incapace. Se le disposizioni sopra esaminate della Legge Cirinnà fossero ancora efficaci, quindi non implicitamente abrogate dalla nuova Legge sulle DAT, potrebbe verificarsi la situazione per cui il convivente, il coniuge e il partner di unione civile (ma soltanto queste tre figure) potrebbero nominare attraverso qualsiasi forma (anche oralmente o in un foglio di carta contenuto in un cassetto) il proprio convivente, coniuge o partner perché compia ogni e qualsiasi decisione in materia sanitaria al posto del "compagno di vita" nel caso in cui quest'ultimo diventasse incapace, così affidando a tali soggetti, nominati in maniera totalmente libera, il potere di decidere quali accertamenti diagnostici e trattamenti sanitari possono essere eseguiti sul paziente incapace.

Orbene, la legge sulle DAT è certamente successiva rispetto alla Legge Cirinnà, pertanto, trattandosi di due leggi, quindi pari ordinate per quanto riguarda il criterio gerarchico, nonché di due leggi speciali, quindi non essendo operabile il criterio per cui la legge speciale deroga alla legge generale, in ossequio al residuo criterio cronologico, la Legge 219/2017 dovrebbe ritenersi abrogativa dei commi 39 e 40 della Legge Cirinnà in quanto incompatibili con l'art. 4 comma 6 della Legge sulle DAT, laddove quest'ultimo prevede delle forme specifiche per la validità delle disposizioni anticipate di trattamento. Tuttavia, anche in questo caso, soltanto le decisioni giurisprudenziali potranno fare chiarezza (a meno di un successivo intervento chiarificatore da parte del Legislatore).

4.6. LA RACCOLTA DELLE DAT.

Il settimo comma dell'articolo 4 della Legge 219 del 2017 disciplina le modalità di raccolta e di conservazione delle DAT da parte delle Regioni.

In particolare, la disposizione stabilisce che **le Regioni che adottano modalità telematiche di gestione della cartella clinica o che adottano il fascicolo sanitario elettronico oppure altre modalità informatiche di gestione dei dati del singolo iscritto al servizio sanitario nazionale**, attraverso un proprio atto, possono disciplinare:

(i) **le modalità con cui raccogliere le copie delle DAT e dell'indicazione del fiduciario eventualmente nominato;**

(ii) **l'inserimento delle DAT all'interno di una banca**

dati regionale (sul punto, però, la norma precisa che l'atto regionale con cui viene previsto l'inserimento delle DAT all'interno della banca dati deve lasciare al disponente la libertà di scegliere se dare una copia delle DAT, che sarà quindi conservata all'interno della banca dati, oppure se limitarsi ad indicare dove detto documento possa essere reperito).

Tuttavia, vi è da rilevare come, subito dopo l'emanazione della Legge in esame, il Legislatore ha inserito nell'**articolo 1 della legge di bilancio 2018** (Legge 205 del 27 dicembre 2017) il comma 418, con il quale è stata **creata presso il Ministero della salute una apposita banca dati nazionale all'interno della quale saranno registrate tutte le disposizioni anticipate di trattamento**. Il successivo comma 419, poi, ha rinviato ad un successivo Decreto del Ministro della salute, che dovrà essere adottato, entro i successivi sei mesi, d'intesa fra i componenti della conferenza permanente per i rapporti tra Stato e Regioni e con il parere del Garante Privacy, **il quale stabilirà le modalità di registrazione delle DAT all'interno della suddetta banca dati nazionale**. In tal modo, il Legislatore ha eliminato le criticità che erano emerse immediatamente dopo l'emanazione della legge 219 del 2017 che prevedeva delle banche dati su scala regionale.

Con l'istituzione della banca dati nazionale conservata presso il Ministero della Salute, il Legislatore ha così evitato il concreto rischio che, se un soggetto fosse stato ricoverato in una regione diversa da quella di sua residenza, la struttura sanitaria di ricovero non avrebbe saputo della presenza delle disposizioni anticipate di trattamento che quel soggetto aveva redatto e che erano conservate all'interno della banca dati della Regione di residenza. Con la banca dati nazionale, infatti, in qualsiasi struttura sanitaria un soggetto dovesse ricoverarsi, la struttura dovrebbe essere sempre in grado di verificare l'esistenza e il contenuto di DAT redatte da quel soggetto (in qualsiasi luogo e forma siano state fatte).

4.7. Gli obblighi informativi a carico delle aziende sanitarie e di alcuni soggetti istituzionali.

Il comma 8 dell'articolo 4 della Legge 219 del 2017, infine, individua degli **obblighi informativi per il Ministero della salute, le Regioni e le Aziende sanitarie, stabilendo che detti soggetti, entro 60 giorni dalla data di entrata in vigore della Legge in esame, provvedono ad informare la cittadinanza della possibilità di redigere delle disposizioni anticipate di trattamento.** La norma conclude, inoltre, precisando che tale campagna informativa dovrà essere effettuata anche attraverso i rispettivi siti Internet.

Dal tenore letterale della norma, che utilizza il termine "provvedono", non è agevole capire se si tratta di un vero e proprio obbligo avente valore imperativo per le strutture sanitarie e gli altri soggetti istituzionali oppure se si tratta soltanto di una indicazione loro rivolta che gli stessi possono anche non osservare. Ancora una volta le finalità della Legge in esame ci inducono ad interpretare il suddetto termine come avente carattere imperativo e quindi nel senso di introdurre un vero e proprio obbligo informativo a carico di detti soggetti. Tuttavia, non essendo prevista alcun tipo di sanzione per eventuali ritardi o omissioni da parte delle strutture sanitarie, delle Regioni o del Ministero della salute nell'effettuare la campagna informativa, la qualificazione di un obbligo a loro carico rimane una semplice dichiarazione astratta.

È interessante, infine, la previsione per cui la campagna informativa debba essere effettuata anche attraverso i siti internet di tali soggetti, in quanto in tal modo il Legislatore impone che le informazioni sulle DAT siano inserite e mantenute on-line e quindi in luoghi ormai facilmente accessibili e consultabili da tutti i cittadini.

Capitolo 5
La pianificazione condivisa delle cure

5.1. La pianificazione condivisa delle cure.

L'articolo 5 della Legge 219 del 2017, rubricato *"pianificazione condivisa delle cure"*, disciplina un istituto che potremmo definire a metà strada tra il consenso informato attuale del soggetto capace e le disposizioni anticipate di trattamento (DAT) preventivamente rese dal soggetto poi diventato incapace. Tale articolo stabilisce, al suo primo comma, che all'interno della relazione di cura instauratasi tra il paziente ed il medico, **nel caso in cui il paziente sia affetto da una patologia cronica e invalidante oppure caratterizzata da una inarrestabile evoluzione con una prognosi infausta, il paziente ed il medico possono pianificare concordemente le cure che il medico e l'équipe sanitaria saranno obbligati a praticare al paziente nel caso in cui, per l'evolversi della sua situazione, quest'ultimo diventerà incapace di intendere e di volere oppure si verrà comunque a trovare in una condizione in cui non sarà in grado di esprimere il proprio consenso al trattamento sanitario.**

5.1.1. Come si può vedere dalla definizione data dal Legislatore, si tratta di una forma particolare di coinvolgimento del paziente circa la scelta dei trattamenti sanitari da praticare, la quale presenta dei tratti comuni alle DAT disciplinate dal precedente articolo 4 della Legge in esame, nella misura in cui si tratta di scelte terapeutiche manifestate da un paziente in grado di intendere e di volere per il caso in cui non sarà più in grado di prestare il proprio consenso o rifiuto ai trattamenti sanitari.

Ma allo stesso tempo la pianificazione condivisa delle cure presenta delle caratteristiche che si allontanano da quelle delle DAT e si avvicinano, invece, al consenso informato disciplinato dall'articolo 1 della Legge in esame; in particolare: (i) il necessario coinvolgimento del medico nella formulazione della pianificazione delle cure (coinvolgimento che nelle DAT non è previsto e che invece nel consenso informato è il presupposto della stessa manifestazione del consenso del paziente); (ii) il fatto che il paziente sia affetto da una malattia degenerativa terminale o comunque cronica e invalidante e quindi già si trovi in una condizione patologica (come nella maggior parte dei casi in cui si applica l'istituto del consenso informato; mentre nelle DAT il paziente ben potrebbe trovarsi in condizione di perfetta salute).

Le caratteristiche descritte fanno sì che questo istituto potrà, probabilmente, creare meno problematiche interpretative e soprattutto delle ridotte situazioni conflittuali rispetto all'istituto delle disposizioni anticipate di trattamento.

Infatti, la pianificazione condivisa delle cure, applicandosi a pazienti afflitti da patologie croniche, dove quindi è possibile prevedere con un elevato grado di certezza l'evoluzione della malattia e il verificarsi della perdita di capacità di intendere e di volere del paziente, permette al paziente di poter conoscere approfonditamente quali saranno le sue future condizioni cliniche nonché le possibili terapie applicabili e i connessi effetti. In tal modo, egli potrà decidere, insieme con il medico e sulla base delle sue proposte, con maggiore cognizione di causa, anche in quanto si trova nella condizione psicologica di chi già conosce la malattia e la affronta quotidianamente, quali trattamenti gli potranno essere praticati nel momento in cui egli non avrà più la capacità di decidere.

In considerazione di ciò, nel momento in cui si verificherà quella situazione di incapacità, potrebbe essere molto più facile comprendere ed interpretare quali sono state effettivamente le volontà del paziente espresse nella pianificazione condivisa delle cure, con conseguenti ripercussioni positive da un punto di vista della legittimità dei trattamenti sanitari eseguiti o non eseguiti dal medico.

5.1.2. Il primo comma della disposizione in esame prevede che la pianificazione condivisa delle cure "possa" essere realizzata:

ciò significa che **si tratta di una facoltà che viene rimessa all'accordo delle parti e che non può essere imposta né dal medico né dal paziente**.

Ovviamente, nel caso in cui non si trovi una pianificazione condivisa, mentre il medico non potrà imporre le proprie scelte terapeutiche al paziente, il paziente attraverso il consenso informato fin quando sarà capace e successivamente attraverso una disposizione anticipata di trattamento precedentemente redatta, potrà comunque vincolare il comportamento del medico.

La facoltà di condivisione delle scelte terapeutiche, però, riguarda soltanto la parte iniziale del rapporto allorquando devono essere individuate le cure applicabili al paziente. La norma, invece, stabilisce che, **una volta che viene realizzata la pianificazione delle cure condivisa tra il paziente e il medico, quest'ultimo e l'équipe sanitaria saranno obbligati a rispettare detta pianificazione e quindi ad applicare o non applicare i trattamenti sanitari allorquando il paziente sarà incapace così come previsti all'interno del documento**.

In altri termini, questo istituto può essere visto come un contratto, un accordo, raggiunto tra medico e paziente, vincolante per il medico e l'équipe sanitaria, ma non per il paziente che potrà comunque superarlo attraverso una successiva disposizione anticipata di trattamento o comunque attraverso una diversa manifestazione di volontà circa l'esecuzione o meno di un accertamento diagnostico o di un trattamento sanitario. Ebbene, la natura negoziale dell'istituto disciplinato dall'articolo in esame porta a ritenere che la responsabilità del medico e dell'équipe sanitaria, in caso di mancato rispetto di quanto previsto all'interno della pianificazione, rivesta natura contrattuale ai sensi dell'articolo 7 della Legge Gelli-Bianco.

Un aspetto problematico da tenere in considerazione riguarda l'estensione della vincolatività della pianificazione condivisa delle cure. Infatti se è in dubbio che una volta realizzata questa vincoli non solo il medico, ma anche l'équipe sanitaria, il problema è capire se essa possa ritenersi vincolante anche per i medici diversi da quello che con cui detta pianificazione è stata condivisa. In altri termini, se il paziente dopo aver concordato una pianificazione condivisa delle cure con un determinato medico, successivamente, per ragioni a lui non imputabili (per esempio si trova ad essere obbligato a trasferirsi in un'altra regione) oppure per scelte consapevoli e magari anche preordinate, si rivolga ad un medico diverso perché dia esecuzione a tale pianificazione delle cure, quest'ultimo medico è tenuto a rispettare detta pianificazione?

La struttura ed il tenore letterale dell'articolo 5 comma 1, che esordisce facendo riferimento proprio alla relazione di cura tra paziente e medico sembra far propendere per la risposta negativa e quindi per ritenere che **la pianificazione condivisa delle cure vincoli soltanto il medico che ha concordato con il paziente detta pianificazione, mentre non possa vincolare il medico che, non avendola concordata e non facendo parte dell'équipe sanitaria, sia del tutto estraneo a tale pianificazione.**

In questo caso, però, è bene ricordare che - come già detto in precedenza - il paziente ha sempre la possibilità di redigere una disposizione anticipata di trattamento ai sensi dell'articolo 4 e in tal modo vincolare comunque il nuovo medico al rispetto delle sue volontà.

5.1.3. In conclusione, appare opportuno precisare che, seppur è preferibile ritenere - come abbiamo visto - che la norma in esame si applichi alle situazioni in cui vi sia già una patologia in atto, anche se allo stadio primordiale (e non riguardi, invece, situazioni in cui vi sia soltanto il rischio che il soggetto possa essere esposto in futuro ad una specifica patologia; per la quale situazione appare più congeniale l'istituto delle DAT), la norma non richiede, però, che il paziente affetto dalla malattia cronica e invalidante o degenerativa con prognosi infausta debba necessariamente trovarsi in un ospedale e quindi pianificare le cure con un medico ed un équipe sanitaria ospedalieri. Ciò significa che **tale pianificazione condivisa delle cure potrà avvenire anche con il medico di fiducia del paziente e potrà essere praticata anche al domicilio di quest'ultimo o comunque in altri luoghi deputati alla cura di quest'ultimo.**

5.2. L'INFORMAZIONE AL PAZIENTE ED EVENTUALMENTE AI SUOI FAMILIARI O AL FIDUCIARIO.

Il secondo comma dell'articolo 5 in esame stabilisce, parallelamente a quanto previsto dal terzo comma dell'articolo 1 relativo al consenso informato, **un diritto di adeguata informazione a favore del paziente** nonché, se quest'ultimo acconsente, dei suoi familiari o della parte dell'unione civile o del convivente o comunque di una persona di fiducia del paziente stesso.

Per quanto riguarda l'oggetto dell'informazione, questa deve riguardare:

(i)   **le possibili evoluzioni della patologia che affligge in quel momento il paziente;**

(ii)   **quale sia la qualità della vita che il paziente possa realisticamente attendersi in base all'evoluzione della malattia;**

(iii)   **quali siano le possibilità cliniche di intervenire rispetto all'evolversi della patologia;**

(iv)   **quali siano le cure palliative applicabili.**

Per quanto riguarda, invece, le modalità e le caratteristiche che deve avere la suddetta informazione, la norma rimanda al terzo comma dell'articolo 1 della Legge in esame e quindi al fatto che **detta informazione debba essere completa, aggiornata e comprensibile al destinatario.**

Si tratta, evidentemente, di un'informazione preventiva che il medico deve fornire al paziente ed eventualmente ai suoi familiari (come individuati nella norma) oppure ad un suo fiduciario, per permettere al paziente stesso di conoscere la possibile evoluzione della sua patologia nonché le possibili forme di intervento da adottare e conseguentemente prendere in maniera consapevole la propria decisione circa la pianificazione delle proprie cure.

5.3. IL RUOLO DEL CONSENSO DEL PAZIENTE.

Il terzo comma dell'articolo 5 in esame ribadisce, qualora ce ne fosse stato bisogno, il ruolo necessario della volontà del paziente all'interno dell'istituto della pianificazione condivisa delle cure. La norma, infatti, precisa che **il paziente esprime il proprio consenso rispetto a quanto proposto dal medico nonché i propri intendimenti per il futuro**.

In altri termini, la norma spiega come dovrebbe funzionare l'istituto della pianificazione condivisa delle cure: il medico propone le terapie da seguire e il paziente esprime il proprio consenso. Soltanto dall'incrocio di questi due elementi, quindi proposta del medico ed accettazione del paziente, è possibile che si configuri l'istituto in esame.

Da notare come la disposizione precisi che il paziente all'interno della pianificazione condivisa delle cure possa esprimere anche i propri intendimenti per il futuro, cioè quali siano le sue finalità ed i suoi obiettivi, cosa si propone di raggiungere attraverso la pianificazione condivisa delle cure. Attraverso tali indicazioni di carattere non strettamente terapeutico, quindi, il paziente dovrebbe facilitare al medico ed a tutti gli eventuali interpreti del contenuto della pianificazione condivisa delle cure la corretta comprensione delle sue scelte terapeutiche.

Il terzo comma, infine, si chiude con la previsione che all'interno della pianificazione condivisa delle cure **il paziente possa anche indicare un'eventuale fiduciario**. Rispetto alle problematiche connesse a tale ultima figura, si rimanda a tutte le osservazioni formulate nel precedente capitolo relativamente alla identica figura prevista per le DAT.

5.4. Il ruolo del consenso del paziente e le sue forme di manifestazione.

Il quarto comma dell'articolo 5 si occupa di individuare **le forme attraverso cui può essere espressa la pianificazione condivisa delle cure.**

In realtà, l'inciso iniziale del comma in esame si riferisce soltanto al consenso del paziente e all'eventuale indicazione di un fiduciario, tuttavia appare difficile immaginare che l'altro elemento fondamentale di cui si compone la pianificazione condivisa delle cure, cioè la proposta del piano terapeutico da parte del medico, possa essere espressa attraverso forme libere e più semplici di quelle previste per l'altro elemento che perfeziona l'istituto, cioè il consenso del paziente. Pertanto, appare preferibile ritenere che le forme descritte dal comma 4 si applichino a tutto l'istituto, quindi non solo al consenso del paziente, ma anche alla proposta del medico. In particolare, la disposizione stabilisce che **la pianificazione condivisa delle cure debba avere la forma scritta oppure, in alternativa, qualora le condizioni fisiche del paziente non consentano la redazione in forma scritta, tale atto può essere espresso attraverso la videoregistrazione oppure con dispositivi che consentano alla persona con disabilità di comunicare.**

Come si può notare, confrontando la disposizione in esame con la analoga disposizione relativa alle disposizioni anticipate di trattamento (comma 6 dell'art. 4 della Legge in esame), per la pianificazione condivisa delle cure è prevista una forma più semplificata, in quanto non solo non è richiesta la presenza del notaio o dell'ufficiale di stato civile, ma non è prevista neanche la consegna del documento in alcun luogo: è sufficiente che esso sia scritto. In questo caso, si può immaginare che il Legislatore abbia ritenuto che la presenza e la condivisione del programma con un medico dia maggiori garanzie di autenticità delle dichiarazioni del paziente e di comprensione delle medesime.

La norma precisa, poi, che il documento debba essere

inserito all'interno della cartella clinica e del fascicolo sanitario elettronico relativo al paziente.

Il quarto comma si conclude, infine, con la previsione, abbastanza superflua, che la pianificazione delle cure può essere aggiornata al progressivo evolversi della malattia su richiesta del paziente o su suggerimento del medico. A tal proposito, è opportuno evidenziare che anche tale aggiornamento richieda, come ovvio:

    (i)   lo stesso iter formativo della originaria pianificazione condivisa delle cure, quindi l'accordo tra le due parti;

    (ii)   nonché le stesse forme della originaria pianificazione condivisa delle cure, quindi la forma scritta oppure quella videoregistrata o attraverso dispositivi di comunicazione per i disabili.

5.5. IL RINVIO ALLA DISCIPLINA DELLE DAT.

L'ultimo comma dell'articolo 5 della Legge 219 del 2017 prevede un generico rinvio alle disposizioni relative alle DAT. In particolare, la norma stabilisce che *"per quanto riguarda gli aspetti non espressamente disciplinati dal presente articolo si applicano le disposizioni dell'articolo quattro"*. Attraverso detto rinvio, quindi, il Legislatore, ben consapevole della vicinanza tra i due istituti introdotti dalla Legge 219 del 2017, ha stabilito che **laddove le disposizioni dedicate alla pianificazione condivisa delle cure, poiché meno dettagliate rispetto a quelle sulle DAT, non fossero sufficienti per disciplinare alcune situazioni concrete, tali carenze saranno supplite dalle norme in materia di DAT.** Ecco perché, per esempio, il comma 3 dell'articolo 5 si limita semplicemente a stabilire che il paziente possa indicare un fiduciario, senza però stabilirne il ruolo e i poteri. Evidentemente, per individuare tali aspetti, si dovrà necessariamente fare riferimento alle disposizioni dell'articolo 4 che disciplinano la figura del fiduciario nelle DAT.

Capitolo 6
L'efficacia retroattiva della Legge 219 del 2017

6.1. L'efficacia retroattiva della Legge 219 del 2017 e le DAT precedenti.

L'articolo 6 della Legge 219 del 2017, rubricato *"norma transitoria"*, stabilisce che *"ai documenti atti ad esprimere la volontà del disponente in merito ai trattamenti sanitari, depositati presso il Comune di residenza o presso un notaio prima della data di entrata in vigore della presente legge, si applicano le disposizioni della medesima legge"*.

Si tratta di una disposizione transitoria che regola l'applicabilità della Legge 219 del 2017 alle DAT già redatte e depositate, in una delle due modalità indicate dall'articolo, prima dell'entrata in vigore della Legge stessa.

Attraverso questa norma, quindi, **il Legislatore ha stabilito l'efficacia retroattiva della Legge in esame**.

In particolare, **l'articolo 6 riconosce l'applicazione retroattiva della Legge 219/2017 alle disposizioni anticipate di trattamento precedenti che siano state depositate, nel loro testo integrale**, alternativamente:

(i)   **presso il Comune di residenza del disponente;**

(ii)   **presso un notaio.**

La circostanza che a queste due tipologie di DAT si applichi la Legge 219 del 2017 comporta due conseguenze:

(i)   in primo luogo, che **tali disposizioni anticipate di trattamento per essere valide ed efficaci dovranno rispettare i requisiti previsti dall'articolo 4 della Legge in esame** (quindi, per esempio, dovranno essere state redatte da un soggetto maggiorenne e capace di intendere di volere, tale soggetto dovrà aver ricevuto adeguate informazioni mediche sulle conseguenze delle sue scelte prima di procedere con la redazione delle DAT, ecc.);

   (ii)   in secondo luogo, che **le disposizioni anticipate di trattamento espresse in forme diverse dalle due suddette, anche se eventualmente conformi ad una delle forme previste dall'articolo 4 della nuova Legge, saranno comunque invalide e improduttive di effetti** (per esempio, visto che l'articolo 4 comma 6 permette di redigere le DAT attraverso una scrittura privata consegnata ad una struttura sanitaria che adotta modalità telematiche di gestione della cartella clinica o il fascicolo sanitario elettronico o altre modalità informatiche di gestione dei dati del singolo iscritto al servizio sanitario nazionale, se, precedentemente all'entrata in vigore della Legge in esame, un soggetto avesse utilizzato tale forma per esprimere le proprie DAT e la struttura - seppur non tenuta - avesse recepito il documento del paziente, queste non sarebbero comunque valide).

Un altro aspetto da evidenziare riguarda il fatto che l'articolo 6 fa riferimento ai "documenti" atti ad esprimere la volontà del disponente in merito ai trattamenti sanitari, che siano stati depositati in uno dei due luoghi sopra indicati. Pertanto, non sarebbe sufficiente, per ritenere valida ed efficace una disposizione anticipata di trattamento, che il disponente, prima dell'entrata in vigore della Legge in esame, avesse semplicemente dato comunicazione al Comune della avvenuta redazione della DAT senza però aver depositato il relativo documento in originale presso il competente ufficio. Lo stesso vale anche per il deposito presso un notaio.

CAPITOLO 7
CONSIDERAZIONE CONCLUSIVE

7.1. LE PROSPETTIVE DELLA NUOVA LEGGE 219/2017.

La Legge 219 del 2917 - come abbiamo già avuto modo di dire - è il risultato di un complesso iter parlamentare e di una mediazione fra contrapposte esigenze e forze politiche ed ideologiche.

Probabilmente anche in ragione di ciò, il Parlamento ha licenziato una Legge che indica soltanto dei principi generali e dei criteri direttivi, tipica espressione della più recente tendenza della legislazione nell'approcciarsi a tematiche così delicate e relative a temi sensibili in cui nessuno può avere certezza di quale sia la regola migliore. Si parla, infatti, da più parti dell'utilizzo anche in questo caso della tecnica della soft law: cioè la delineazione dei criteri generali, che poi dovranno guidare l'interprete nell'individuazione delle regole concrete da utilizzare per risolvere le singole fattispecie che si verificheranno; il tutto tenendo in considerazione anche il quadro di riferimento che è già presente nel nostro ordinamento, dato dalle norme costituzionali e dalle fonti sovrannazionali.

Questa Legge, quindi, impegna tutti gli interpreti e i protagonisti delle vicende che si verranno a creare, cioè non soltanto giudici e avvocati, ma anche medici, infermieri, direttori delle strutture sanitarie e personale sanitario in generale, a svolgere un'opera di conoscenza giuridica dei criteri generali indicati dalla Legge in esame e dei principi fondamentali che stanno dietro la materia del consenso informato nonché delle condizioni personali fisiche e psicologiche dei soggetti coinvolti nelle decisioni sanitarie, ma soprattutto una conseguente opera di costruzione delle regole specifiche da applicare nel caso concreto. In altri termini, proprio perché il testo di legge è espressione di un diritto mite, ciò presuppone un dinamismo e un attivismo delle categorie professionali di riferimento per poter costruire le regole concrete per la sua necessaria attuazione. Altrimenti le disposizioni del Legislatore resteranno delle mere indicazioni di principio inapplicate.

Il fatto, poi, che la Legge sia composta di fatto soltanto da 5 articoli, non può e non deve far diventare banale o oggetto di un esame superficiale una questione che è estremamente complessa e delicata come quella delle scelte in materia sanitaria e che implica altresì la conoscenza di una serie di problemi fondamentali (come per esempio le nozioni di patologia cronica e invalidante, di inarrestabile evoluzione con prognosi infausta, di consenso informato ecc.). Non solo. I temi su cui questa Legge porta ogni protagonista a riflettere riguardano anche il concetto stesso di dignità dell'uomo, di salute, di informazione al paziente. A tale ultimo proposito, la Legge impone un nuovo dovere di informazione per tutti i medici, non solo gli specialisti, ma anche quelli di famiglia, che devono stare a fianco del paziente e dei suoi familiari (qualunque legame giuridico o meno essi abbiano). Questa Legge implica, quindi, anche un ripensamento del rapporto tra medico e paziente, che non può essere solo basato sulla semplice somministrazione dei farmaci, ma deve consistere in un continuo rapporto con il paziente e una comprensione vera e profonda delle sue volontà, anche in base ai suoi ideali, bisogni, intendimenti, stili di vita. Una sorta di procedimento in cui periodicamente le parti del rapporto valutano ogni scelta terapeutica dall'inizio fino alla fine della malattia.

Anche con riferimento, poi, all'istituto delle DAT, con la nuova Legge, il medico potrà e dovrà assumere un ruolo fondamentale. La necessità, infatti, che queste siano espresse dal paziente soltanto dopo aver acquisito un'adeguata informazione medica, comporterà necessariamente che le stesse siano anticipate da un rapporto, una relazione, tra medico e paziente, che, se anche non di cura, in quanto le DAT possono essere espresse anche dal paziente sano, instauri tra gli stessi una fiducia ed un reciproco scambio di informazioni e conoscenze. Tale situazione potrebbe far veramente raggiungere quella alleanza terapeutica da più parti invocata, ma sempre di più considerata come un'utopia, che permette da un lato ai pazienti di perseguire effettivamente la loro salute all'interno del quadro della loro persona e, dall'altro lato, ai medici di poter svolgere la propria attività professionale senza preoccuparsi di possibili azioni giudiziarie nei loro confronti da parte di pazienti che si sono sentiti trascurati e abbandonati, se non peggio costretti, nelle decisioni terapeutiche che hanno riguardato la propria salute.

In secondo luogo, questo istituto potrà permettere al medico e a tutta l'équipe sanitaria di non sentirsi soli nel momento in cui dovranno essere compiute delle scelte, spesso complesse e delicate, riguardanti il paziente incapace, che magari si avvia verso il momento terminale della propria vita. Potersi, infatti, confrontare con una persona di fiducia del paziente o addirittura con lo stesso paziente, per come egli appare attraverso le sue disposizioni anticipate di trattamento, aiuterà i sanitari a eseguire o non eseguire i trattamenti sanitari con maggiore serenità ed in maniera meno sofferta da un punto di vista morale ed emotivo, in quanto consapevoli che tali scelte, qualunque esse siano, molto probabilmente rispecchiano quelle che sarebbero state le volontà del paziente se egli fosse stato in grado di esprimere il proprio consenso.

Per concludere appare opportuno ribadire ancora una volta come tutto ciò sarà possibile soltanto a condizione che tra paziente e medico si crei una vera e propria relazione di cura in cui il consenso del paziente non configura una mera adesione ad un modulo predisposto unilateralmente dal medico oppure dalla struttura sanitaria, ma il frutto di una condivisione vera delle scelte terapeutiche, di un percorso compiuto congiuntamente.

Solo così potranno essere raggiunti gli obiettivi ambiziosi che il Legislatore aveva in mente quando, con grandi difficoltà, ha emanato la Legge 219 del 2017.

LEGGE 22 dicembre 2017, n. 219

Norme in materia di consenso informato e di disposizioni anticipate di trattamento.

(GU n.12 del 16-1-2018)

Vigente al: 31-1-2018

IL PRESIDENTE DELLA REPUBBLICA

Promulga

la seguente legge:

Art. 1

Consenso informato

1. La presente legge, nel rispetto dei principi di cui agli articoli 2, 13 e 32 della Costituzione e degli articoli 1, 2 e 3 della Carta dei diritti fondamentali dell'Unione europea, tutela il diritto alla vita, alla salute, alla dignità e all'autodeterminazione della persona e stabilisce che nessun trattamento sanitario può essere iniziato o proseguito se privo del consenso libero e informato della persona interessata, tranne che nei casi espressamente previsti dalla legge.

2. E' promossa e valorizzata la relazione di cura e di fiducia tra paziente e medico che si basa sul consenso informato nel quale si incontrano l'autonomia decisionale del paziente e la competenza, l'autonomia professionale e la responsabilità del medico. Contribuiscono alla relazione di cura, in base alle rispettive competenze, gli esercenti una professione sanitaria che compongono l'équipe sanitaria. In tale relazione sono coinvolti, se il paziente lo desidera, anche i suoi familiari o la parte dell'unione civile o il convivente ovvero una persona di fiducia del paziente medesimo.

3. Ogni persona ha il diritto di conoscere le proprie condizioni di salute e di essere informata in modo completo, aggiornato e a lei comprensibile riguardo alla diagnosi, alla prognosi, ai benefici e ai rischi degli accertamenti diagnostici e dei trattamenti sanitari indicati, nonché riguardo alle possibili alternative e alle conseguenze dell'eventuale rifiuto del trattamento sanitario e dell'accertamento diagnostico o della rinuncia ai medesimi. Può rifiutare in tutto o in parte di ricevere le informazioni ovvero indicare i familiari o una persona di sua fiducia incaricati di riceverle e di esprimere il consenso in sua vece se il paziente lo vuole. Il

rifiuto o la rinuncia alle informazioni e l'eventuale indicazione di un incaricato sono registrati nella cartella clinica e nel fascicolo sanitario elettronico.

4. Il consenso informato, acquisito nei modi e con gli strumenti più consoni alle condizioni del paziente, è documentato in forma scritta o attraverso videoregistrazioni o, per la persona con disabilità, attraverso dispositivi che le consentano di comunicare. Il consenso informato, in qualunque forma espresso, è inserito nella cartella clinica e nel fascicolo sanitario elettronico.

5. Ogni persona capace di agire ha il diritto di rifiutare, in tutto o in parte, con le stesse forme di cui al comma 4, qualsiasi accertamento diagnostico o trattamento sanitario indicato dal medico per la sua patologia o singoli atti del trattamento stesso. Ha, inoltre, il diritto di revocare in qualsiasi momento, con le stesse forme di cui al comma 4, il consenso prestato, anche quando la revoca comporti l'interruzione del trattamento. Ai fini della presente legge, sono considerati trattamenti sanitari la nutrizione artificiale e l'idratazione artificiale, in quanto somministrazione, su prescrizione medica, di nutrienti mediante dispositivi medici. Qualora il paziente esprima la rinuncia o il rifiuto di trattamenti sanitari necessari alla propria sopravvivenza, il medico prospetta al paziente e, se questi acconsente, ai suoi familiari, le conseguenze di tale decisione e le possibili alternative e promuove ogni azione di sostegno al paziente medesimo, anche avvalendosi dei servizi di assistenza psicologica. Ferma restando la possibilità per il paziente di modificare la propria volontà, l'accettazione, la revoca e il rifiuto sono annotati nella cartella clinica e nel fascicolo sanitario elettronico.

6. Il medico è tenuto a rispettare la volontà espressa dal paziente di rifiutare il trattamento sanitario o di rinunciare al medesimo e, in conseguenza di ciò, è esente da responsabilità civile o penale. Il paziente non può esigere trattamenti sanitari contrari a norme di legge, alla deontologia professionale o alle buone pratiche clinico-assistenziali; a fronte di tali richieste, il medico non ha obblighi professionali.

7. Nelle situazioni di emergenza o di urgenza il medico e i componenti dell'équipe sanitaria assicurano le cure necessarie, nel rispetto della volontà del paziente ove le sue condizioni cliniche e le circostanze consentano di recepirla.

8. Il tempo della comunicazione tra medico e paziente costituisce tempo di cura.

9. Ogni struttura sanitaria pubblica o privata garantisce con proprie modalità organizzative la piena e corretta attuazione dei principi di cui alla presente legge, assicurando l'informazione necessaria ai pazienti e l'adeguata formazione del personale.

10. La formazione iniziale e continua dei medici e degli altri esercenti le

professioni sanitarie comprende la formazione in materia di relazione e di comunicazione con il paziente, di terapia del dolore e di cure palliative.

11. E' fatta salva l'applicazione delle norme speciali che disciplinano l'acquisizione del consenso informato per determinati atti o trattamenti sanitari.

Art. 2
Terapia del dolore, divieto di ostinazione irragionevole nelle cure e dignità nella fase finale della vita

1. Il medico, avvalendosi di mezzi appropriati allo stato del paziente, deve adoperarsi per alleviarne le sofferenze, anche in caso di rifiuto o di revoca del consenso al trattamento sanitario indicato dal medico. A tal fine, è sempre garantita un'appropriata terapia del dolore, con il coinvolgimento del medico di medicina generale e l'erogazione delle cure palliative di cui alla legge 15 marzo 2010, n. 38.

2. Nei casi di paziente con prognosi infausta a breve termine o di imminenza di morte, il medico deve astenersi da ogni ostinazione irragionevole nella somministrazione delle cure e dal ricorso a trattamenti inutili o sproporzionati. In presenza di sofferenze refrattarie ai trattamenti sanitari, il medico può ricorrere alla sedazione palliativa profonda continua in associazione con la terapia del dolore, con il consenso del paziente.

3. Il ricorso alla sedazione palliativa profonda continua o il rifiuto della stessa sono motivati e sono annotati nella cartella clinica e nel fascicolo sanitario elettronico.

Art. 3
Minori e incapaci

1. La persona minore di età o incapace ha diritto alla valorizzazione delle proprie capacità di comprensione e di decisione, nel rispetto dei diritti di cui all'articolo 1, comma 1. Deve ricevere informazioni sulle scelte relative alla propria salute in modo consono alle sue capacità per essere messa nelle condizioni di esprimere la sua volontà.

2. Il consenso informato al trattamento sanitario del minore è espresso o rifiutato dagli esercenti la responsabilità genitoriale o dal tutore tenendo conto della volontà della persona minore, in relazione alla sua età e al suo grado di maturità, e avendo come scopo la tutela della salute psicofisica e della vita del minore nel pieno rispetto della sua dignità.

3. Il consenso informato della persona interdetta ai sensi dell'articolo 414 del codice civile è espresso o rifiutato dal tutore, sentito l'interdetto ove possibile, avendo come scopo la tutela della salute psicofisica e della vita della persona nel pieno rispetto della sua dignità.

4. Il consenso informato della persona inabilitata è espresso dalla medesima

persona inabilitata. Nel caso in cui sia stato nominato un amministratore di sostegno la cui nomina   preveda l'assistenza necessaria o la rappresentanza esclusiva in ambito sanitario, il consenso informato è espresso o rifiutato anche dall'amministratore di sostegno ovvero solo da quest'ultimo, tenendo conto della volontà del beneficiario, in relazione al suo grado di capacità di intendere e di volere.

5.   Nel caso in cui il rappresentante legale della persona interdetta o inabilitata oppure   l'amministratore di sostegno, in assenza delle disposizioni anticipate di   trattamento   (DAT) di   cui all'articolo 4, o il rappresentante legale della persona minore rifiuti le cure proposte e il medico ritenga invece che queste siano appropriate e necessarie, la decisione è rimessa al giudice tutelare su ricorso del rappresentante legale della persona interessata o   dei soggetti di cui agli articoli 406 e seguenti del codice civile o del medico o del rappresentante legale della struttura sanitaria.

Art. 4
Disposizioni anticipate di trattamento

1. Ogni persona maggiorenne e capace di intendere e di volere, in previsione di un'eventuale futura incapacità di autodeterminarsi e dopo avere acquisito adeguate informazioni mediche sulle conseguenze delle sue scelte, può, attraverso le DAT, esprimere le proprie volontà in materia di trattamenti sanitari, nonché il consenso o il rifiuto rispetto ad accertamenti diagnostici o scelte terapeutiche e a singoli trattamenti sanitari. Indica altresì una persona di sua fiducia, di seguito denominata «fiduciario», che ne faccia le veci e la rappresenti nelle relazioni con il medico e con le strutture sanitarie.

2. Il fiduciario deve essere una persona maggiorenne e capace di intendere e di volere.   L'accettazione della nomina da parte del fiduciario avviene attraverso la sottoscrizione delle DAT o con atto successivo, che è allegato alle DAT. Al fiduciario è rilasciata una copia delle DAT. Il fiduciario può rinunciare alla nomina con atto scritto, che è comunicato al disponente.

3. L'incarico del fiduciario può essere revocato dal disponente in qualsiasi momento, con le stesse modalità previste per la nomina e senza obbligo di motivazione.

4. Nel caso in cui le DAT non contengano l'indicazione del fiduciario o questi vi abbia rinunciato o sia deceduto o sia divenuto incapace, le DAT mantengono efficacia in merito alle volontà del disponente. In caso di necessità, il giudice tutelare provvede alla nomina di un amministratore di sostegno, ai sensi del capo I del titolo XII del libro I del codice civile.

5. Fermo restando quanto previsto dal comma 6 dell'articolo 1, il medico è tenuto al rispetto delle DAT, le quali possono essere disattese, in tutto o

in parte, dal medico stesso, in accordo con il fiduciario, qualora esse appaiano palesemente incongrue o non corrispondenti alla condizione clinica attuale del paziente ovvero sussistano terapie non prevedibili all'atto della sottoscrizione, capaci di offrire concrete possibilità di miglioramento delle condizioni di vita. Nel caso di conflitto tra il fiduciario e il medico, si procede ai sensi del comma 5, dell'articolo 3.

6. Le DAT devono essere redatte per atto pubblico o per scrittura privata autenticata ovvero per scrittura privata consegnata personalmente dal disponente presso l'ufficio dello stato civile del comune di residenza del disponente medesimo, che provvede all'annotazione in apposito registro, ove istituito, oppure presso le strutture sanitarie, qualora ricorrano i presupposti di cui al comma 7. Sono esenti dall'obbligo di registrazione, dall'imposta di bollo e da qualsiasi altro tributo, imposta, diritto e tassa. Nel caso in cui le condizioni fisiche del paziente non lo consentano, le DAT possono essere espresse attraverso videoregistrazione o dispositivi che consentano alla persona con disabilità di comunicare. Con le medesime forme esse sono rinnovabili, modificabili e revocabili in ogni momento. Nei casi in cui ragioni di emergenza e urgenza impedissero di procedere alla revoca delle DAT con le forme previste dai periodi precedenti, queste possono essere revocate con dichiarazione verbale raccolta o videoregistrata da un medico, con l'assistenza di due testimoni.

7. Le regioni che adottano modalità telematiche di gestione della cartella clinica o il fascicolo sanitario elettronico o altre modalità informatiche di gestione dei dati del singolo iscritto al Servizio sanitario nazionale possono, con proprio atto, regolamentare la raccolta di copia delle DAT, compresa l'indicazione del fiduciario, e il loro inserimento nella banca dati, lasciando comunque al firmatario la libertà di scegliere se darne copia o indicare dove esse siano reperibili.

8. Entro sessanta giorni dalla data di entrata in vigore della presente legge, il Ministero della salute, le regioni e le aziende sanitarie provvedono a informare della possibilità di redigere le DAT in base alla presente legge, anche attraverso i rispettivi siti internet.

Art. 5
Pianificazione condivisa delle cure

1. Nella relazione tra paziente e medico di cui all'articolo 1, comma 2, rispetto all'evolversi delle conseguenze di una patologia cronica e invalidante o caratterizzata da inarrestabile evoluzione con prognosi infausta, può essere realizzata una pianificazione delle cure condivisa tra il paziente e il medico, alla quale il medico e l'équipe sanitaria sono tenuti ad attenersi qualora il paziente venga a trovarsi nella condizione di non poter esprimere il proprio consenso o in una condizione di incapacità.

2. Il paziente e, con il suo consenso, i suoi familiari o la parte dell'unione civile o il convivente ovvero una persona di sua fiducia sono adeguatamente informati, ai sensi dell'articolo 1, comma 3, in particolare sul possibile evolversi della patologia in atto, su quanto il paziente può realisticamente attendersi in termini di qualità della vita, sulle possibilità cliniche di intervenire e sulle cure palliative.

3. Il paziente esprime il proprio consenso rispetto a quanto proposto dal medico ai sensi del comma 2 e i propri intendimenti per il futuro, compresa l'eventuale indicazione di un fiduciario.

4. Il consenso del paziente e l'eventuale indicazione di un fiduciario, di cui al comma 3, sono espressi in forma scritta ovvero, nel caso in cui le condizioni fisiche del paziente non lo consentano, attraverso video-registrazione o dispositivi che consentano alla persona con disabilità di comunicare, e sono inseriti nella cartella clinica e nel fascicolo sanitario elettronico. La pianificazione delle cure può essere aggiornata al progressivo evolversi della malattia, su richiesta del paziente o su suggerimento del medico.

5. Per quanto riguarda gli aspetti non espressamente disciplinati dal presente articolo si applicano le disposizioni dell'articolo 4.

Art. 6
Norma transitoria
1. Ai documenti atti ad esprimere le volontà del disponente in merito ai trattamenti sanitari, depositati presso il comune di residenza o presso un notaio prima della data di entrata in vigore della presente legge, si applicano le disposizioni della medesima legge.

Art. 7
Clausola di invarianza finanziaria
1. Le amministrazioni pubbliche interessate provvedono all'attuazione delle disposizioni della presente legge nell'ambito delle risorse umane, strumentali e finanziarie disponibili a legislazione vigente e, comunque, senza nuovi o maggiori oneri per la finanza pubblica.

Art. 8
Relazione alle Camere
1. Il Ministro della salute trasmette alle Camere, entro il 30 aprile di ogni anno, a decorrere dall'anno successivo a quello in corso alla data di entrata in vigore della presente legge, una relazione sull'applicazione della legge stessa. Le regioni sono tenute a fornire le informazioni necessarie entro il mese di febbraio di ciascun anno, sulla base di questionari predisposti dal Ministero della salute.

La presente legge, munita del sigillo dello Stato, sarà inserita nella Raccolta ufficiale degli atti normativi della Repubblica italiana. E' fatto obbligo a chiunque spetti di osservarla e di farla osservare come legge dello Stato.
Data a Roma, addi' 22 dicembre 2017

             MATTARELLA

               Gentiloni Silveri, Presidente del
               Consiglio dei ministri

Visto, il Guardasigilli: Orlando

SOMMARIO